[纪念版]

刘武生 著

周恩来与共和国重大历史事件

人民出版社

责任编辑:鲁　静　刘　伟
责任校对:吕　飞

图书在版编目(CIP)数据

周恩来与共和国重大历史事件:纪念版/刘武生 著.—北京:人民出版社,
　2019.9(2022.2 重印)
ISBN 978-7-01-021302-6

Ⅰ.①周… Ⅱ.①刘… Ⅲ.①周恩来(1898—1976)-生平事迹
②历史事件-中国-现代　Ⅳ.①K827=7②K270.5

中国版本图书馆 CIP 数据核字(2019)第 206961 号

周恩来与共和国重大历史事件
ZHOU'ENLAI YU GONGHEGUO ZHONGDA LISHI SHIJIAN
(纪念版)

刘武生　著

人 民 出 版 社　出版发行
(100706　北京市东城区隆福寺街 99 号)

北京盛通印刷股份有限公司印刷　新华书店经销
2019 年 9 月第 1 版　2022 年 2 月北京第 4 次印刷
开本:710 毫米×1000 毫米 1/16　印张:24.25
字数:343 千字

ISBN 978-7-01-021302-6　定价:70.00 元

邮购地址 100706　北京市东城区隆福寺街 99 号
人民东方图书销售中心　电话 (010)65250042　65289539

版权所有·侵权必究
凡购买本社图书,如有印制质量问题,我社负责调换。
服务电话:(010)65250042

序

翻开武生同志新近完成的这本厚厚的书稿，我的心情难以平静。我知道这本书的分量，也知道这本书来之不易，它凝聚了武生同志多年的心血，抒发了他对周恩来等老一辈无产阶级革命家的深厚感情。

武生同志是我十分尊敬的老领导，他长期从事党的文献工作，曾经主持编辑《周恩来经济文选》《周恩来军事文选》等书籍。他还长期担任过《党的文献》杂志主编，对毛泽东、周恩来等老一辈无产阶级革命家的生平和思想研究有很深的造诣。在工作岗位时，他每天忙忙碌碌，勤勤恳恳，多数时间是为别人"做嫁衣裳"，我和我的同辈们，都从中得到过无私的帮助和有益的教诲。但我知道，他一直在思考问题，一直想出一本自己的书，特别是想写写周恩来，把多年的思考表达出来。今天，武生同志的这个愿望终于实现了，我不仅为他感到高兴，而且为他退而不休、奋斗不已的精神所感动。

周恩来是中华民族的优秀儿子，他把一生毫无保留地献给了自己的祖国和人民，在国内外享有盛誉，深受全党和全国人民的爱戴。有关周恩来的研究著作，在改革开放以来的二十多年中已经出版了不少，但武生同志这本书，从选题、立论到资料运用等方面都反映出与众不同的特点，说明他具有深厚的理论功底和研究实力。

首先，这本书的选题比较新颖。作者选择了周恩来与共和国重大历史事件的关系作为全书的主线，以此来反映新中国成立后，周恩来在探索有中国特色社会主义道路进程中的重大历史贡献，并从这个角度来认识共和国曲折而前进的历史，给读者以教育和启迪。

其次，这本书的立论比较公道。作者以辩证唯物主义和历史唯物主义的态度，以平实的笔法，全面、客观地反映了周恩来在一个个重大历史事件中的处境、态度、思考和作用，从而折射出他的情感、品格、智慧和力量，许多细节可以澄清社会上的一些错误认识，帮助读者正确地认识和理解周恩来。

再次，这本书的资料比较丰富。作者不仅调动了他在文献研究室工作二十多年的积累，而且十分注意汲取新的研究成果。他不仅使用了过去在从事编辑周恩来著作过程中选取的周恩来本人的讲话、报告、电报、书信等资料，还参考了金冲及同志主编的《周恩来传》、力平等同志主编的《周恩来年谱》等权威性著作，以及大量当事人的回忆，使许多生动的情节跃然纸上，增加了这本书的可信性和可读性。

武生同志这本书的特点很多，这里提到的，只是我个人认识到的主要特点。这些特点，很值得我们这些仍然奋战在周恩来研究工作岗位上的同志们学习。我听说，他还有一些打算，还要继续深入研究一些新课题，我真诚地预祝他的愿望能够实现，能够早日看到他的新作品问世。

廖心文

2004 年 7 月 12 日

目　录

序 ··· 001

为新中国开国奠基 ··· 001
——主持筹备召开新政协会议、制定《中国人民政治协商会议共同纲领》和组建中央人民政府

《五一劳动节口号》发布后，广泛邀请爱国民主人士前来解放区，共商筹备召开新的政治协商会议。·· 001

经过半年多同各界爱国民主人士协商，形成五份《新的政治协商会议有关文件》，进一步广泛征求意见。····································· 004

中共七届二中全会为创建新中国绘制了蓝图，毛泽东说：中央人民政府的主要人员配备，"恩来是一定要参加的，其性质是内阁总理"。············ 007

主持召开新政治协商会议筹委会的工作，分工负责协商参加新政协的代表名单。··· 010

兼任新政协筹委会第三小组组长，负责主持起草《中国人民政治协商会议共同纲领》。··· 014

中国人民政治协商会议第一届全体会议隆重举行，毛泽东致开幕词，周恩来作《关于中国人民政治协商会议共同纲领草案的起草经过及特点》的报告。··· 019

就任总理后，首先集中精力组建政府机构，亲自做人员组成的平衡和协调工作，民主人士称赞"周恩来总理不愧为'周'总理啊！" ………… 021

政务院组成后，周恩来立即着手主持制定各部门的工作条例和组织条例。 ………… 025

实行民主建政，建立和健全各级地方人民政府的政权机构。 ………… 027

新中国外交开局的巨大成功 ………… 030
——参与谈判和缔结《中苏友好同盟互助条约》

废除旧约和缔结新约的历史背景。 ………… 030

斯大林说："目前不宜改变中苏条约的合法性"。原来苏方不打算废除旧约、缔结新约。 ………… 034

毛泽东的一番"牢骚话"，打破了僵持局面，斯大林表示同意废除旧约，签订新约。 ………… 037

一波三折，艰难的缔结新约谈判。 ………… 040

峰回路转，苏方终于基本接受中方提出的协定草案。 ………… 045

在签字仪式上，周恩来讲话指出：这些条约和协定"将成为中苏两国兄弟友谊和永久合作的标志"。 ………… 050

新中国独立自主外交政策首获巨大成功。 ………… 051

确立指导国际关系的基本准则 ………… 055
——倡导和平共处五项原则

和平共处五项原则提出后，在中印两国总理联合声明中加以确认。 ………… 055

中缅两国总理联合声明：和平共处五项原则，"也应该是指导中国和缅甸之间关系的原则"。 ………… 058

亚非会议确认的十项原则，是和平共处五项原则的传承和发展。 ………… 059

"社会主义国家的相互关系，就更应该建立在五项原则的基础上。" ………… 065

邓小平说："总结国际关系的实践，最具有强大生命力的就是和平共处五项原则"。·· 068

新中国第一场严重的党内斗争 ·································· 070
——参与领导反对高岗、饶漱石反党联盟的斗争

中央决定调整部分机构和人事安排，高岗、饶漱石错误估计形势，政治野心急剧膨胀。·· 070

高岗带头发难，"倒刘（少奇）""倒周（恩来）"。················ 072

饶漱石与高岗配合默契，"讨安（子文）伐刘（少奇）"。·········· 080

中央判断高、饶是野心家，决定予以揭露。·························· 083

中国共产党全国代表会议通过决议，开除高岗、饶漱石的党籍。···· 090

艰难的探索 ·· 093
——在冒进、反冒进、反反冒进的日子里

"新大陆早就存在，而我们发现得太晚了"。························ 094

"绝不要提出提早完成工业化的口号"。······························ 095

现在"已经不是预防而是需要反对冒进了！"························ 099

"近几个月来，我们得到一条教训，既不要右，又要敢于抗大流。"···· 102

"冒、松、紧、分这四个字不能并提，主要是冒了"，"主要应该批'左'"。···· 105

反冒进"把一些同志抛到和右派差不多的边缘，只剩了五十米。"···· 108

"一种是马克思主义的'冒进'，一种是非马克思主义的'反冒进'。"···· 114

"请考虑自己继续担任国务院总理是否适当的问题。"··············· 116

毛泽东说："反冒进的问题现在也搞清楚了"。······················ 118

致力于祖国统一大业
——为争取台湾回归祖国而播种、开路 ... 120

朝鲜战争爆发后,中共中央决定"打台湾的时间往后推"。 ... 120

"如果我们不提出解放台湾,保持不了祖国的完整版图,我们就会犯错误,也对不住自己的祖先。" ... 122

"中国政府愿意同美国政府坐下来谈判,讨论和缓远东局势的问题,特别是和缓台湾地区的紧张局势问题。" ... 127

"中国人民愿意在可能的条件下,争取用和平的方式解放台湾。" ... 131

炮打金门,"直接对蒋,间接对美"。 ... 135

周恩来概括提出"四纲一目"方案,召唤:"寥廓海天,不归何待!" ... 144

"我们这辈子如看不到解放台湾,下一代或再下一代总会看到的。" ... 149

难以预料的风云变幻
——从"大跃进"到庐山会议的岁月 ... 154

面对全面大跃进已成定局,周恩来感到"指标定得过高,可能在以后出现大的'马鞍形'"。 ... 155

"好像社会主义已经不过瘾,急于向共产主义过渡,这是不好的"。 ... 159

1958年的大跃进"打破了客观规律,主观主义大发展"。 ... 163

庐山会议前期,周恩来用主要精力研究解决工作中的各种实际问题。 ... 170

周恩来对彭德怀说:"今天你代替了我。其实,你有鉴于我,还写了总路线基本正确"。 ... 175

毛泽东提议召开中共八届八中全会,进一步批判彭德怀等同志,并决定在全党开展反右倾。"左"的错误更加泛滥。 ... 184

民以食为天
——在国民经济困难时期抓粮食工作 ... 187

"产量没有那么多,有虚数。" ··· 187

"一位不愿署名的政协委员"来信,反映"饿死人"和"田地荒芜"的
　　情况。 ·· 189

人们称赞周恩来是"粮食调度的总指挥"。 ·································· 191

冲破禁区,周恩来和陈云建议从国外进口粮食。 ························· 195

为解决粮食供应危机,"从城市压人口下乡"。 ··························· 197

中央成立以周恩来为首的"瓜菜代"领导小组,并调整粮食政策,实行
　　"三定三包"。 ··· 202

"国家经济形势好转了,你家的饭桌上怎么还没体现出大好形势来呀?!" ··· 204

一场重大而漫长的国际较量 ··· 208
　　——为恢复新中国在联合国的合法席位而斗争

新中国理所当然地应该享有联合国的合法席位。 ························· 208

揭开斗争序幕,冲破美国的重重阻挠。 ······································ 209

美国政府阻挠新中国恢复联合国合法席位,中国政府坚持不懈斗争。 ········ 213

为反对美国武装侵略台湾和朝鲜,中美两国代表在联合国内进行了一场
　　面对面的斗争。 ··· 217

中国代表在联合国"采取攻势,给美帝代表一个反击"。 ················· 223

为恢复新中国在联合国的合法席位,要作持久斗争。 ······················· 227

恢复新中国在联合国合法席位进行决战的1971年。 ······················· 230

持续23年的这场国际斗争,终于以美国政府的失败和中国人民的胜利而
　　告终。 ·· 236

被动卷入,很不理解 ··· 240
　　——面对"文化大革命"狂飙的兴起

为防止"修正主义"和"资本主义复辟"而发动"文化大革命",却把中央领导人之间的不同意见,误认为"修正主义""走资本主义道路"。……… 241

终于找出"一种形式",即通过"文化大革命",达到"天下大治"。……… 243

"文化大革命"的酝酿准备,是背着中央"一线"工作的刘少奇、周恩来、邓小平等同志进行的。……… 246

《评新编历史剧〈海瑞罢官〉》在诡秘情况下炮制出笼,成为发动"文化大革命"的导火索。……… 247

江青秘密策划的《部队文艺工作座谈会纪要》提出"黑线专政",为发动"文化大革命"制造"理论依据"。……… 250

康生授意聂元梓等人炮制的大字报,点燃了"文化大革命"的熊熊烈火。……… 253

对《五·一六通知》中的"资产阶级代表人物""赫鲁晓夫那样的人物",刘少奇、周恩来、邓小平都不知道指的是谁。……… 257

周恩来说过:"文化大革命这种前进的速度、广度和深度","包括我自己在内,都没有足够的精神准备"。……… 259

力求理解、跟进,加以约束、限制 ……… 262
——主持制定有关"文化大革命"的限制性政策和措施

对毛泽东亲自发动和领导的"文化大革命",力求"加深理解,跟上形势"。… 262

对迅猛兴起的"文化大革命",主张"加以约束、限制"。……… 263

主持制定一些限制性政策和措施,但大多得不到贯彻执行。……… 266

"不能说犯了路线错误就是反革命,路线错误还是人民内部矛盾。"……… 270

"在十一中全会后,我努力紧跟主席和林彪同志,向文革小组密切联系,有时仍有掉队之虞。"……… 273

"刘、邓、陶是中央常委,我还要保。"……… 277

对夺权"要加以限制","夺权是夺文化大革命的领导权"。……… 282

呕心沥血，力排阻碍 ········· 287
——保障铁路交通运输

"我更担心的是铁路停断和阻塞。铁路是国民经济的大动脉，一旦停断，
　整个国民经济就瘫痪了。" ········· 287

"铁路交通绝不能瘫痪，交通一刻也不能中断。""必须对铁路交通实行
　全面军管。" ········· 289

"我为什么强调不能冲击军管会？就是因为全线铁路都分配给野战军一段
　一段地护路。" ········· 293

"郑州……停车三千多节，我心里非常难过"。"如果我有工夫，我自己
　亲自到郑州去"。 ········· 296

"破坏铁路、砸毁桥梁的行动完全是反革命行为，必须实行专政措施。" ······ 298

顾全大局，相忍为党 ········· 303
——面对批判极左思潮的反弹

《人民日报》的一组文章和江青一伙刹住 1972 年下半年出现的"修正主义
　回潮"。 ········· 303

王若水致信毛泽东，引发他作出林彪路线实质是极右的决断。 ········· 306

毛泽东批评外交部《新情况》上的一篇文章，张春桥认为"整治周恩来的
　时机又到了"。 ········· 308

毛泽东借中美会谈的误传，严厉批评周恩来"右倾"，而江青一伙则诬蔑
　周恩来是"投降主义"。 ········· 312

毛泽东认为，对周恩来"批评一下可以，打倒不行"。 ········· 315

出以公心，促成复出 ········· 318
——力促邓小平复出任职

毛泽东说："林彪要是身体不行了，我还是要小平出来。"周恩来力促邓小平
　　复出。 ··· 318

周恩来证明邓小平"入团、转党"的真实情况，毛泽东不同意开除邓小平
　　的党籍。 ··· 321

周恩来亲自安排邓小平疏散到江西，后来，他在江西还念叨"我的同行"
　　邓小平。 ··· 323

毛泽东说邓小平是人民内部矛盾后，周恩来为邓小平复出广造舆论。 ········· 325

邓小平致信毛泽东，再次提出要求工作，毛泽东很快批示，对邓小平一生
　　作出肯定评价。 ··· 328

周恩来机智地促成毛泽东决定邓小平复出，并为中共中央起草《关于邓小平
　　同志任职的通知》。 ··· 330

邓小平复职后，江青一伙掀起"批林批孔"运动，并反对邓小平率团出席
　　特别联大会议，受到毛泽东严厉批评。 ··· 335

鉴于周恩来的病情严重，毛泽东提议邓小平出任国务院第一副总理，周恩来
　　得知后，非常高兴。 ··· 339

开展"组阁"斗争　避免大权旁落 ································· 342
　　——为四届人大"组阁"而作最后斗争

"四人帮"策划"组阁"夺权，毛泽东一锤定音："总理还是我们的总理"，
　　并再次提议邓小平任第一副总理。 ··· 342

江青为图谋"组阁"夺权，多次致信毛泽东，毛泽东批评说："不要由你
　　组阁（当后台老板）。""江青有野心。" ····································· 346

"既然把我推上历史舞台，我就得完成历史任务"，周恩来抱病飞赴长沙，
　　和毛泽东共同作出"长沙决策"。 ·· 348

为落实"长沙决策"，周恩来主持召开中共十届二中全会和四届人大一次
　　会议，避免了大权旁落于"四人帮"之手。 ··································· 351

鞠躬尽瘁　死而后已 ············ 354
　　——伟人逝世举国悲恸

"四人帮"对"组阁"失败怀恨在心，掀起批判"经验主义"的恶浪，矛头
　　直指周恩来、邓小平等同志，但多次受到毛泽东严厉批评和遏制。········ 354

周恩来两次主持召开中央政治局常委会议，研究传达、贯彻毛泽东批评
　　"四人帮"的讲话。··· 357

毛泽东同周恩来商定，改由邓小平主持中央日常工作，邓小平随即两次主持
　　召开中央政治局会议，学习、贯彻毛泽东的讲话，集中批评"四人帮"。···· 360

"四人帮"伺机反扑，借评《水浒》大批投降派，矛头直指周恩来，并发动
　　"反击右倾翻案风"，再次整倒邓小平。····························· 362

在生命垂危时刻，周恩来盛赞邓小平："你这一年干得很好，"并激愤地
　　呼喊，"我是忠于党、忠于人民的！我不是投降派！"················· 365

在举国悲恸的日子里，"四人帮"极力压低周恩来的治丧规格。邓小平
　　致悼词说：周恩来"是我们全党全军全国人民学习的榜样"。············ 367

主要参考书目 ·· 371
后　　记 ·· 373
再版后记 ·· 375

为新中国开国奠基

——主持筹备召开新政协会议、制定《中国人民政治协商会议共同纲领》和组建中央人民政府

中华人民共和国的诞生,是中华民族历史上开天辟地的大事,像一座宏伟的里程碑,标志着屹立东方的中国,进入了崭新的时代。

遵照中共中央和毛泽东关于建立人民共和国的战略构想和决策,周恩来主持筹备召开新政治协商会议、制定《中国人民政治协商会议共同纲领》(以下简称《共同纲领》)和组建中央人民政府,为新中国开国奠基。

《五一劳动节口号》发布后,广泛邀请爱国民主人士前来解放区,共商筹备召开新的政治协商会议。

随着人民解放战争的节节胜利,打倒蒋介石,解放全中国,不仅胜利在望,而且胜利在握。推翻旧中国,创建新中国的构想,业已提上中共中央的议事日程。1948年4月30日,中共中央在《五一劳动节口号》中提出:"各民主党派、各人民团体及社会贤达迅速召开政治协商会议,讨论并实现召开人民代表大会,成立民主联合政府"。这个庄严的号召得到全国各界人士广泛而热烈的响应。

《五一劳动节口号》发布后，新政协的筹备工作就在周恩来的主持下开始了。8月1日，毛泽东复电各民主党派和无党派民主人士，对他们积极响应中共中央《五一劳动节口号》，表示"极为钦佩"，并就召开新的政治协商会议的时间、地点、召集人和参加人的范围、会议应讨论的问题，征求他们的意见，"希望诸位先生及全国各界人士共同商讨，并以卓见见示"。

当天，周恩来为中共中央起草致中共香港分局并潘汉年电，批评他们7月中旬才将各民主党派响应中共中央《五一劳动节口号》的5月5日通电全文报告中央，同时要他们收到本日的电文后，即送各民主党派，征询他们的意见，并将这种征询推广到上海、南洋的民主人士中，欢迎他们来解放区商谈和进行准备工作。

8月2日，周恩来致电钱之光："以解放区救济总署特派员名义前往香港，会同方方、章汉夫、潘汉年、连贯、夏衍等，接待在港民主人士进入解放区，参加筹备新政协。"

随后，周恩来在协助毛泽东组织并指挥辽沈、淮海、平津三大战役的同时，主持安排各地民主人士进入解放区的事宜。9月18日，为中共中央起草致中共东北局电，指出第一批来东北解放区的民主人士近日抵朝鲜罗津，请张闻天、高崇民、朱学范分别代表东北局、行政委员会和全国总工会，前往迎接。20日，中共中央同意东北局建议，改派离罗津较近的李富春、朱理治代表东北局前往迎接。

同一天，周恩来拟定了邀请从香港、上海和长江以南前来解放区商讨召开新政协的各民主党派人士李济深、蔡廷锴、张澜、沈钧儒、谭平山、章伯钧、郭沫若、黄炎培、马叙伦、何香凝、史良等77人名单。他还起草中共中央致香港分局并钱之光和上海分局刘晓、刘长胜电，征询对77人名单的意见。电报指出：各方人士须于今冬明春全部进入解放区"方为合适"。"北方人士，拟先集中哈尔滨招待商谈；华北人士如直进解放区,则集中华北。视战事发展,明春或来华北,或即在哈市召开新政协"。

当天,周恩来还为中共中央起草了致华北局并华北城工委员会电,提出拟在平、津邀请张东荪、李烛尘、许德珩、张奚若、符定一、李锡九等24人,并要求对24人名单提出意见。

从1948年秋开始,应中共中央邀请的爱国民主人士,陆续从全国各地和海外进入解放区。从1948年9月到1949年3月,先后接待了4批从香港北上的民主人士。为了保证他们平安到达解放区,周恩来周密细致地作了安排。这批爱国民主人士大多安排到香港,由潘汉年、钱之光负责这项工作,协助的有许涤新、饶彰风、乔冠华、夏衍等。以租用外国轮船运货的名义,将这些爱国民主人士秘密地分批送往东北或华北。这样运送的至少有350位以上爱国民主人士。

他们先后到达大连等地后,周恩来安排刘昂等同志负责接待。周恩来多次嘱告他们:一定要把进入解放区的爱国民主人士接待好,安全地送到目的地。他还指示他们,要给爱国民主人士买皮大衣、皮帽子、皮靴,要住好的旅馆,要开欢迎宴会等。这些爱国民主人士,大多数集中在中共中央东北局所在地哈尔滨,一部分到达中共中央统战部所在地河北省平山县李家庄。

9月29日,第一批由香港北上的沈钧儒、谭平山、章伯钧、蔡廷锴等人到达哈尔滨。10月5日,毛泽东、朱德、周恩来致电他们,表示欢迎,并告:"准备在明年适当时间举行政治协商会议"。10月8日,周恩来拟定《关于召开新的政治协商会议诸问题(草案)》,并起草中共中央致高岗、李富春电,经毛泽东审定后发出。电文要求高岗、李富春就召开新政协诸问题,约沈钧儒、谭平山、章伯钧、蔡廷锴、高崇民、朱学范会谈协商数次。"他们如有不明了之处,你们应善为解释。"同时,周恩来还就上述问题同在李家庄的符定一、周建人等进行会谈协商。

10月30日，周恩来为中共中央起草致香港分局并上海局电，将经讨论修改过的《关于召开新的政治协商会议诸问题（草案）》转发给他们，要求他们抄送尚在香港的李济深、何香凝、周新民、马叙伦、李章达、彭泽民、章乃器、孙起孟、郭沫若等11人，征求他们的意见，并请他们"早日北来"。

经过半年多同各界爱国民主人士协商，形成五份《新的政治协商会议有关文件》，进一步广泛征求意见。

考虑到中央人民政府很可能由新政协产生，中共中央决定"扩大统战面"。11月3日，周恩来为中共中央起草致高岗、李富春电："依据目前形势的发展，临时中央人民政府有很大可能不需经全国临时人民代表会议，即经由新政协会议产生。"因此，"应多邀请一些尚能与我们合作的中间人士，甚至个别的中间偏右，乃至本来与统治阶级有联系而现在可能影响他拥护联合政府的分子，以扩大统战面。"

随后，周恩来进一步抓紧邀请各方爱国民主人士，尽早来到解放区共同筹备召开新的政治协商会议。1948年11月5日，他为中共中央起草致香港分局电，要求分局和钱之光在12月内将李济深、郭沫若、马叙伦、彭泽民、李章达、马寅初、孙起孟、茅盾、张䌹伯、陈嘉庚等准备参加新政协的数十名各方代表送来解放区。电报还对进入解放区的路线和安全措施作了周密的部署。1949年1月7日，李济深、茅盾等30多人到达东北解放区。在此期间，周建人、翦伯赞、刘清扬、楚图南、田汉、胡愈之、沈兹九、宦乡、吴晗、严信民、雷洁琼、安娥、韩兆鹗、杨刚、张曼筠、周颖及何惧（上海工商界人士吴羹梅的私人代表）等，先后到达河北省平山县李家庄。

1949年1月16日晚,周恩来专程来到李家庄看望爱国民主人士,并举行座谈。落座后,胡愈之要求周恩来"就最近时局为大家报告一下,首先谈谈毛主席公布的八条"。周恩来围绕毛泽东1月14日在《关于时局的声明》中提出的废除伪宪法、废除伪法统、依据民主原则改编一切反动军队、没收官僚资本、改革土地制度、废除卖国条约、召开没有反动分子参加的政治协商会议、成立民主联合政府等8项条件,应邀作了长篇讲话。周恩来说:毛主席的八条,区别了真和平与假和平。毛主席的八条,就是要尽快搞垮南京政府的反动统治,使人民和平早日到来。接着,他从战争形势发展、军事力量对比,进一步分析提早打倒国民党反动统治的可能性,满怀胜利信心地指出:"实在是突飞猛进"。"战局已定"。"今年有把握打垮国民党"。

随后,周恩来着重讲筹备召开新政协,并同在座的爱国民主人士共商建国大计。周恩来说:现在香港和蒋管区的民主人士还要继续来解放区。"北平若解放得早些,政协筹备会的工作更要加速进行。"周恩来希望民主人士在没去北平前多谈一些政府组织方面的问题。他说:

"参加新政协筹备会每单位6人,共38个单位,若算是40个单位,就有240人。我们希望从新政协产生出中央政府。'政协'是国民党王世杰提出的名词,但国民党不承认。我们把它捡起来用,而赋予新的内涵。这是名称的偶然得之。政协是中国人民的统一战线组织,可以作为组织形式长期保存下来,将来有些大问题可在政协会谈谈。在没有召开全国人民代表大会之前,政协可存在;有了人代会,政协成为参谋部。将来是人民共和国。"

在讲话中,周恩来特别关注人民政府的组织问题。他提出:政府中的行政机构职权如何?如何组织才能发挥最大效能以取得人民拥护?政府委员会设多少部门?内政、财政、国防等部门的职权如何?等等,都希望诸位多想想。

这次民主人士座谈会半个月后，1949年1月31日北平和平解放。2月2日，吴晗、雷洁琼等15位爱国民主人士从李家庄进入北平。从此，周恩来更加紧张地投入新政协的筹备工作，同各界民主人士广泛地接触和协商。

1月19日，毛泽东和周恩来联名致信宋庆龄。信中说："新的政治协商会议将在华北召开，中国人民革命历尽艰辛，中山先生遗志迄今始告实现。至祈先生命驾北来，参加此一人民历史伟大的事业，并对于如何建设新中国予以指导。"

当天，周恩来还就宋庆龄经香港北上事，为中共中央起草致方方、潘汉年、刘晓电提出："第一，必须秘密而且不能冒失。第二，必须孙夫人完全同意，不能稍涉勉强。如有危险，宁可不动。"宋庆龄接信后，因病暂未启程。

2月14日，周恩来起草中共中央致东北局、华北局及平、津两市委电，提出："原到华北的民主人士，业已多数去平。现在东北的民主人士，应即接他们来平，以便能集中协商大计，并准备新政协筹备会的成立。为此，特请林伯渠同志代表中央于丑寒（即二月十四日——引者注）由此动身前往沈阳，迎接他们来平。"

22日，周恩来为中共中央统战部起草致中共北平市委电，要求邀请参加北平欢迎各方民主人士大会的人数应增加到150人左右，以使平、津两地的参加者增至五六十人。

25日，李济深、沈钧儒、马叙伦、郭沫若等一行35人，在林伯渠等陪同下，乘专车由沈阳到达北平。26日，中共北平市委等4单位在中南海怀仁堂举行盛大欢迎会。随后，张澜、黄炎培等也先后抵达北平。

在加速筹备召开新的政协会议之际，为了统一党内思想认识，2月17日，周恩来修改和批发中共中央关于如何对待各民主党派的指示。

指示的主要内容是：

（一）在我新解放地区，对于一九四八年五月一日以前即中共中央发出"五一口号"以前即已成立，并在反对帝国主义、封建主义、官僚资本主义和国民党反动统治的斗争中尽了力的各民主党派的地方组织，"应一律承认他们的合法地位，加以保护"。（二）各民主党派可以党派名义进行活动，并发展党员或会员。（三）我地方党领导机关对各民主党派地方组织，应"以坦白诚恳的态度，向他们解释我党的政策和主张，与之协商一切重大问题，以争取他们同我党一道前进"。

经过半年多的酝酿、协商，形成了《关于新的政治协商会议诸问题的协议》《新政治协商会议筹备会组织条例（草案）》《参加新政治协商筹备会各单位民主人士候选人名单》《中华人民共和国政府组织大纲（草案）》《中国人民民主革命纲领（草案）》。2月27日，周恩来在西柏坡着手审阅修改这五份文件，并批示将它们以《新的政治协商会议有关文件》为题付印成册，广泛征求意见。

中共七届二中全会为创建新中国绘制了蓝图，毛泽东说：中央人民政府的主要人员配备，"恩来是一定要参加的，其性质是内阁总理"。

随着人民解放战争取得决定性胜利，早在中共七届二中全会召开之前，中共中央就为创建新中国进行酝酿和构想。1948年9月召开的中共中央政治局会议，就新民主主义社会的经济构成、主要矛盾以及如何由新民主主义向社会主义过渡等重大问题，进行了认真的探讨。与此同时，张闻天向中共中央提交了《关于东北经济构成及经济建设基本方针的提纲》。毛泽东、刘少奇对这份提纲十分重视，并认真地作了修改、补充。修改后的提纲曾经印发给中共东北局、华北局和部分领导同志征求意见。中共中央对经济建设方针的探索和毛泽东、刘少奇对张闻天提纲的修改，为中共七届二中全会制定新中国的经济建设方针，奠定了基础。

为了具体安排中共七届二中全会，1949年1月6日至8日，中共中央召开政治局会议。在会上，毛泽东进一步论述了新中国经济建设方针。周恩来在会上作关于统一财政、民主党派和外交问题的发言。他说："党外人士现已来得多了，我们要把主张明朗化，便于他们了解。"会议通过了《目前形势和党在一九四九年的任务》；决定在北平解放后召开七届二中全会；决定召开新的政治协商会议，制定《共同纲领》，成立新中国。

3月5日至13日，中共七届二中全会在西柏坡举行。全会讨论彻底摧毁国民党反动统治，夺取全国胜利、把党的工作重心从乡村转到城市、以生产建设为中心任务等问题，并作出了战略决策。全会还通过了召开新政治协商会议和成立联合政府的建议。

毛泽东在会上所作的报告，提出了促进革命迅速取得全国胜利和组织这个胜利的各项方针；说明了在全国胜利的局面下，党的工作重心必须由乡村转移到城市，城市必须以生产建设为中心；规定了党在全国胜利以后，在政治、经济、外交方面应当采取的基本政策，特别着重分析了当时中国经济各种成分的状况和党所必须采取的正确政策，指出了中国由农业国转变为工业国、由新民主主义社会转变为社会主义社会的发展方向。毛泽东在中共七届二中全会上的报告，是创建新中国的战略构想和纲领性文献，为中国人民政治协商会议第一届全体会议所通过的、在新中国成立初期曾经起了临时宪法作用的《共同纲领》奠定了政策基础。

报告在讲到召开新的政治协商会议、成立民主联合政府以及对待党外民主人士政策的问题时，毛泽东明确指出：

"召集政治协商会议和成立民主联合政府的一切条件，均已成熟。一切民主党派、人民团体和无党派民主人士都站在我们方面。""我们希望四月或五月占领南京，然后在北平召集政治协商会议，成立联合政府，并定都北平"。

"我党同党外民主人士长期合作的政策，必须在全党思想上和工作上确定下来。我们必须把党外大多数民主人士看成和自己的干部一样，同他们诚恳地坦白地商量和解决那些必须商量和解决的问题，给他们工作做，使他们在工作岗位上有职有权，使他们在工作上做出成绩来。"

3月13日，周恩来就统一与分散、战争与生产和支前、进城后的经济等方面的政策，在会上作了重要发言。他说：现在我们正处于从根本上打倒国民党反动派走向完全打倒国民党反动派的过渡时期，正在由分散到统一。现在是前方打仗前进，后方搞生产。"后方生产，目的为发展，但第一步为恢复，争取全国胜利，今天还不是转入建设"。中央现在的做法是："抓住华北，依靠东北，支援前方"。

毛泽东在中共七届二中全会的总结讲话中，在讲到中央人民政府的组成问题时，明确地指出：新中国中央人民政府的主要人员配备，现在尚不能确定，还需要同民主人士商量，但"恩来是一定要参加的，其性质是内阁总理"。对于毛泽东的这句话，童小鹏在《风雨四十年》（第一部）一书中回忆了当时人们的反应。他写道：

"许多曾在周恩来直接领导下工作的同志，听到这个消息后，都一致认为，周恩来确是担任总理的最合适的人选。博大精深的学识，在政治、军事、经济、文化、外交、统战等多方面的丰富经验，在国内外的崇高威望，这一职务确是非他莫属了。在此的一个多月前，斯大林派联共中央政治局委员米高扬来到西柏坡，了解中国的情况和听取毛泽东及中共中央意见,曾和毛泽东、朱德、刘少奇、周恩来、任弼时进行了三次会谈,又和周恩来单独谈过一次。这次谈话的内容十分广泛:讨论了战后的经济建设、交通运输等恢复工作;成立新政府的总体规划与设想;对外关系问题,特别是对外贸易的开展与管理;发展或建立各种社会组织、群众团体和对它们的运用与发挥;在中国多党存在,它们的作用和意义等。这些正是周恩来为之朝思夕虑精心探索的问题,他勾划出了新中国的一幅蓝图,给米高扬留下了很深的印象。后来他对人说:'周恩来将是中国新政府一位很好的总理'"。

主持召开新政治协商会议筹委会的工作,分工负责协商参加新政协的代表名单。

中共七届二中全会后,筹备召开新的政治协商会议的时机和条件日趋成熟。3月25日,周恩来到达北平后,一面立刻投入紧张的国共和平谈判,一面广泛接触各界爱国民主人士,协商新政协的筹备事项。在20天的谈判期间,他先后在4月5日、13日、14日、16日、17日分5次邀请在北平的爱国民主人士和大学教授会面,向他们报告和谈进展情况,并听取他们的意见。21日,他又向各民主党派人士报告和谈破裂的经过,作题为《关于南京政府拒绝和谈及时局发展》的报告。

5月23日,周恩来邀请国民党革命委员会负责人商议召开新政协和成立联合政府的问题。24日,他宴请民盟中央委员,商议在新政协召开前筹备会问题。26日,他同民主建国会负责人黄炎培、盛丕华、章乃器、孙起孟等座谈,介绍新政协筹备会召开日期、对中央人民政府下属各机构设置的研究情况,以及召开各界全国性团体会议等问题。他在讲话时指出:

现在的中国，应是在无产阶级领导下四个阶级的联盟，共同进行新民主主义建设，因此需要各党派的合作。民主建国会的成分有工商业者、退休工商业者、与工商业联系的知识分子及文化界人士，因此民主建国会应把工商业家与新民主主义经济密切结合，团结、教育、领导工商业者，为经济建设服务。

为加速新政协的筹备工作，周恩来同各界民主人士商定成立新政协筹备会。6月11日，举行新政协筹备会预备会，商定参加新政协筹备会的单位为23个，共134人，并商定筹备会常务委员会的人选。15日，新政协筹备会第一次全体会议在北平中南海勤政殿举行，周恩来担任临时主席，并致开幕词。会上，毛泽东、朱德、李济深、沈钧儒、郭沫若、陈叔通、陈嘉庚等先后发言。毛泽东在讲话中指出，新政协筹备会的任务是：

"完成各项必要的准备工作，迅速召开新的政治协商会议，成立民主联合政府，以便领导全国人民，以最快的速度肃清国民党反动派的残余力量，统一全中国，有系统地和有步骤地在全国范围内进行政治的、经济的、文化的和国防的建设工作"。

6月17日，周恩来在会上对《新政治协商会议筹备会组织条例（草案）》作说明。他说：起草《共同纲领》是"六、七两月份一个繁重的工作"。过去我们起草过一两次，因为当时战争在猛烈进行中，因此重点在"动员全国人民力量，支援战争"上面；而现在"我们的纲领不能不转向建设方面"，"重点要摆在我们共同努力，来建设一个新民主主义的新中国"。他还提出：在这次会议期间，"凡是重大的议案不是光在会场提出"，而且在提出之前"总是事先有协商的"。"协商这两个字非常好"。经过讨论修改，会议通过了《新政治协商会议筹备会组织条例》，还通过了新政协筹备会常务委员会名单。

当晚，周恩来主持召开新政协筹备常务委员会第一次会议。会议推选毛泽东为常务委员会主任，周恩来、李济深、沈钧儒、郭沫若、陈叔通为副主任，李维汉为秘书长。为加快各项筹备工作，会议决定在常务委员会领导下设立6个小组，分别完成下列任务：（一）拟定参加新政协的单位及其代表名额；（二）起草新政协组织条例；（三）起草《共同纲领》；（四）起草宣言；（五）拟定政府组织大纲；（六）拟定国旗、国徽及国歌方案。周恩来被推选兼任第三小组组长，负责起草《共同纲领》。

6月19日，新政协筹委会第一次全体会议闭幕。会议期间的气氛是团结、和谐的。但是，由于有的共产党员第一次同如此广泛的党外民主人士合作共事，缺乏经验，因而在会议中出现过一些问题。就在会议的最后一天，有一位民主人士提议向毛泽东、朱德发致敬电，另一位民主人士认为也可以不这样表示。这时，有一位农民代表（共产党员）站起来说：我们农民只知道毛主席和朱总司令，从我们劳动人民看，只有共产党、解放军才使中国得到解放。对于这种情况，周恩来十分重视。6月22日，他在新政协筹备会党组会上作题为《新政协筹备会的工作和统战工作》的报告，严肃地指出了这个问题。他说：

"新的政治协商会议的召开，就是人民民主统一战线的具体组成。中央政府成立后，政协便成为中共领导的各党派的协议机关。国家的一切大事都可以事前在此协商。人民民主统一战线是长期的。我们要善于和党外人士相处，态度应该是谦逊虚心、诚恳坦白的。对原则问题一定要争，对非原则问题要善于妥协。不能性急，更不能怕麻烦。只有这样，才能做到长期合作，保证人民民主统一战线不断前进"。

为了加强对新政协筹备会的组织领导，7月10日，中共中央决定成立新政协筹备会的党组干事会，由21人组成，周恩来、林伯渠、李维汉、徐冰、李立三为常委，周恩来任书记。

新政协筹委会第一次全体会议闭幕后,各项筹备工作由筹委会常务委员会和它所领导的6个小组分工负责进行。周恩来分工主持协商参加新政协的代表名单和起草《共同纲领》。

协商参加新政协的代表名单,是筹备工作中一项繁重的工作。代表名单既要包括各民主党派、各人民团体、各区域、人民解放军、国内兄弟民族、国外华侨和爱国民主人士的代表人物,以显示全国人民大团结;又要有严肃的要求,并照顾到相互间的协调平衡。筹备期间,筹委会共收到30件以党派、团体和个人名义申请参加新政协的书面要求。筹委会秘书处根据新政协筹委会组织条例规定的原则,对这些申请作了调查,提出处理意见,报常委会作出决定。

在协商名单的过程中,常常遇到一些既重要又复杂的问题,都由周恩来亲自处理。经过反复协商,仔细斟酌,花了3个月工夫,形成了参加新政协的代表名单,其中分党派代表、区域代表、军队代表、团结代表和特邀代表5类,前4类共有45个单位的代表510人,候补代表77人,还有特邀代表75人。在共计662名代表中,共产党代表约占44%,各民主党派代表约占30%,工农和无党派人士代表约占26%。

从新政协代表名单中,可以看出新政协的组成具有如下几个突出的特点:(一)代表具有广泛性。代表不仅包含各族人民,而且包含近百年来我国民族民主革命各个历史时期为人民做出贡献的知名人士和代表人物。(二)确定代表具有严肃的政治标准。对于不符合或不完全符合参加新政协标准的,不作为党派或团体单位参加,而对在这些组织中为民主革命有实际表现,并有一定代表性的民主人士,邀请他们以个人身份参加新政协。(三)代表的构成既保证了中国共产党的领导地位,又促进了同非党民主人士的团结合作。共产党作为一个党派单位的代表名额,同民革、民盟的名额是相等的。但人民解放军、各地区以及工、农、青、妇等基本群众单位中,共产党员和基本群众占多数。这样,既体现了无产阶级领导和工农联盟的基础作用，又保证有相当数量的党外爱国民主人士在新政协反映各方面的意见。

受到中国共产党尊敬的宋庆龄是新政协的特邀代表。5月27日，上海市解放。6月19日，毛泽东致信宋庆龄说："兹者全国革命胜利在即，建设大计，亟待商筹，特派邓颖超同志趋前致候，专诚欢迎先生北上。敬希命驾莅平，以便就近请教，至祈勿却为盼"。6月21日，周恩来致信宋庆龄，"渴望先生北上"。他在信中写道：

"沪滨告别，瞬近三年，每当蒋贼肆虐之际，辄以先生安全为念。今幸解放迅速，先生从此永脱险境，诚人民之大喜，私心亦为之大慰。现在全国胜利在即，新中国建设有待于先生指教者正多，敬借颖超专诚迎迓之便，谨陈渴望先生北上之情。敬希早日命驾，实为至幸。"

接着，毛泽东、周恩来派邓颖超和曾长期在宋庆龄身边工作的廖梦醒去迎接她北上参加新的政治协商会议。经过几次交谈，宋庆龄同意北上。当时已有三个单位提出要推荐宋庆龄为新政协的代表。她以什么名义参加政协会议呢？7月18日，周恩来、李维汉致电中共中央华东局陈毅、潘汉年并转邓颖超，请他们就这个问题征询宋庆龄的意见。21日，邓颖超复电周恩来、李维汉说：孙夫人表示因身体不好不能参加任何团体的业务，也不愿意参加任何团体，只愿以个人旁听的资格列席新政协会议。邓颖超提议：以宋为特别邀请代表，请中央决定。后经筹委会常务委员会同各方面协商后，确定宋庆龄等75人为特邀代表。

兼任新政协筹委会第三小组组长，负责主持起草《中国人民政治协商会议共同纲领》。

新政协筹委会常委会第一次会议决定，副主任周恩来兼任第三小组组长，负责主持起草《中国人民政治协商会议共同纲领》。1949年6月18日，他主持召开第三小组第一次会议。他说：

"我们小组负责起草共同纲领，任务繁重。这个共同纲领决定联合政府的产生，也是各党派各团体合作的基础。""去年在哈尔滨的各党派代表委托中共方面拟定一个草案，我们也曾两度起草。可是去年工作重心在动员一切力量参加支援解放战争，现在重点却在建设新民主主义中国及肃清反动残余。这是长期性的工作，因此，中共方面第二次的草稿也已不适用。""我们的共同纲领是带长期性的，是各民主党派、人民团体、各路野战军和解放区一切人民的共同愿望的具体表现，也是各党派、各地区、各界长期合作的基础，其重要性是不待言。"

这次小组会议决定，"委托中共方面负责草拟最初稿"；小组成员分工则按照"自由认定"原则分为政治法律、财政经济、国防外交、文化教育、其他（包括华侨、少数民族、群众团体、宗教等）5个分组进行讨论，提出意见报组长和副组长。

在此之前，为与各民主党派人士交换意见有一个可供讨论的文本，中共中央"曾两度起草"。从1948年10月开始着手起草，在周恩来主持下，由中共中央统战部长李维汉具体负责组织。10月27日，写出第一稿，题为《中国人民民主革命纲领草案》，分总则、政治军事、土地改革、经济财政、文化教育、社会政策、少数民族、华侨、外交等10部分，共46条，并有简短序言。周恩来将这一稿分送刘少奇、朱德、陆定一、李维汉、胡乔木等审阅。

依据形势的发展、变化，到11月，周恩来主持修改成第二稿。这一稿在结构上，分为人民解放战争的历史任务、建立人民民主共和国的基本政策、战时具体纲领三大部分。对成立中华人民共和国临时中央政府的程序，明确规定：由新政协直接选举临时中央人民政府。周恩来在修改这一稿时,把其中第 32 条"由新的政治协商会议选举临时中央政府",改为"由新的政治协商会议选举中华人民共和国临时中央政府主席、副主席及人民政府委员,组成人民政府委员会,对内主持国家大计"。他还在第 33 条中加写了一句:"临时人民政府应任命国务院总理、副总理及各部部长、各委员会主任、国务院秘书长及若干不管部国务委员组成国务院,处理国家事务。"

周恩来受命主持起草共同纲领后,首先是确定起草的指导方针。1949 年 6 月 22 日,他在新政协中共党组会上说:"过去偏重动员各方力量,现在重点在肃清反动势力,着重建设方面。方针是一个,拥护新民主主义,反帝、反封、反官僚资本,推翻国民党。此为各方同意的。"这就是说,《中国人民民主革命纲领草案》的重点是放在"人民民主革命"上;随着解放战争的迅猛发展,这次重新起草的共同纲领,指导方针是建设新中国。

为集中时间和精力重新起草共同纲领,周恩来在中南海勤政殿亲自起草了一星期。从提纲到送审稿,至少八易其稿。最初的标题为《新民主主义纲领》,后改为《新民主主义共同纲领》。《新民主主义共同纲领(草案初稿)》,除序言外,分一般纲领和具体纲领两部分。具体纲领又分"解放全中国""政治法律""文化教育""国防""外交侨务"6 个方面,共 45 条,全文 1.2 万多字。周恩来起草的这份共同纲领草案初稿,是在中共中央和毛泽东、刘少奇等同志探索和构想创建新中国蓝图的基础上形成的,对新中国的政权性质和对内对外的方针、政策,提出了一系列重要论断。在序言和"一般纲领"中提出:

"在中国人民解放战争已经取得基本胜利的今天,中国人民、中国各民主党派、各人民团体、各界民主人士、国内少数民族及海外华侨迫切地需要规定一个互相同意共同遵守的纲领,以便进一步团结起来,立即成立民主联合政府,领导与集中中国人民的一切力量,迅速肃清国民党反动派的残余,驱逐帝国主义的侵略势力,医治战争创伤,统一全中国,并有系统地有步骤地进行政治的、经济的、文化的及国防的各项建设,以建立独立、自由、民主、统一及富强的新中国。"

"参加中国人民政治协商会议的各民主党派、各人民团体、各解放区及人民解放军公认:团结全中国各民主阶级及境内各民族共同努力,以奉行新民主主义,反对帝国主义、封建主义和官僚资本主义,推翻国民党反动统治,将革命进行到底,并联合世界上一切进步民主力量,建立中华人民共和国,是在中国现阶段上我们共同遵守、长期合作的政治基础。"

"中国人民政治协商会议不仅是人民民主统一战线的组织形式,同时又具有全国各界代表会议的性质,在普选的全国人民代表大会召开前,其全体会议应执行全国人民代表大会的职权,负有产生并组织中华人民共和国的中央人民政府的历史任务"。

在这份共同纲领草案初稿中,周恩来对新民主主义的国家制度、政权制度等重大原则和对内、对外的方针政策,作出了规定和说明。这就为新政协制定共同纲领奠定了理论和方针、政策基础。

8月22日,周恩来将《新民主主义的共同纲领(草案初稿)》送毛泽东审阅,并致信说:"待你审阅后看可否能做修改的基础,然后再决定需否送政治局及有关各同志审阅。"毛泽东仔细审阅后,对其中一些段落作了修改。

在《新民主主义的共同纲领(草案初稿)》的基础上,经7次反复讨论和修改,即由先后到达北平的政协代表五六百人分组讨论两次,第三组讨论3次,筹备会常务委员会讨论两次,广泛地征求和吸收各方面的意见,作了较大修改。(一)名称由《新民主主义的共同纲领》改为《中国人民政治协商会议共同纲领》。(二)结构上由序言、一般纲领和具体纲领，改为"总纲""政权机关""军事制度""经济政策""文化教育政策""民族政策""外交政策"7章，共60条，7000多字。（三）在内容上，着重讨论了中国人民民主统一战线、新民主主义的总纲、新民主主义的政权制度、军事制度、新民主主义的经济政策、新民主主义的文化政策、新民主主义的外交政策等问题。

《共同纲领草案》拟定后，8月26日和27日，周恩来主持召开新政协筹委会第4次常委会。在讨论新政协组织法草案时，他说："如果形成固定的统一战线组织，名称也要固定一下，建议称为中国人民政治协商会议。"

9月2日，周恩来向已到北平的新政协代表作题为《关于中国人民政协几个问题》的报告，指出中国人民政治协商会议这样的组织，"可以说这是一百多年来民族民主革命运动牺牲奋斗的果实，也可以说是三十年来新民主主义革命运动获得胜利的集中表现。""中国人民政治协商会议是负有伟大的建国责任的。"

新政协筹备工作正在紧锣密鼓般地进行。9月13日和16日，周恩来连续主持召开新政协筹委会常委会第五、六次会议，讨论、修改并通过《中国人民政治协商会议组织法修改草案》《中华人民共和国中央人民政府组织法修改草案》和《中国人民政治协商会议共同纲领修改草案》。

至此，新政协的各项筹备工作基本就绪。9月17日，周恩来主持新政协筹委会第二次全体会议，并代表新政协筹委会常委会作《关于三个月来新政协筹备工作的报告》。他宣布：新政协会议的筹备工作已经胜利完成。正式大会即将召开。中央人民政府快要诞生了！根据周恩来提议，会议决定将新的政治协商会议定名为中国人民政治协商会议。会议通过将《中国人民政治协商会议组织法（草案）》《中国人民政治协商会议共同纲领（草案）》《中华人民共和国中央人民政府组织法

（草案）》，提交中国人民政治协商会议讨论通过决议。

中国人民政治协商会议第一届全体会议隆重举行，毛泽东致开幕词，周恩来作《关于中国人民政治协商会议共同纲领草案的起草经过及特点》的报告。

1949年9月21日，中国人民政治协商会议第一届全体会议，在中南海怀仁堂隆重开幕。大会推选毛泽东、周恩来等89人组成大会主席团。毛泽东致开幕词，庄严宣告："占人类总数四分之一的中国人从此站立起来了。""我们团结起来，以人民解放战争和人民大革命打倒了内外压迫者，宣布中华人民共和国的成立。"

在第二天的会议上，周恩来代表大会主席团，作关于主席团常务委员名单和设立6个分组委员会的报告。周恩来当选为大会主席团常务委员。在这次会上，周恩来还代表新政协筹委会第三小组作《关于中国人民政治协商会议共同纲领草案的起草经过及特点》的报告。报告对人民民主统一战线、新民主主义的总纲、政权制度、军事制度、经济政策、文化政策、民族政策、外交政策等问题作了精辟的阐释。

9月27日、28日，在周恩来等主持下，中国人民政治协商会议第一届全体会议，先后通过了《中华人民共和国中央人民政府组织法》，中华人民共和国国都北平改名北京、纪年改用公元、国歌暂用《义勇军进行曲》、国旗为五星红旗4个议案，以及《中国人民政治协商会议共同纲领》和《关于选举中国人民政治协商会议全国委员会和中央人民政府委员会的规定》。

9月30日，举行最后一次全体会议，选举180人组成中国人民政治协商委员会第一届全国委员会；选举63人组成中央人民政府委员会，毛泽东当选为主席，朱德、刘少奇、宋庆龄、李济深、张澜、高岗当选为副主席；周恩来当选为中国人民政治协商会议第一届全国委员会委员（10月9日当选为这个委员会的副主席）和中央人民政府委员会委员。会议通过中国人民政治协商会议第一届全体会议宣言和给中国人民解放军的致敬电后，胜利闭幕。

为纪念一百多年来为新中国的诞生而英勇献身的人民英雄，周恩来在会上提议，将"为国牺牲的人民英雄纪念碑"建立在天安门广场。大会闭幕后，全体代表乘车前往天安门广场，隆重举行人民英雄纪念碑奠基典礼。周恩来代表大会主席团致辞："我们中国人民政治协商会议第一届全体会议，为号召人民纪念死者，鼓舞生者，特决定在中华人民共和国首都北京建立一个为国牺牲的人民英雄纪念碑。现在，一九四九年九月三十日，我们全体代表在天安门外举行这个纪念碑的奠基礼。"周恩来致辞后，全体代表脱帽静默致哀。随后，毛泽东宣读他撰写的纪念碑碑文（后经周恩来手书，镌刻在人民英雄纪念碑上）。

当晚，在中南海怀仁堂举行盛大宴会，热烈庆祝中国人民政治协商会议第一届全体会议胜利闭幕。

这一届政协会议开得很成功，为新中国的诞生奠定了坚实基础，受到与会代表交口赞扬。在10天的会议期间，有83位代表先后在会上讲话或发言。刘少奇郑重表示："中国共产党一定要为人民政治协商会议的成功及其发展和巩固，进行不懈的努力。"宋庆龄盛赞人民政协胜利召开，"这是一个历史的跃进，一个建设的巨力，一个新中国的诞生！"张澜称赞人民政协的开幕日是"世界人类史上值得永久纪念的一个光荣的日子"。黄炎培认为，人民政协会议"写出一篇意义最伟大、最光荣的纪录"。对人民政协的胜利召开，程潜说是"划时代的中国有史以来所有的一次人民大团结"。沈雁冰赞扬人民政协会议"展开了中国历史全新的一页"。

就任总理后，首先集中精力组建政府机构，亲自做人员组成的平衡和协调工作，民主人士称赞"周恩来总理不愧为'周'总理啊！"

10月1日，中央人民政府委员会举行第一次会议，一致决议：宣告中央人民政府成立，接受《中国人民政治协商会议共同纲领》为本政府的施政方针。周恩来被任命为中华人民共和国中央人民政府政务院总理兼外交部长。51岁的周恩来众望所归地成为新中国的开国总理，从此，他为建设新中国奋斗不息20余年。

从1949年10月1日起，周恩来作为占当时世界1/4人口的大国总理，承担起了总理新中国内政外交国务的重任。新中国成立后，当务之急就是建立各级政权机构。周恩来就任总理后，首先集中精力组建政务院机构。由于中国革命的特点是农村包围城市，先一块一块夺取地方政权，而后建立全国政权，因而政务院机构是在华北人民政府机构的基础上，改组扩充而建立的。在组建政务院机构的过程中，周恩来亲自挑选各级领导成员，经充分协商后，报请中央人民政府任命。考虑到人民政府成员的结构要有利于团结社会各阶级、各阶层的人民，共同为建设新中国而奋斗，周恩来特别重视挑选大批有经验的党外民主人士担任领导职务。

毛泽东对选用民主人士担任各种领导职务也很重视。早在进驻北京的途中，毛泽东就对周恩来说：对做过贡献的各民主党派领导人，应该在政府里安排职务。新中国首届"内阁"——政务院是一个民主联合政府，必须安排党外民主人士担任各种领导职务。然而，如何安排、配备得平衡，却是一件极其复杂的事情，周恩来为此做了大量的协调工作。

事例一，周恩来提名傅作义任水利部部长。傅作义对和平解放北平立了大功，而且曾在兴修河套水利工程方面做了许多工作。因此，周恩来提名傅作义担任水利部长，并尊重他的意见，由他推荐的民主人士、原国民党黄河治理委员会的技术专家张含英和原国民党中央执行委员、北平市长刘瑶章，参加水利部的领导班子。

事例二，周恩来劝说不愿当官的黄炎培任政务院副总理兼轻工业部部长。黄炎培以前曾多次拒绝担任旧政府的高官，新中国成立后，他也无意做官。为了劝说他，周恩来前去他家拜访，诚恳地请他担任中央人民政府的公职。起初，他仍不改初衷地说："1946年我才68岁，已觉得年老了，做不动官了。如今72岁了，还能做官吗？"周恩来耐心地劝说："在新政府任职，不同于在旧社会做官，现在是人民的政府，不是做官，是做事，是为人民服务。在全国政协会议上，由全国各党派一起千斟万酌制定的《共同纲领》，就是为人民服务的'剧本'，我们编了'剧本'，自己怎能不上台唱呢？"经过两小时的恳切交谈，黄炎培终于被说服了，表示要考虑一下。第二天早晨，黄炎培征询了江口渔、杨卫玉等好友的意见，他们一致认为，在周恩来代表中共中央求贤若渴的盛情邀请之下，应该接受在政务院的岗位。

当晚，周恩来再次登门听取黄炎培的答复，他高兴地向周恩来表示，他愿意出任政务院副总理兼轻工业部长。黄炎培就任后，他的四子黄大能问他："您一生拒不做官，怎么年过70岁做起官来了？"黄炎培详细讲了周恩来耐心地向他做劝说工作的情况，并且解释说："以往坚拒做官，是不愿入污泥。今天是中国共产党领导下的人民政府，我做的是为人民服务的官呵！"

事例三，周恩来提议无党派民主人士李书城担任农业部部长，当初有些人疑惑不解。为此，他介绍了李书城的经历。他说：李书城是同盟会的早期会员之一，辛亥革命首义后他在武汉担任过革命军总司令黄兴的参谋长，随后投入了讨袁护国战争和护法战争，在旧民主主义革命中起过重要作用。同时，中共"一大"就是在他家召开的，在中国人民的解放事业中，他还做过一些有益的工作。周恩来认为，这样安排，体现了照顾民主人士的各个方面。周恩来还派薄一波去找李书城谈谈，对薄一波说："他有这么一个历史，要照顾这个历史，你去跟他谈谈，说要提他为农业部长。"经周恩来协调，李书城就任了新中国第一任农业部长。

经过周恩来耐心细致地进行协调和平衡工作，政务院及其下属机构的领导人员安排已经就绪，并经中共中央决定。1949年10月19日，毛泽东主持召开中央人民政府委员会第三次会议，任命董必武、陈云、郭沫若、黄炎培为政务院副总理，李维汉为政务院秘书长，副总理中民主人士占50%；21名政务院领导成员中，民主人士11人，占52.3%；任命朱德、刘少奇、周恩来、彭德怀、程潜为人民革命军事委员会副主席，其中民主人士占20%，徐向前为总参谋长。会议还通过了政务院下属委、部、会、院、署、行34个机构的109名正副职位，其中民主人士49人，占44.9%，15个正职是：文教委员会主任、科学院院长郭沫若，谭平山任人民监察委员会主任，黄炎培任轻工业部长，朱学范任邮电部长，章伯钧任交通部长，李书城任农业部长，梁希任林垦部长，傅作义任水利部长，沈雁冰任文化部长，马叙伦任教育部长，李德全任卫生部长，史良任司法部长，何香凝任华侨事务委员会主任委员，胡愈之任新闻出版署长。

对政务院副总理及其下属机构主要负责人的安排，受到各界民主人士的广泛好评。有的民主人士称赞说："周恩来总理不愧为'周'（指考虑问题周到、完备）总理啊！"陈毅对政务院的人事安排也作过高度评价。他说："周总理平衡这个班子的功绩是，既照顾到解放区的各个方面，也照顾到延安；既照顾到各党各派，也还要照顾到被安排的资

历、职业和他的能力。"后来,曾任民主建国会中央副主席的孙晓村在《我所经历的第一届人民政协会议》的回忆文章中写道:

"我回到上海,朋友们都讲共产党的确伟大,打下了天下,但不统统用自己人。担任领导职务的共产党、党外人士都是在社会上经过几十年考验的中华民族的精英"。"当时民主人士在中央人民政府中担任部长以上职务占全体成员的三分之一强,他们德高望重,深受人民信任。至今想起这些事情,我深感这样的人事安排,充分体现了共产党领导的多党合作是用人唯贤的楷模。"

中华人民共和国中央人民政府政务院的人事安排基本就绪后,1949年10月21日,周恩来总理召开第一次扩大的政务会议,宣告政务院成立,政务院总理、副总理、政务委员及下属34个机构的领导人正式就职。周恩来在会上作了题为《关于政务院的成立和政府机关的组织与干部问题》的报告。报告说明:

政务院是首脑部,在中华人民共和国中央人民政府领导之下,进行国家事务工作。政务院和它下属的四个大委员会和三十个行政部门是以华北人民政府为基础组建的,是在民主集中制的原则上科学分工的机构。政府正在草创中,政权机关需要很多人工作。政务院及其所属机构工作人员由三部分组成:一是长期参加革命的老同志;二是前国民政府的旧职员;三是在旧社会里被埋没的知识分子和新教育出来的学生。这三部分人各有长短,希望大家团结起来,取长去短,加强思想意识和工作作风的修养,搞好工作。

报告还强调,政务院既已成立,各个部门就应制定各自简要的工作条例和组织条例。这样,一方面可以不约束大家的积极性和创造性,同时又可以约束自由主义。这次会议还通过了政务院代理秘书长和政务院政法、财经、文教等委员会正副秘书长的人选,决定提请中央人民政府委员会批准。

10月25日，周恩来主持政务院第二次政务会议，讨论通过关于接收前国民党政府中央机构工作委员会工作的原则：（一）各机构由中央人民政府逐步接管，中央接管前由地方代管；（二）提请中央人民政府批准设立中央统一接管工作机构；（三）对原各机构工作人员，将在调查研究后因才使用，合理分配工作。这次政务会议还决定：（一）提请中央人民政府主席发布命令，宣布华北人民政府工作结束，原华北人民政府所辖五省二市归中央直属；（二）政务院各委、部、院、署、行以华北人民政府为基础建立工作机构，于十一月一日正式开始办公。会后，根据中央人民政府十月二十七日命令，华北人民政府于10月31日结束工作，正式向政务院办理移交。

政务院组成后，周恩来立即着手主持制定各部门的工作条例和组织条例。

政务院机构初步建立起来后，为迅速有效地运作起来，周恩来着力抓了两个方面的工作。

首先，充分发挥政务会议集思广益的作用。

政务会议成员包括总理、副总理、秘书长和政务委员，共21人。其中既有共产党员，也有民主人士。政务会议每周一次，由周恩来主持。从1949年10月21日至1950年10月20日，一年内共开了55次。政务院的重要决策和人事任免，都要经政务会议讨论。会上，政务会议成员都能畅所欲言，各抒己见，最后由周恩来作结论。周恩来十分重视发挥政务会议的作用，既把它看成是广泛听取各种意见、妥善作出决策的重要方式，也把它当成发扬民主，团结民主人士合作共事的好形式。周恩来主持召开的政务会议受到民主人士的好评，认为"的确收到最佳的政策效应"。当年担任政务院副秘书长的孙起孟在《罗隆基眼里的

政务会议》一文中,回忆说:

"周总理说过:'为什么政务会议每个星期要开一次呢?难道我们也是闲着没事干,高兴每个星期开一次会吗?不是的。这是有好处的'。好处在哪?从根本上说,这是建设社会主义民主政治的需要,是按《共同纲领》所规定的民主集中制处理国家事务。从作为建设国家领导核心的中国共产党来说,完全有必要虚心听取各种意见,所谓'兼听则明,偏听则暗'"。

周恩来要求政务院各级机构都要在自己的职责范围内切实负责,并且保证非党民主人士工作有职、有权、有责。1950年4月13日,周恩来在全国统一战线工作会议上讲话指出:

"非党人士担任部长的就要非党人士作报告,如轻工业部就要黄炎培报告,水利部就要傅作义报告,开始他们情况不熟,报告后可由副部长补充,久了情况熟了,连补充也不需要。同时有任务也责成他们负责完成,比如说河流缺口,要水利部负责,傅作义自然会下去布置。有职、有权、有责,自然会发挥他们的积极性。这方式很好。政务院的政务会议每星期召开一次,有关文件等也交非党人士审查,一切指示、法令也要他们修改。这样,不仅不会动摇我们的政策,而且还会完善我们的政策。这些政策、法令是经过他们讨论同意的,事后他们也会更好地进行宣传解释。"

其次,要求各部门立即着手制定基本的工作条例。

根据周恩来在第一次扩大的政务会上提出各部门制定工作条例的要求,政务院成立后不久,先后制定了一系列有关的工作条例和组织条例。10月28日,周恩来主持政务院第三次政务会议,经讨论,会议初步通过了《政务院及其所属机关组织通则》《政务院指导接收工作委员会工作条例》。

12月2日,政务院第9次政务会议通过了《政务院及其所属机关组织通则》，经中央人民政府批准后，于同月 5 日公布实施。

11 月 11 日，周恩来主持政务院第五次政务会议，就政务院及其所属机关工作人员的任免问题指出：现在，我们国家是新民主主义的国家，资本主义国家和中国封建时代任免国家工作人员的办法，对于我们都不适用。对于人才，我们要敢于提拔，但不能滥用私人，凭主观喜怒来评定和提升干部。我们的标准是要看他的历史、工作态度、经验和能力，以及群众对他的认识。会议讨论通过了《政务院组织条例（草案）》。

11 月 25 日，周恩来主持政务院第七次政务会议，讨论通过了《政务院及其所属机关工作人员任免暂行办法》。

以上这些条例或暂行办法，都是由周恩来主持起草，并且反复修改，而后提交政务会议审定通过实施。在初步制定各项工作条例和组织条例的基础上，周恩来要求新中国人民政府的工作人员，不要做封建社会的"循吏"，而要不仅工作有积极性，还要有创造性。11 月 21 日，周恩来对在中南海办公的政务院及其所属机构工作人员说：

> 人民政府一切工作都在草创中，没有前例可援。我们根据需要创立的许多机构，并不完备，应该根据实际情况作些变更。我们不要像旧官僚那样，不用脑子，只是墨守成规、按部就班地办事。这在封建社会就叫"循吏"。新政府的工作人员不仅要完成政府所决定的工作，还要负责改进这个机构。人民政府不仅要求工作人员有积极性，并且要求有创造性。我们不怕人家提意见，而是欢迎提意见。新政府工作人员还应挤出时间来学习和参加生产劳动。

实行民主建政，建立和健全各级地方人民政府的政权机构。

根据中国地大、人多、经济发展不平衡的特点，中央人民政府将全国划分为东北、华北、西北、华东、中南、西南6个大行政区。其中东北已经建立东北人民政府；华北人民政府撤销后，所属各省（市）由政务院直接管辖；其余4个行政区正在着手建立军政委员会。为什么要设立大行政区这样一级地方政权机构？1949年12月9日，周恩来在政务院第十次政务会议讨论《关于各大行政区组织通则》时作过解答。他说：

> 在目前情况下，大行政区应该成为一级政权组织，由它领导一个大的地区的工作。这个地区，在经济、政治、民族等方面有许多共同点，在军事上是连成一片的。绝不会因为有大行政区一级而成为不统一。中国是一个大国，地大，人多，经济发展不平衡，必须在经济发展的条件下，才能逐渐走向完全的统一。政权组织的划分，要既有利于国家统一，又有利于因地制宜。不能只强调一面。要在统一政策领导下因地制宜，在因地制宜的发展中求统一。这样的因地制宜不但不妨碍统一，倒正是为进一步的统一创造条件。要在统一的政策下发挥地方的积极性。只有这样，才能获得战争的完全胜利，医治战争创伤，完成全国的土地改革，以及恢复和发展生产。

在组建大行政区的过程中，周恩来主持审定了东北人民政府和西北、华东、中南、西南4个军政委员会的主席、副主席、委员人选，经政务院提请中央人民政府任命。

同时，周恩来还着重抓了各级地方政权的民主建设工作。根据当时土地改革在新解放区还没有全面展开，普选的条件在许多地方还不具备，1950年8月17日，周恩来在审阅董必武《关于政法系统三个专业会议给政务院党组的请示报告》时，在批语中写道："建政工作应以开好人民代表会议及逐渐做到经过协商推选各级人民政府为中心。城市建政工作亦应以民政部门为主管部门。目前各省市民政部门，应注意把县一级人民代表会议开好，各大城市民政部门应注意把市一级人民代表大会开好。"

1950年7月至10月间，周恩来主持审定了经过各界人民代表会议协商推选出来的各省（市）人民政府主席（市长）、副主席（副市长）、委员的人选，经政务会议讨论决定后，报请中央人民政府任命。

经过一年时间的民主建政工作，到中华人民共和国成立一周年时，全国已有1个大行政区人民政府、1个中央直辖的自治区人民政府、4个大行政区军政委员会、28个省人民政府、9个相当于省的行政区人民行政公署、12个中央和大行政区直辖的市人民政府、67个省辖的市人民政府、2087个县人民政府。在各级人民政府中，大多是由各界人民代表会议选举产生的，极少数市和县已召集了人民代表大会，其他市和1707个县、内蒙古的36个旗都召集了各界人民代表会议。大部分的区、乡和村分别召集了人民代表大会或各界人民代表会议、农民代表会议。至此，新中国的民主政权建设业已初具规模，为恢复和发展国民经济和开创外交新格局，奠定了日益巩固的政权基础。

新中国外交开局的巨大成功

——参与谈判和缔结《中苏友好同盟互助条约》

1949年10月1日,中华人民共和国成立。10月2日,苏联政府致电周恩来,决定承认中华人民共和国,中苏两国建立外交关系,互派大使。10月3日,周恩来复电苏联政府,欢迎两国建立外交关系,并互派大使。中苏建交后,两国关系中亟待解决的一个重大问题,就是处理中国国民政府与苏联政府签订的《中苏友好同盟条约》。废除旧约,缔结新约,以确定中苏两国关系的指导原则,并以条约形式构成两国关系的法律基础。

为此,毛泽东和周恩来于1949年12月和1950年1月,先后赴莫斯科,同苏联领导人举行会谈。历时两个多月,经反复磋商,终于缔结了《中苏友好同盟互助条约》。这是新中国历史上第一个重大外交举措,也是新中国外交开局的首次巨大成功,具有深远的意义。在毛泽东主持下,周恩来参与了《中苏友好同盟互助条约》的谈判和签订。

废除旧约和缔结新约的历史背景。

1945年8月14日,中国国民政府同苏联政府签订的《中苏友好同盟条约》,是《雅尔塔协定》的产物,而这个协定是美国、英国、苏联为了划分势力范围，背着中国达成的有损于中国权益的秘密协定。第二次世界大战后期，苏联确定在远东的战略目标是：把外蒙古从中国版图中独立出来，形成安全地带；恢复沙皇俄国在中国东北的势力范围，以确保苏联在太平洋的出海口和不冻港。早在这一年的2月8日，斯大林同罗斯福会谈，即谈到了苏联政府的上述要求，美国政府予以确认。

3天后，即同年2月11日，苏、美、英三国首脑在苏联克里米亚半岛的雅尔塔秘密签订《苏、美、英三国关于日本的协定》。这个协定的主要内容是：在欧洲战争结束后两个月或3个月内苏联参加对日作战。其条件为：维持蒙古人民共和国的现状；恢复1905年日俄战争后俄国丧失的权益；将千岛群岛交予苏联。在会上，苏联代表还表示，要同中国政府签订友好同盟条约。于是，苏、美两国政府采取软硬兼施手段，迫使中国国民政府接受了苏联提出的各项条件。

1945年6月27日，国民政府行政院长兼外交部长宋子文和外交部副部长胡世泽以及沈鸿烈、蒋经国等，访问苏联。在会谈中，苏方提出：中苏双方共同管理大连，由中国人任主席，苏联人任行政负责人；中长铁路由中苏两国共同管理，年限为40至50年；旅顺由中国人和苏联海军共同使用港口设备；外蒙古独立。随后，苏方拿出事先准备好的《中苏友好同盟条约》《中国东满和南满铁路的协议》《关于旅顺和大连的协议》《"外蒙独立"宣言》等四个文件草案。

历时45天，中苏两国举行了10多次会谈。在苏联红军大批进入东北的情势下，蒋介石终于同意和苏联签订条约。8月14日，国民党政府新任外交部长王世杰在《中苏友好同盟条约》和有关协议、宣言上签字。这个条约和有关协议充分保证了苏联在远东的权益。直到1949年底以前，苏联对华政策的基本目标就是确保实现这些权益。

如何处理这个严重损害中国权益的《中苏友好同盟条约》和相关的协议，中共中央采取慎重稳妥的方针，经历了一个渐进的过程。

中苏双方最早涉及《中苏友好同盟条约》问题，是在1949年2月初米高扬到西柏坡秘密访问期间。据列多夫斯基在《远东问题》杂志1995年第2、3期上发表的《米高扬访华秘密使命》一文中引用的文献档案记载，毛泽东同米高扬谈话时，借中国民主人士之口，委婉地提出："革命政府在中国掌权后，苏联再在旅顺口保留军事基地就没有意义了。"紧接着，毛泽东表示：中国共产党人"主张保留这个军事基地"，"待到中国十分强盛，有能力抵御日本侵略了，那时苏联本身也就不再需要旅顺的基地了。"毛泽东用这种说法表明了对于旅顺口中国应该收回而目前暂不收回的原则立场。

斯大林得到米高扬的汇报后，于2月5日致电毛泽东："中国共产党人掌权后，形势就根本改变了。苏联政府已经决定，一旦同日本签订和约，而且美国也从日本撤军，苏联就取消这个不平等条约，并从旅顺撤军。然而，如果中国共产党认为苏联军队立即撤出旅顺地区为宜，那么苏联准备满足中国共产党的愿望。"

对此，毛泽东和中共中央其他领导人当即表示，不能马上撤退苏联军队和撤销旅顺口基地。毛泽东还说，当我们强大起来时你们再离开中国，到那时我们再签订类似苏波条约那样的中苏互助条约。但是，米高扬却感到，"他（指毛泽东——引者注）有自己的策略考虑，但他没有明说。"

第一次直接谈论中苏条约问题，是1949年6月至8月刘少奇率领中共中央代表团秘密访问苏联期间。7月4日，刘少奇代表中共中央给联共（布）中央斯大林的报告第四部分"关于中苏关系问题"中，对如何处理《中苏友好同盟条约》提出了意见：

在苏联与新中国建立外交关系时，这个条约即须加以处理，其处理方式，大概不外以下三种：

"（一）由新的中国政府宣布全部承认这个条约继续有效，不加任何修改。

"(二)根据原来条约的精神,由两国政府代表重新签订一个新的中苏友好同盟条约,以便根据新的情况在文字上和内容上有所增减。

"(三)由两国政府代表换文,暂时维持这个条约的原状,但准备在适当的时机重新加以签订。

"在这三种方式中,应该采取哪一种方式为好?"

对于这个问题,斯大林在报告上批道:"等毛泽东到莫斯科后再决定这个问题。"7月11日,刘少奇和斯大林举行正式会谈。7月18日,刘少奇和高岗、王稼祥致电中共中央和毛泽东,汇报同斯大林会谈的情况。在谈到"关于中苏关系问题"时,斯大林首先表示,"中国政府一成立,苏联立即就承认你们。"关于中苏条约,斯大林说:

"在与毛泽东交换电报中已有过声明,说这个条约是不平等的,因那时与国民党打交道,不能不如此。美国在日驻兵很多,蒋介石又勾结美国,苏联在旅顺驻兵是抵制美、蒋武装力量的自由行动,保护苏联,同时也保护中国革命的利益。当时联共中央内部已有决定,即在对日和约订立、美国从日本撤兵,苏联就取消这个不平等条约,并从旅顺撤军。如果中共认为要苏联从旅顺立即撤兵,以便中共在政治上有更多的回旋余地,苏联军队现在就可以从旅大撤退。"

斯大林述认为,刘少奇在报告中提出的处理原中苏条约的三个方案(全部继承或重新签订或声明等一时期重新签订),都用不着,等毛泽东来莫斯科时解决这个问题。斯大林的谈话说明,他已一再确认,原有的"这个条约是不平等的",并且承诺"等毛泽东来莫斯科时解决这个问题"。究竟怎样解决呢?看来他是有所考虑的,但没有说明。

斯大林说:"目前不宜改变中苏条约的合法性"。原来苏方不打算废除旧约、缔结新约。

中国革命的胜利发展,从根本上改变了远东局势,苏联政府不得不考虑调整对华政策。为加强与美国对抗的实力,苏联需要新中国加盟苏联的东方集团,而即将夺得全国胜利的中国共产党,也需要与苏联保持密切的联盟关系。在这个事关安危的重大问题上,斯大林和毛泽东等中苏领导人有着目标一致的共同愿望。但是,怎样用法律条文的形式实现这个共同愿望,中苏两国领导人却各有不同的设想。斯大林希望同新中国联盟的方式不致改变《雅尔塔协定》,不致损害苏联在中国东北地区的既得权益;而毛泽东、周恩来等考虑的则是要求树立新中国独立自主的外交形象,要以新型的中苏关系为榜样来废除一切不平等条约。具体地说,这种意见分歧集中表现在是否需要缔结一个平等的中苏同盟新条约和废除不平等的旧条约的问题上。

中华人民共和国成立后,处理好中苏两国的条约问题,已经成为新中国外交的当务之急。为此,毛泽东决定出访苏联,同斯大林举行会谈,主要目的是要缔结新的中苏条约。据俄罗斯对外政策档案馆披露的有关文献档案,1949年11月8日,毛泽东致电斯大林,表示出访苏联的愿望,特别说明在访问期间将要提出中苏条约问题。电报还补充说,如果要签订条约,周恩来将前往莫斯科签字。

毛泽东于11月9日以中共中央名义给中国驻苏大使王稼祥的电报,也说明了要签约的意图。电报说:"至于恩来同志是否随毛主席一道去莫斯科,或于毛主席到莫后再定恩来是否去及何时去,此点亦请斯大林酌定。"

据苏联远东问题研究所中苏关系问题研究专家谢·冈察洛夫撰写的

《斯大林与毛泽东对话》一文披露，在毛泽东访苏前夕，作为联共（布）中央驻中共中央的代表，并陪同毛泽东一道访苏的柯瓦廖夫，向斯大林报告说：毛泽东曾经告诉他，打算出访三个月，第一个月在苏联，与斯大林会谈，要签署新的中苏条约。因此，他希望斯大林将中苏条约的事情放在日程安排的前面。

上述史料说明，对于毛泽东这次访苏的主要目的是签订新的中苏条约，应该说，斯大林知道得很清楚，心中是有数的。

1949年12月6日，中华人民共和国中央人民政府主席毛泽东率领代表团，启程访问苏联。对于毛泽东这次访苏的任务，16日，周恩来在政务院第11次政务会议上作《关于外交问题》的报告时说：

> 一是，祝贺斯大林70寿辰，共同交换对世界形势的意见；二是，要和苏联订立条约；三是，向苏联借款。在这三项中，最重要的是第二项。因为苏联同国民党政府签订的《中苏友好同盟条约》严重损害了中国的权益，新中国成立后，理应废除这个不平等条约而另立新约。

12月16日，毛泽东到达莫斯科，在车站发表书面演说，其中不无意识地说："十月社会主义革命之后，苏维埃政府根据列宁、斯大林的政策，首先废除了帝俄时代对于中国的不平等条约。"显然，这是不指名地点出废除旧约问题。

当晚，毛泽东来到克里姆林宫时，受到斯大林和联共（布）中央全体政治局委员的盛情欢迎。斯大林紧握毛泽东的手，端详一会儿，说："你很年轻，红光满面，容光焕发，很了不起。"他称赞毛泽东："伟大，真伟大！你对中国人民的贡献很大，是中国人民的好儿子！我祝愿你健康！""你们取得了伟大的胜利，祝贺你们前进！"毛泽东回答："我是长期受打击排挤的人，有话无处说……"没等毛泽东说下去，斯大林接着插话："胜利者是不受审的，不能谴责胜利者，这是一般的公理。"

宾、主入座后，第一次会谈随即开始。斯大林说：

中国革命的全面胜利在望，中国人民将获得彻底解放，共产党的力量是不可战胜的。中国革命的胜利将会改变世界的天平，加重国际革命的砝码。恢复经济和建设国家将是你们头等重要而又艰巨的任务，但你们有最宝贵、最丰裕的资本——人力，这是取得最后胜利和向前发展的最可靠的保障和力量。你们获取全面胜利是无疑的。但敌人并不会甘心，也是无疑的。然而，今天敌人在你们面前是无能为力的。我们全心全意祝贺你们的胜利，希望你们取得更多更大的胜利！

在会谈中，毛泽东提出：目前最重要的问题是建立和平。中国需要和平的环境，把经济恢复到战前的水平，并从总体上使国家稳定。中国对重大问题的决定，取决于今后的和平前景。国际和平如何保持？能够维持多久？斯大林表示：和平依靠我们的努力。那样，和平不仅能保持5到10年，而且能保持20到25年，或者更长的时间。接着，毛泽东主动提出如何处理旧的中苏条约并签订新的中苏条约的问题。斯大林立即表示：

1945年那个条约是根据《雅尔塔协定》签署的，可以说得到美国和英国的同意，苏联的千岛群岛、南库页岛等问题也是在雅尔塔达成协议的。因为《雅尔塔协定》的缘故，目前不宜改变中苏条约的合法性，否则会给美国和英国关于要修改千岛群岛和南库页岛问题带来法律依据。在表面上要保持条约的原有条款，而寻找一种有效地改变原有条约的办法。例如，在形式上不改变由苏联租借旅顺口三十年这一点，但实际上可以在中国政府要求下从那里撤出苏军。如果中国同志对这样的做法不满意，中国方面可以提出自己的建议。

为了维护国家的权益，毛泽东委婉地回答：照顾《雅尔塔协定》的合法性是必要的。但中国舆论有一种想法，认为条约是和国民党订的，国民党既然倒了，原条约就失去了意义。斯大林说：原条约是要修改的，大约两年以后，并且需要作相当大的修改。这次会谈表明，斯大林不愿意现在就废除旧约而另立新约。

12月24日，斯大林和毛泽东举行第二次会谈，但斯大林避而不谈中苏条约问题，使毛泽东很失望。

毛泽东的一番"牢骚话"，打破了僵持局面，斯大林表示同意废除旧约，签订新约。

此后，斯大林以让毛泽东休息好为由，把毛泽东冷落起来，持续好几天。在此僵持期间，斯大林曾派莫洛托夫和苏联驻华大使罗申，前来拜访毛泽东，斯大林也给毛泽东打来过电话，问他有什么愿望和想法，双方应进一步做些什么，是否有新的考虑等。有一次，柯瓦廖夫和苏联驻华使馆参赞、中文翻译费德林，前来看望毛泽东。毛泽东对柯瓦廖夫发脾气说：你们把我叫到莫斯科来，什么事也不办，我是来干什么的？难道我来这里就是为天天吃饭、拉屎、睡觉吗？

后来，毛泽东还多次谈到过这件事。1956年3月24日，他在中共中央政治局扩大会议上说：

"我在莫斯科整整呆了两个月（从一九四九年十二月十六日到达至一九五〇年二月十七日离开）。这两个月很不好受。当然我们是去祝寿的。斯大林七十寿辰，世界各国共产党都去向他祝寿。但我此行目的不单是祝寿，主要是订立中苏友好同盟互助条约。我在莫斯科看出斯大林不大愿意订立中苏友好同盟互助条约，他对中国党是不信任的"。

"在开完斯大林的祝寿会以后,我在莫斯科没事干,我就发牢骚,骂娘,估计他们会听到的。我对苏联党的联络员说,我在这里没事。但是,我做了很重要的事情,第一吃饭,第二拉屎,第三睡觉。每天做这三件事。他们让我参观,我不去,不答应订同盟条约,我哪里也不去。这样僵持到了一九五〇年元旦那一天,斯大林才同意订同盟条约,我同意发表对塔斯社记者谈话。"

1960年7月14日至16日,周恩来在北戴河中央工作会议上,讲到这段历史时说:"毛主席访苏是一个胜利了的国家的领袖去访问,本来应该十分热情相待,但是还不如对少奇同志访苏时表现得那么热烈,把毛主席冷落起来,除了祝寿以外,无事可谈。"

在僵持局面期间,发生过两件值得注意的事:一是柯瓦廖夫写了一封污蔑中国党的报告给斯大林。报告中根据高岗造谣,说中共中央委员会中以刘少奇为代表的有些人是亲美的。报告中还说中国的中央人民政府组成,民主人士占的比例很大,实际上成了各党派的联合会,等等。斯大林看过后,即把这个报告交给毛泽东,并且声明:这是柯瓦廖夫自己写的,不是我们授意的。须知,他不是搞政治的,只是一个技术员,却往政治里钻,这是很不适当的。另一件事是,英国一家通讯社造谣说:斯大林把毛泽东软禁起来了。消息传出后,苏联当局有些着慌。

鉴于斯大林的态度有所松动,表示愿意签订新的中苏友好同盟条约,为了辟谣,我驻苏大使王稼祥建议,以毛泽东答塔斯社记者问的形式,在报纸上公布毛泽东访苏的目的。毛泽东同意这个建议。经中、苏双方同意,1950年1月1日,毛泽东答塔斯社记者问。1月2日,苏联《真理报》登载。1月3日,《人民日报》转载。在《答塔斯社记者问》中,毛泽东说:

"我打算住几个星期。我逗留苏联时间的长短,部分地决定于解决有关中华人民共和国利益的各项问题所需的时间。""在这些问题当中，首先是现有的中苏友好同盟条约问题，苏联对中华人民共和国贷款问题，贵我两国贸易和贸易协定问题，以及其他问题。""此外，我还打算访问苏联的几个地方和城市，以便更加了解苏维埃国家的经济与文化建设。"

毛泽东《答塔斯社记者问》发表后，震动很大，谣言不攻自破，会谈气氛也为之一变。国际局势的微妙变化，毛泽东《答塔斯社记者问》的表态，也许使斯大林感觉到，联合新中国共同对付美国和日本，已是当务之急，而过于坚持从旧中国得到的那些权益，或许会得不偿失，因而是不明智的。于是，斯大林让步了。1月2日晚，斯大林让莫洛托夫和米高扬来见毛泽东，征询他对签订中苏条约等问题的意见。关于这次谈话的情况，毛泽东于当晚11时写给中共中央的电报作了详细介绍。电文写道：

"（一）最近两日这里的工作有一个重要发展。斯大林同志已同意周恩来同志来莫斯科，并签订新的中苏友好同盟条约及贷款、通商、民航等项规定。于一月一日决定发表我和塔斯社记者谈话，已见今（二日）各报，你们谅已收到。今日下午八时，莫洛托夫、米高扬二同志到我处谈话，问我对中苏条约等事的意见。我即详述三种办法：（甲）签订新的中苏友好同盟条约。这样做有极大利益。中苏关系在新的条约上固定下来，中国工人、农民、知识分子及民族资产阶级左翼都将感觉兴奋，可以孤立民族资产阶级右翼；在国际上我们可以有更大的政治资本去对付帝国主义国家。（乙）由两国通讯社发一简单公报，仅说到两国当局对于旧中苏友好同盟条约及其他问题交换了意见，取得了在重要问题上的一致意见，而不涉及详细内容，实际上把这个问题拖几年再说。这样做，中国外长周恩来当然不要来。（丙）签订一个声明，内容说到两国关系的要点，但不是条约。这样做，周恩来也可不来。当我详细分析上述三项办法的利害之后,莫洛托夫同志即说,(甲)项办法好,周可以来。我仍问,是否以新条约代替旧条约?莫洛托夫同志说,是的。""(二)你们收到此电后,请于五天内准备完毕。希望恩来偕同贸易部长及其他必要助手和必要文件材料,于一月九日从北京动身,从火车(不是坐飞机)来莫斯科,由董必武同志代理政务院总理。对外不要发表,待周到莫后才发表。(三)以上是否可行,五天准备时间是否足够,是否还需多一二天准备时间,有无叫李富春或其他同志来协助之必要,均请考虑电复。"

由于突破了不缔新约的僵局,事情的进展出现了转机,毛泽东的情绪也有所好转。据汪东兴日记反映,1月3日这一天,毛泽东的"精神特别好","有说有笑"。

一波三折,艰难的缔结新约谈判。

毛泽东坚持中苏两国政府签订一个新条约以代替旧条约,经过谈判、僵持和思考,中苏双方终于形成了一致的意见,原则上都同意另订新约。但是,究竟签订一个什么样的新条约,中苏双方都有各自的设想和要求。原来,苏方坚持条约的形式不改变,即保留旧的条约,而对旧条约的实际内容可以作某些修改;但在商定废除旧条约另订新条约后,苏方最初提出的条约和有关协定的草案文本,几乎完全沿袭了旧条约和有关协定的实际内容。与此相反,中国以前坚持在形式上必须以新条约取代旧条约,而同意保留旧条约和有关协定的某些实际内容;但在商定废除旧条约另订新条约后,中方最初提出的条约和有关协定的草案文本,对其中严重损害中国权益的实际内容作了很大修改。这种情况变化,自然增加了缔约谈判的难度。

在中苏双方商定签订新的条约,苏联方面加紧准备条约和有关协定的草案文本。1950年1月5日，苏联外交部即起草了名为《中苏友好合作互助条约》草案第一稿，除了在政治上保持友好同盟关系的条文外，草案第七条明确规定："缔约国双方承认，1945年8月14日签订的中长铁路、大连和旅顺口协定继续有效。"这个草案文本的条款说明，苏方的最初设想是，签订新条约，同时保留旧协定。1月22日，莫洛托夫、米高扬、维辛斯基将起草的最后一稿《苏中友好同盟互助条约》《苏中关于旅顺口和大连港协定的议定书》《苏中关于中长铁路协定的议定书》和《苏中贷款协定》等13个草案文本呈报斯大林。随即联共（布）中央批准了这些草案文本。

从苏联方面最后形成的条约、有关规定和议定书的草案文本中，可以看出苏联政府对这次签订新的条约的设想：关于新的条约，除了原则上确定中苏两国的联盟关系外，没有涉及中苏双方的实际权益；关于中长铁路问题，与1945年的旧协定相比，不仅保留了原有的三十年有效期，而且修改部分除领导职务采用轮换制外，其他如资产确定，免征海关税、货运税、缴纳铁路营运税等规定，都更有利于保障苏方的利益；关于旅顺口和大连问题，除规定苏联驻军从1950年开始撤离，并在二至三年内撤离完毕外，其余基本上照旧，等待对日和约签订后再行审议。

在中苏两国缔约谈判开始之前，苏方对条约和有关协定的起草业已基本完成。而这时周恩来刚到莫斯科，对于条约和有关协定的具体内容还没有来得及仔细考虑，起草工作还没有开始。

1950年1月10日，周恩来率领中华人民共和国政府代表团离开北京前往莫斯科。代表团成员有东北人民政府副主席李富春、中央贸易部部长叶季壮、中共旅大市委书记欧阳钦、东北人民政府工业部副部长吕东、东北人民政府贸易部副部长张化东、外交部东欧司司长伍修权、外交部办公厅副主任赖亚力等人。

1月18日，周恩来在苏联新西比尔斯克给毛泽东去电话，因传音不好，毛泽东听不清楚，相约改到乌拉尔的斯维尔德洛夫斯克再通话。在这次通话中，他们讲了一个多小时，毛泽东把自己的活动、愿望以及将要谈判签订的条约内容都讲了，并征求了周恩来的意见。这样，周恩来对情况已经心中有数，一到莫斯科就立即开始工作。

1月20日，周恩来一行到达莫斯科。由于事先已做好准备，22日晚，毛泽东、周恩来、李富春、王稼祥等同斯大林、莫洛托夫、米高扬、维辛斯基等举行会谈。斯大林首先表示：经过仔细考虑，过去的《苏中友好同盟条约》已不适用，因为那个条约是在对日作战时订的。由于对日作战的结束，情况已经发生变化，那个条约已成为过时的东西，必须另订新约。在会谈中，中苏双方商定了对各项问题的处理原则和工作方法，并决定具体会谈由周恩来（后加入李富春、王稼祥）同米高扬、维辛斯基（后加入葛罗米柯、罗申）进行。对这次会谈的具体经过和内容，周恩来于2月8日写给刘少奇并中共中央政治局的电报说：

"恩来到后，一月二十二日斯大林同志约集谈话。毛主席说明在新情况下中苏两国的合作关系应在条约上固定下来。条约的内容应是密切两国的政治、军事、经济、文化、外交的合作，以共同制止日帝之再起及日本或与日本相勾结的其他国家之重新侵略。斯大林同意这一意见，并说明现有两类问题要解决：第一类为条约问题，即同盟条约问题、中长路旅大问题、贸易及贸易协定问题、借款问题、民航合作问题等；第二类为个别请求问题，如军事问题、空运团问题等等。当谈第一类问题时，斯大林对中苏条约应该是一个新的条约的意见已经肯定下来，并对雅尔塔协定问题说可以不必管它。对旅顺口问题，斯大林提出两个办法，一个是确定归还，对日和约缔结后撤兵；一个是现在撤兵，但过去的条约形式暂不变更。毛主席同意前一个办法。提到大连，斯说可由中国自己处理。关于中长路，我们因原无变更中苏共同经营之意，故当日只提出缩短年限，改变资本比例（五十一对四十九）及由中国同志任局长等三项意见，苏联同志同意缩短年限，但不同意改变资本比例，仍主张资本各半（五十对五十），并另提双方代表人员改为按期轮换制，举例如第一期局长为苏人，副局长为华人，第二期则改为局长华人，副局长苏人。关于贸易问题，毛主席说明我们所准备的出入口货单，并不十分准确，因此，与贸易有关的问题只能作大概的规定。关于借款问题，因须从今年一月算起，我们问可否缩短成四年，斯答很困难。关于第一类问题大致谈定后，即决定中苏双方由米高扬、维辛斯基与周恩来进行具体会谈，后在会谈时苏方加入葛罗米柯、罗申，我方加入王稼祥、李富春。关于第二类问题，军事及空运团，当商定先由刘亚楼与布尔加宁研究材料。其他各项则另订商谈程序。"

从 1 月 23 日开始，周恩来等同莫洛托夫等会谈缔结新的条约问题，首先讨论起草条约草案。周恩来说："友好同盟"的具体内容自然就包括互助合作在内了，而后者也应该是条约的具体内容。苏方对周恩来的这个解说很感兴趣，也相当重视，把这次会谈情况向斯大林作了汇报。后来，周恩来提出的这个意思在条约中得到了比较充分的反映。

24 日，周恩来研究了苏方提出的条约草案后说："不对，我说得很多，没有全包括进去，要修改。"他当即把王稼祥、陈伯达叫来商量，并向毛泽东汇报。毛泽东说："我们自己重搞一个吧！"于是，周恩来用两天多时间起草了一个条约草案文本。由师哲翻译成俄文文本后，于当晚递交苏方。

后来，中苏双方对这个条约草案文本作过两次修改，都没有原则性的改动，只是结构的调整和文字的改动，而且没有什么分歧意见。因为这个条约草案所讲的防止日本及其盟国的侵略、加强双边协商和合作等内容，都是中苏两国政府和人民的共同愿望和要求。

关于中苏双方对条约草案的谈判和修改情况，2月8日，周恩来致电刘少奇和中央政治局报告说：

"从二十三日起，在毛主席指导下，便先谈条约及各项协定。中苏友好同盟互助条约是我们起草的，第一次电告即为该草案。苏方对该草案无原则修改，除文字修改外，较重要的是第二条改为从积极方面规定争取尽速缔结和约，第三条加上不参加反对对方的任何行动或措施，原第五、六两条合为一条。故对此条约无任何争论，即作成定案，已见第二次电告。"

中苏会谈涉及双方实际权益的中长铁路、旅顺口和大连等问题时，各自提出的协定草案距离很大。例如，苏方在提交给中方的有关协定草案的基础上，又于1月26日提交了关于大连港协定草案。据俄罗斯对外政策档案馆披露的《葛罗米柯致米高扬和维辛斯基的信》，这个协定草案的主要内容是：（一）中国政府同意从大连港内划拨出一些码头和仓库转租给苏联；（二）凡经大连港的苏联的进出口货物，或苏联为港口设施提供的材料和设备，均免征关税；（三）大连的行政管理机关隶属中国，但港口主任和副主任的职务则由中、苏两国人员轮换担任；（四）在缔结对日和约前，大连港实行同旅顺海军基地一样的军事管制；（五）该协定在对日和约生效后重新审定。由此可见，对于涉及实际权益的问题，苏方不仅没有让步，反而有所加码。

对于苏方提出的有关协定和议定书的草案，经过两天研究后，中方于1月26日提出由周恩来主持起草的《关于中国长春铁路、旅顺口及大连的协定草案》。这个协定草案与苏方提出的相关协定草案不同之处是：在形式上，这个协定草案把三个涉及实际权益的重大问题统一在一个协定中，以便一揽子解决所有协定重新审议的问题；在内容上，这个协定草案根据毛泽东与斯大林会谈时已经确定的苏军在对日和约签订后撤出旅顺口的原则,增加了一个新的条件,即"由于某些原因阻碍了对日和约的签订,而本协定已超过三年期限且未再缔结相应的条约,则苏军将立即撤出旅顺口地区"。

据俄罗斯对外政策档案馆的有关文献档案披露,在中方提出这个协定草案的同一天,维辛斯基写给斯大林的报告中反映,中方这个草案提出了苏方完全不曾设想的几个要求:(一)苏联放弃旅顺口作为海军基地的权利,放弃在大连和中长铁路的一切权力和利益,同时声明将上述所有权利和义务归还中华人民共和国。(二)目前由苏联临时代管或租用的在大连和旅顺口地区的一切财产,均由中国政府接收。(三)对日和约签订或本协定生效三年后,苏联立即将中长铁路及其所属全部财产无偿地移交给中国。

峰回路转,苏方终于基本接受中方提出的协定草案。

显然,中方提出的这个协定草案,是出乎苏方意料的。因此,苏方对这个草案反复进行了研究和修改。据说在俄罗斯对外政策档案馆的揭秘档案中,有四份对这个草案的不同修改稿,其中有两份删改很多,特别是斯大林批阅的草案文本,勾掉了许多中方草案的内容。

但是,苏方经过认真、慎重地研究后,1月28日提出的这个协定草案修改稿,已经接近中方提出的协定草案。如:苏方的协定草案修改稿接受了中方草案关于旅顺口的条款(不包括移交财产);接受了大连的行政完全隶属于中国管辖,并立即由中国政府接收大连(不包括旅顺口)的一切财产的条款;还接受了在对日和约签订后,或不迟于1952年末,无偿地向中国移交中长铁路的权利及全部财产的条款。

不过,苏方协定草案修改稿中增加了由中国偿还苏联自1945年以来用于旅顺口修复和建设工程的费用的条款。在这个协定议定书草案中增加了三条：（一）对苏联运入、调出旅顺口的物资和原料免征一切税收；（二）上述物资和原料免受中国海关检查；（三）苏联军队和军用物资可以沿中长铁路自由调运，其费用按中国军队调运的现行价格计算。

1月31日，中方提出《关于中国长春铁路、旅顺口及大连协定（草案）》及其议定书草案，对苏方协定草案基本上没有修改，但在议定书草案中，针对苏军沿中长铁路调运问题，中方增写一项条款，即中国军队和军用物资也可以自由地沿苏联境内的铁路调运。

1月31日至2月2日，周恩来等同米高扬、维辛斯基等举行会谈，内容涉及中苏双方提出的所有问题。据俄罗斯对外政策档案馆披露，维辛斯基于1月1日、2日和3日写给斯大林的报告，关于这次会谈的情况是：双方对条约草案只作了一些文字修改；关于中长铁路、旅顺口及大连协定草案，以及贷款协定草案等，没有原则性的分歧意见。但关于中长铁路、旅顺口及大连协定的议定书草案，中、苏双方发生了争执。对于中方提出的增加中国军队和军用物资沿苏联铁路调运的条款，苏方表示坚决反对。作为让步，苏方根据中方的意见，规定只有在远东地区出现反苏战争威胁的情况下，苏联军队才能沿中长铁路调运。同时，苏方认为，中国军队从满洲沿苏联铁路向新疆调运，没有任何实际意义和合理性，中方建议是对苏方建议的"反提案"，是"隐讳地反对苏联这一建议的一种特殊方式"，因此，"没有任何必要，也绝对不会被接受"。

对此，周恩来作了详细解释，说明中方提出这一条款是因为苏方首先提出了这个问题，并坚持在议定书中列入这个条款。米高扬说：如果这样，那么就取消苏方的这个建议，而把议定书中已经缩短的中长铁路协定有效期再保留十年。显然，这是苏方以改变已经取得的谈判结果相要挟。至此，周恩来无法再坚持，但提出要向毛泽东报告后再定。

在第二天会谈时，周恩来表示接受苏方的条款，但要求苏方口头承诺，在必要的情况下，中国可以沿西伯利亚大铁路调运军队。米高扬表示可以接受，但对中方在这个问题上的立场仍感到惊讶。关于中长铁路、旅顺口及大连协定及其议定书的谈判，已成定局。对于这个问题谈判的情况，周恩来于2月8日写给刘少奇并中共中央政治局的电报是这样说的：

"关于中长路及旅大协定，我们在第二次会谈时提出三个新的重要意见：第一个是中长路已经过六次波折，照目前情况看，苏联可以不要了，这对中、苏两国的团结会更加有利。斯大林同志对此意见，曾在联共政治局会议上表示中长路可以归还中国，在缔结对日和约后实行。第二个是如果对日和约三年后尚不能缔结，应规定届时即将旅顺及中长路归还中国，斯表示同意。第三个是大连现时为苏联代管或租用的产业由中国政府接收，斯亦表示同意。谈后，即由我们担任起草协定。

"毛主席在第一次谈话时即已谈定中长、旅、大三个问题写在一个协定中，我们原提案乃在第一条将苏联表示放弃对于租用旅顺口为海军根据地的权利及对于大连和中长路的权益并交还中国写成协定主文。后来苏方修改文如二月五日电告者，将远东形势起了变化的事实及从新处理中长路、旅大诸问题的可能性写上，然后分条规定对三个问题的解决办法。对中长路是说至迟三年无偿移交一切权利、财产；对旅顺口是说至迟三年苏军自该地区撤退，并有偿移交上述地区设备；对大连港则俟和约缔结后处理，而大连产业今年即由中国政府接收。在协定外并有议定书，第一项原为无时间条件苏军得在绥、满间运兵及运军需品，后改为如在远东发生战争威胁时始得实行，其他两项是有时间性的。我方对苏联修正案及其议定书已表示同意，国内在同意后亦应照本条约原文解释和宣传。"

《关于苏联给予中华人民共和国以长期经济贷款作为偿付自苏联购买工业与铁路的机器设备的协定》，是苏方起草的。在会谈中，对这个草案没有作原则性的修改。周恩来于2月8日写给刘少奇并中共中央政治局的电报，对于贷款协定及其议定书的具体内容是这样说的：

"关于贷款协定，草案是苏方提出，我无原则修改，只在解释年利百分之一的优惠条件时，苏方坚持用二月五日电告的文句，使新民主国家认识苏联何以减少一倍的利息优待中国。贷款协定的议定书，苏方原提出中国将战略原料四种（钨、锡、锑、铅）的剩余，只卖给苏联，后我提除铅外凡剩余均由苏联收买，苏联乃改为规定十四年中卖给苏联的数目，最后苏联同意我们的提案，将铅去掉，并减少锡头四年、锑全十四年的供给数字，生产如增加，当增订出口。因此，北京陈、薄来电修改的数字便未提出。本年内贷款只能付六千万美元，已购之飞机（三四〇架）、汽车、降落伞、钢轨（四三〇八九吨）、高射炮、炮弹、汽车及空军各种器材，共值四千万美金"。

"除上述条约、协定及议定书外，更考虑到宣布一九四五年的条约、协定失效的办法，乃决定采用两外长换文的办法，亦为我方起草，苏方无修改通过，已见二月五日电告。"

这次中苏谈判中没有结束的贸易、民用航空、经济合作等问题，具体情况如周恩来于2月8日写给刘少奇并中共中央政治局的电报所说：

"关于贸易协定，我们原拟签订商约，后经毛主席考虑商约条件尚未成熟，乃改提贸易协定，由我方起草与目前中苏贸易有关的十项条文并附两附件及五个附表的出入口货单，现方在商谈中。我们力争议好原则，只留审查出入口货单的工作给后走的同志，并由叶季壮留此签约。季壮来此即病痔，且将开刀，现由富春主持谈判。富春走后，将留沈鸿、张化东、吕东等在季壮领导下续谈。我们所提进出口货单均近二亿美元,出口货价,苏方认为较高,特别大豆每吨相差二十六美元,入口货单恐有许多工业设备今年很难交货,尤其农业种子、工具今年有误季可能。新疆贸易额出口一千万,入口一千余万,均列入总贸易单内,不单独进行贸易谈判。"

"关于民航协定,苏方曾两次起草,现将其草案电告,我们意见另附。如可能,当由刘亚楼在此签字。"

"关于经济合作,除民航外,尚拟由赛福鼎、邓力群与苏方先进行初步接触,然后回迪化正式谈判石油及矿产两项合作,谈定后送中央批准并在北京签字。关于地方通商,斯大林同志极力主张由中央过问,故此次并无地方单独协定。经济合作原则大致定为资本各半,双方代表所负职位按期轮换,时间长短视产业性质分别规定。苏联对经济合作颇感兴趣,大连产业归还后,某些产业如航渡、港口工事仍将实行合作。"

2月11日至13日,中苏两国代表举行最后一轮谈判。这次会谈的主要内容是谈判苏方提出的《补充协定》和条约、协定的签字及其公布等问题。据俄罗斯档案馆的资料记载,2月10日,中国代表团收到莫洛托夫转交的一个新的协定草案,其中规定:苏联远东地区和各中亚共和国的领土上,以及在中国的满洲和新疆境内,不得向外国人提供租让,并不允许有第三国的资本或这些国家的公民以直接或间接的方式参与的工业的、财政的、商业的及其他的企业、机关、公司和团体的经营活动。这就是《补充协定》。

对于这个《补充协定》的内容,毛泽东与斯大林于1月22日会谈时,斯大林曾提出不允许第三国居民进入东北、新疆地区居留的问题。周恩来当即反问:东北住有很多朝鲜民族的居民,他们算不算第三国居民?更不用说外来的蒙古人了。斯大林对此无言以答。后来,说明他们的本意是禁止美、日、英等国的人进入东北、新疆地区活动。对苏方的这个要求，毛泽东是有意见的，原本不打算签订这个协定，只因斯大林坚持，为顾全中、苏团结的大局，只好让步。所以，在这次会谈时，周恩来说：毛泽东同志同意这个协定草案，只是在文字方面有几处不大的修改。如：将"协议如下"改为"双方达成本补充协定"；将"租让"改为"租让权"。周恩来表示，中国准备采取经济措施，逐步减少外国公司和组织在东北和新疆境内从事的经济活动。

在签字仪式上，周恩来讲话指出：这些条约和协定"将成为中苏两国兄弟友谊和永久合作的标志"。

条约和各项协定的文本敲定后，最后一轮谈判的主要内容，就是商定有关签字的具体安排。在谈判关于条约、协定的签字和公布的问题时，周恩来提出：签字仪式在2月14日18时举行；已同毛泽东同志商议，将在莫斯科签字的所有协定，都应公开发表；贸易、航空和经济合作等协定，这次还不能签字，因为关于这些协定的文本尚需进一步协商确定。周恩来之所以提出在莫斯科签字的所有协定都应公开发表，显然是针对《补充协定》而言的。

当场，维辛斯基表示，这样的问题必须加以讨论，并向苏联政府汇报。经认真会谈，中苏双方商定：签订《中苏友好同盟互助条约》《中苏关于中国长春铁路、旅顺口及大连的协定》《中苏关于苏联给予中国贷款的协定》，并公开发表；通过关于废除1945年的旧条约和外蒙古独立的公告；确认条约的《补充协定》和上述两个协定的议定书不予发表。

1950年2月14日，《中苏友好同盟互助条约》和有关各项协定的签字仪式，在莫斯科克里姆林宫隆重举行。毛泽东和斯大林出席签字仪式。周恩来和维辛斯基代表各自的政府在文件上签字。周恩来在签字仪式上讲话，高度评价这些条约和协定的重大意义。他说：

"这些条约和协定是根据中苏两国人民的根本利益,并将成为中苏两国兄弟友谊和永久合作的标志。""中苏这些条约和协定的意义,对于新兴的中华人民共和国来说,是特别重要的。这些条约和协定,将使中国人民感到自己不是孤立的,将有助于中国经济的恢复和发展"。"由于中苏两国是为和平、正义与普遍安全而携手合作的,所以这种合作不仅是代表中苏两国人民的利益,同时也是代表东方和世界上一切爱好和平与正义的人民的利益。"

当天晚上,为欢庆毛泽东等访苏圆满成功和中苏条约的签订,中国驻苏大使王稼祥在莫斯科大都会饭店举行盛大招待会。斯大林破例出席招待会。招待会在热情、友好的氛围中进行。周恩来致祝辞,费德林拿着俄文讲话稿,周恩来临场没拿讲稿,两千多字的祝酒辞说得同原稿一字不差。他说:

我们两国所签署的条约和协定,将使中苏两国关系更加紧密,将使新中国人民不会感到自己孤立,而且将有利于中国的生产建设和经济的恢复、发展,有利于世界和平。中苏友谊要世世代代传下去,感谢苏联的无私援助。中国要向老大哥学习。

斯大林致辞时也很轻松,也没有拿讲稿,由师哲翻译。斯大林说:今天的这个场面热闹非凡,洋溢着友谊和团结精神,预示着欣欣向荣的未来。中、苏友好兄弟情谊要保持下去,周恩来都说过了,也代表了我的意思。

2月17日,毛泽东、周恩来等离开莫斯科。3月4日,他们回到北京,圆满结束了访苏之行。

新中国独立自主外交政策首获巨大成功。

《中苏友好同盟互助条约》和有关协定的签订,解决了中苏两国之间历史上遗留下来的一大悬案,标志着中苏两国结成了新型的同盟关系,对中苏两国友好关系的发展,具有特殊重要的意义。同时,在当时的历史条件下,由于美国政府对新中国在政治上敌视,在军事上打压,在经济上封锁,在外交上阻挠,中国坚定地同苏联站在同一战线上,结成友好同盟,这是历史的必然,也是合理的选择。因此,中苏两国缔结新的条约和有关协定,对于保障中苏两国的安全和稳定,维护远东和世界和平,推动两国建设事业发展,都具有重大而深远的意义。

关于这个条约的意义,周恩来、毛泽东都多次论述过。1950年3月3日,周恩来回国途中在东北干部大会上就说过:"我们这次把历史上的悬案作了一个总的解决,这只有我们人民的中国、共产党领导的中国,才能和苏联得到这样的解决"。3月10日,他在政务院第23次政务会议上作外交报告时,进一步指出:这次新签订的中苏条约,"把中苏两国的友好和合作关系固定下来,在军事上、经济上、外交上实行密切的合作。"

同年4月11日,毛泽东将这个条约和有关协定提交中央人民政府委员会第6次会议批准时,对它们的重大意义作过高度评价。他说:

"这次缔结的中苏条约和协定,使中苏两大国家的友谊用法律形式固定下来,使得我们有了一个可靠的同盟国。这样就便利我们放手进行国内的建设工作,和共同对付可能的帝国主义侵略,争取世界的和平"。

对于缔结《中苏友好同盟互助条约》的目的、任务和意义,1952年3月20日,周恩来在外交部全体干部会上的报告,进一步作过论述。他是这样说的:

"这次缔结中苏友好同盟互助条约,大家都很高兴。由于斯大林和毛主席的直接会晤,顺利地签订了条约和协定。文件大家都看过了,现在我只想讲一讲里面的一个关键问题,这就是条约的目的和任务。条约中有反对和争取两个方面的任务。我们所反对的一方面，是条约里指出的与日本勾结的国家，这就是美国。由此烘托出另一方面，也是积极争取的一方面，这就是要争取世界持久的和平。这两方面体现了我们今天的外交斗争和我们在和平阵营所从事的神圣伟大的任务。

"这个条约不仅体现了中苏两个国家七万万人民的团结，而且也体现了社会主义国家和新民主主义国家八万万人民的团结。它不仅鼓舞了殖民地的国家和被压迫的民族，同时也鼓舞了资本主义国家的人民。所以，这个条约是有其历史意义的。"

《中苏友好同盟互助条约》的缔结，是新中国坚持独立自主外交政策的一大胜利。早在中华人民共和国成立前夕，中共中央和毛泽东等同志依据对当时国际局势的分析判断，确定新中国奉行"一边倒"的方针，即倒向社会主义阵营一边，同苏联结盟，同时坚持独立自主的立场。对于坚持独立自主立场的问题，周恩来也多次作过论述。

早在1949年4月17日，周恩来向前来北京参加即将召开新政治协商会议的爱国民主人士和北京部分大学教授，作题为《关于和平谈判的报告》，在讲到"废除卖国条约"问题时说："对于这个问题，我们是很谨慎的。对外条约有的要废除，有的要加以修改，有的还可以保持"。"我们对外交问题有一个基本的立场，即中华民族独立的立场，独立自主、自力更生的立场。"

同年11月8日，周恩来在外交成立大会上讲到同苏联、人民民主国家的关系时指出，有联合和斗争两个方面。他说：

"我们现在的外交任务，是分成两个方面的。一方面，是同苏联和人民民主国家建立兄弟的友谊。我们在斗争营垒上属于一个体系，目标是一致的，都为持久和平、人民民主和社会主义的前途而奋斗。""外交工作有两方面：一面是联合，一面是斗争。我们同兄弟之邦并不是没有差别。换言之，对兄弟国家战略上是要联合，但战术上不能没有批评。""就兄弟国家来说，我们是联合的，战略是一致的，大家都要走社会主义的道路。但国与国之间在政治上不能没有差别，在民族、宗教、语言、风俗习惯上是有所不同的。所以，要是认为同这些国家之间毫无问题，那就是盲目的乐观。"

在这次中、苏会谈中，中国既坚持独立自主的立场，又体现顾全大局的精神。通过缔结《中苏友好同盟互助条约》和有关协定，废除了旧的不平等条约，洗雪了《雅尔塔协定》带给中华民族的耻辱。这是新中国坚持独立自主外交政策的胜利。但是，由于苏联大国沙文主义和民族利己主义的影响，在谈判过程中和最后形成的协定中，中国方面既坚持了原则立场，也作出了某些适当的让步。这是在当时历史条件下难以完全避免的。正如刘少奇1956年10月会见苏共中央领导人时所说的："当时为了共同反对帝国主义，中国在某些问题上作了让步。"

总之，不论是在谈判的过程中，还是在条约和协定执行的过程中，毛泽东、周恩来等中国领导人自始至终坚持独立自主的立场，维护国家的权益和尊严，即使是同友好国家苏联谈判时，这个原则立场也是坚定不移、毫不含糊的。如果说《中苏友好同盟互助条约》的缔结和相关协定的签订，标志着新中国外交开局获得巨大成功，那么这个巨大成功则是毛泽东、周恩来等中国领导人坚持独立自主立场的胜利。

确立指导国际关系的基本准则

——倡导和平共处五项原则

中华人民共和国成立后,为了打开外交工作的新局面,周恩来总理兼外交部长,十分重视同新兴的亚洲、非洲民族独立国家,特别是邻近的民族独立国家,建立和发展和平、友好、合作关系。这不仅因为中国人民同亚、非各国人民有过共同的经历,大都刚从帝国主义、殖民主义的长期压迫下获得解放,在许多方面有着共同的愿望和利益,而且新中国需要同邻国建立睦邻友好关系,保证有一个和平、安定的周边环境。

苏联建国后,面对资本主义国家包围的形势,列宁曾经提出不同社会制度国家和平共处的主张。但是,由于主观和客观条件的局限,列宁没有提出和平共处的具体内容和完整条件。周恩来根据新中国外交工作的实践,吸取国际关系的经验教训,创造性地提出和平共处五项原则,确立了指导国际关系的基本准则。

和平共处五项原则提出后,在中印两国总理联合声明中加以确认。

著名的和平共处五项原则的提出,经历了一个逐步扩大的发展进程。1953 年 12 月 31 日,周恩来在接见参加中印两国关于西藏地方与印度之间关系问题谈判的印度代表时，第一次提出和平共处五项原则。他说：

"我们相信，中印两国的关系会一天一天地好起来。某些成熟的、悬而未决的问题一定会顺利地解决的。新中国成立后就确立了处理中印两国关系的原则，那就是互相尊重领土主权、互不侵犯、互不干涉内政、平等互惠和和平共处的原则。"

"两个大国之间，特别是像中印这样两个接壤的大国之间，一定会有某些问题。只要根据这些原则，任何业已成熟的悬而未决的问题都可以说出来谈"。

经过中印两国谈判，周恩来在这次接见谈话中提出的和平共处五项原则，被写进了中印双方达成的《关于中国西藏地方和印度之间的通商和交通协定》的序言中。这是和平共处五项原则首次面世。

和平共处五项原则的第二次提出，是在周恩来同印度总理尼赫鲁会谈后发表的联合公报中。1954 年 6 月 25 日至 28 日，周恩来应邀对印度进行了三天的正式访问，同尼赫鲁进行了六次会谈，讨论共同关心的问题，特别是东南亚地区的和平前途。6 月 25 日，在第一天会谈时，周恩来说："中华人民共和国对东南亚的政策是和平共处。我们对印度是如此，对印尼、缅甸，甚至巴基斯坦也是如此。现在所提的对老（挝）、柬（埔寨）的政策也是如此。我们要使吴努先生相信，我们要把这一政策贯彻下去。"

尼赫鲁接着说："完全同意阁下的意见，如果把我们最近签订的协议中的五条原则适用于东南亚的国家，那么就会创造一个很大的没有战争恐惧的和平区域。我提到和平区域的意思，就是在这个区域中的国家都是中立的，在这个区域中没有军事基地，没有干涉，也没有侵略，而是鼓励和平。"周恩来回答说："这也是中华人民共和国的政策"。在这次会谈结束前，尼赫鲁建议，两国会谈结束后发表一个联合声明。周恩来表示同意，并请尼赫鲁起草这个联合声明。

6月26日，在第二天的会谈中，尼赫鲁征求周恩来的意见，询问对他起草联合声明怎么写。周恩来回答说："至于联合声明的内容，我有几点建议：我们所强调的五条原则，常常提及是有好处的。我们可以在联合声明中说明这些原则不仅在亚洲，而且在全世界都适用。我们在联合声明中可以互相表示信任。我们可在联合声明中表示一下对印度支那问题的意见，希望能迅速达成停战和恢复和平的协议，使东南亚能有和平的环境。"尼赫鲁说："我一定尽力起草，并试图包括阁下所述的各点。"6月28日，中印两国总理发表由尼赫鲁起草并经双方会谈商定的联合声明。声明指出：

"最近中国和印度曾经达成一项协议。在这一协议中，它们规定了为两国之间关系的某些原则。这些原则是：甲、互相尊重领土主权；乙、互不侵犯；丙、互不干涉内政；丁、平等互利；戊、和平共处。两国总理重申这些原则，并且感到在他们与亚洲以及世界其他国家的关系中也应该适用这些原则。如果这些原则不仅适用于各国之间，而且适用于一般国际关系之中，它们将形成和平和安全的坚固基础，而现时存在的恐惧和疑虑，则将为信任感所代替。"

"两国总理承认，在亚洲及世界各地存在着不同的社会制度和政治制度。然而，如果接受上述原则并按照这些原则办事，任何一国又都不干涉另一国，这些差别就不应成为和平的障碍或造成冲突。有关各国中每一国家的领土主权和互不侵犯有了保证，这些国家就能和平共处并相互友好。这就会缓和目前存在于世界上的紧张局势，并有助于创造和平的气氛。"

中印两国总理以联合声明的形式提出的和平共处五项原则，重申适用于中印两国之间的关系，并进一步确认"这些原则不仅适用于各国之间，而且适用于一般国际关系之中。"这就是说，和平共处五项原则是适用于整个国际关系的普遍准则。这个主张是对和平共处思想的一个重大发展。

中缅两国总理联合声明：和平共处五项原则，"也应该是指导中国和缅甸之间关系的原则"。

6月28日，在中、印联合声明发表的当天，周恩来应邀访问缅甸，同缅甸总理吴努举行了两次会谈。针对吴努在第一次会谈时讲到的一些疑虑，周恩来在第二次会谈时说："我可以当面和直率地告诉吴努总理，新中国的政策是和平政策。我们愿意按照互相尊重领土主权、互不侵犯、互不干涉内政、平等互利、和平共处五项原则，与世界上一切国家友好相处，何况缅甸和中国还是有亲戚关系的国家。""至于说领土，中国地方已经很大，人口已经很多。我们立国的政策就是把自己的国家搞好。我们没有任何领土野心。我现在作此声明，吴努总理是可以相信的。"

吴努接着说："我非常高兴地听到阁下讲的一番话。阁下这次来访起了很好的作用，消除了缅甸人民中对中国抱有的恐惧的相当大的一部分。假如我们第一次的会见就消除了这样大的一部分恐惧，那么接触的次数多了，消除的恐惧也就愈多。"吴努表示，接受中印联合声明提出的和平共处五项原则，并把这些原则写进中缅联合声明中去。会谈结束后，6月29日发表中缅两国总理联合声明。声明确认和平共处五项原则，"也应该是指导中国和缅甸之间关系的原则"。这可以说是周恩来第三次提出和平共处五项原则，并得以实施。

周恩来首先提出，并随后在中印、中缅联合声明中确认的和平共处五项原则，是当代国际关系史上的一件大事，是对处理当代国际关系的重大贡献。和平共处五项原则，是不可分割而互相作用的统一整体。和平共处是目的，互相尊重主权和领土完整是前提，互不侵犯、互不干涉内政是维护主权和独立的必要条件，平等互利是政治、经济关系的基础。1955年4月19日，周恩来在亚非会议的书面发言中，讲到和平共处五项原则的密切关系时说：

> "只有互相尊重主权和领土完整，和平才有保障。对任何一个国家主权和领土的侵犯，对任何一个国家内政的干涉，都不可避免的危及和平。如果各国保证互不侵犯，就可以在各国的关系中创造和平共处的条件。如果各国互不干涉内政，各国人民就有可能按照他们自己的意志选择他们自己的政治制度和生活方式。"

在周恩来看来，和平共处五项原则，是在独立国家之间实行的，是国家与国家之间的平等关系。因此，和平共处五项原则的核心，是相互尊重国家主权和平等地位。只有彼此尊重对方的国家主权，才能保证互相尊重领土完整，互不侵犯，互不干涉内政，才能建立平等互利的国家关系，从而实现和平共处。独立自主是每个主权国家的权利的标志，尊重国家主权就是尊重各国的独立自主权利和平等地位。

因此，以互相尊重主权和平等为核心的和平共处五项原则，既反映了当代世界各国人民要求独立自主和平等的愿望，也反映了当代国际社会发展不可抗拒的历史潮流。和平共处五项原则提出五十多年来，已经显示出日益强大的生命力。

亚非会议确认的十项原则，是和平共处五项原则的传承和发展。

1955年4月18日至24日，亚非会议在印度尼西亚的万隆举行，共有占世界人口一半以上的29个国家参加。亚非会议的召开，是第二次世界大战后民族解放运动蓬勃发展的结果，符合亚非各国人民要求和平、独立与友好合作的共同愿望。中国政府决定周恩来率领代表团应邀参加亚非会议。4月4日，周恩来向中共中央报送由他主持起草的《参加亚非会议的方案（草案）》等文件。4月5日，中共中央政治局扩大会议讨论通过了这些文件。《参加亚非会议的方案》分析了亚非会议对于扩大和平势力的事业的有利条件，并提出了我国参加亚非会议的总方针。《方案》写道：

"亚非会议是没有帝国主义国家参加，而由亚非地区绝大多数国家所举行的国际会议。亚非会议的召开正当中印、中缅联合声明在亚非地区发生巨大影响的时候，亚非人民争取和平和独立的斗争正在高涨，而另一方面美国正在组织和扩展各地区的侵略集团，力图加强对亚非国家的控制，积极准备新的战争。美国并企图通过它在亚非会议中的仆从国家来对会议进行破坏。但是，参加亚非会议的国家中不仅有中国和越南民主共和国，而且有大批'和平中立主义'和接近'和平中立主义'的国家，大多数国家都有不同程度的要求和平、要求独立、要求发展本国经济文化的共同愿望。因此，我们在亚非会议中对于在亚非地区乃至全世界扩大和平势力的事业是有着有利条件的。

"根据以上基本情况，我们在亚非会议中总的方针应该是争取扩大世界和平统一战线，促进民族独立运动，并为建立和加强我国同若干亚非国家的事务和外交关系创造条件。"

4月17日，周恩来率领中国代表团到达印尼万隆。18日，亚非会议在山城万隆的独立大厅开幕。在第二天下午的大会上，周恩来为了针对会上发表的意见，决定把原来准备好的发言稿改作书面发言散发，而另作一个补充发言。在书面发言中，周恩来强调亚非国家首先应该实现和平共处。他说：

"根据互相尊重主权和领土完整、互不侵犯、互不干涉内政、平等互利的原则，社会制度不同的国家是可以实现和平共处的。在保证实施这些原则的基础上，国际间的争端没有理由不能够协商解决。"

"为了维护世界和平，我们处境大致相同的亚非国家首先应该友好合作，实现和平共处。过去殖民统治在亚非国家间所造成的不和与隔阂，不应该继续存在。我们应该互相尊重，消除互相间可能存在的疑虑和恐惧。"

在补充发言中，周恩来强调为了实现和平共处，亚非会议应该求同存异。他说：

"我们的会议应该求同而存异。同时，会议应该将这些共同愿望和要求肯定下来。这是我们中间的主要问题。我们并不要求各人放弃自己的见解，因为这是实际存在的反映。但是不应该使它妨碍我们在主要问题上达成共同的协议。我们还应在共同的基础上来互相了解和重视彼此的不同见解。"

紧接着，针对两天来会议上有人提出的不同的思想意识和社会制度问题、有无宗教信仰自由问题、所谓颠覆活动问题，周恩来逐一阐明中国政府的立场和政策。在讲到不同意识形态和不同社会制度的国家如何求同和团结时，周恩来强调和平共处五项原则可以成为亚非国家建立友好合作和亲善睦邻关系的基础。他说：

"我们应该承认，在亚非国家中是存在有不同的思想意识和社会制度的，但这并不妨碍我们求同和团结。第二次大战后，亚非两洲兴起了许多独立国家，一类是共产党领导的国家，一类是民族主义者领导的国家。前一类国家并不多。但是某些人所不喜欢的，就是六万万中国人民选择了中国共产党领导的、属于社会主义体系的政治制度，而不再为帝国主义所统治了。后一类国家很多，像印度、缅甸、印度尼西亚和亚非其他许多国家都是。我们这两类国家都是从殖民主义的统治下独立起来的,并且还在继续为完全独立而奋斗。我们有什么理由不可以互相了解和尊重、互相同情和支持呢?五项原则完全可以成为在我们中间建立友好合作和亲善睦邻关系的基础。我们亚非国家,中国也在内,不论在经济上或文化上都很落后。我们亚非会议既然不要排斥任何人,为什么我们自己反倒不能互相了解、不能友好合作呢?"

周恩来作的这个 18 分钟的补充发言一讲完,全场爆发出长时间的热烈掌声,各国代表团反应强烈,会议气氛为之一新。印度总理尼赫鲁说:"这是一个很好的演说。"缅甸总理吴努说:这个演说是"对抨击中国的人的一个很好的答复。"埃及总理纳赛尔说:"我喜欢他的演说"。巴基斯坦总理穆罕默德·阿里说:"这是很和解的演说。"菲律宾代表罗慕洛说:"这个演说是出色的、和解的,表现了民主精神。"美国记者鲍大可在《周恩来与万隆》一书中写道:"周恩来的发言是中国以和解态度与会的绝好说明。他的发言是前两天公开会议的高潮。"事实正是这样,周恩来的这个补充发言,使那种想把会议拖入互相对立和争吵的企图严重受挫,为开好会议拨正了方向。

亚非会议最后一项重要议题是,讨论并确定亚非国家之间建立友好合作关系的共同原则,形成一个会议的最后公报。但是,由于亚非各国的处境不尽相同,加上帝国主义的挑拨离间,与会各国代表团的意见颇不一致,争论激烈。争执主要集中在两个问题上:一是,是否要以和平共处五项原则作为亚非国家相互关系的准则;二是,怎样看待亚非地区存在的某些军事集团。

周恩来耐心地听取各国代表的不同意见后,在 4 月 23 日的会议上作了一个一个半小时的长篇发言。对和平共处五项原则的问题,他说:"在座有些代表说,和平共处是共产党用的名词,那么我们可以换一个名词,而不要在这一点上发生误会。黎巴嫩的代表把这一点的讨论引导到对思想意识的讨论上去，那是不会得到什么结果的。在联合国宪章的前言中有'和平相处'的名词，这是我们应该能够同意的。我们应该能够站在联合国宪章的立场上来谋求和平合作。"对亚非地区存在某些军事集团问题，周恩来说："我们基本上是反对对立性的军事集团的，但是今天我们共聚一堂，讨论集体和平问题，可以把军事集团的问题撇开不谈，因为那是已经存在的事实。我们应该在我们中间先团结起来"。

在这次发言中，周恩来还综合会议各代表团的共同意见，提出中国代表团题为"和平宣言"的议案，共有7点：

"第一点是互相尊重主权和领土完整。""第二点是互不采取侵略行动和威胁。""第三点是互不干涉或干预内政。""第四点是承认种族关系的平等。""第五点是承认一切国家不分大小一律平等。""第六点是尊重一切国家的人民有自由选择他们的生活方式和政治、经济制度的权利。""第七点是互不损害。"

周恩来对这七点原则逐点作了阐释，并且指出："如果我们能在这七点基础上，彼此和平相处，友好合作，就能使和平维持下去，而且首先是从我们中间开始。"

周恩来的这篇发言对会议震动很大，成为与会各国代表关注的焦点。对于周恩来这篇发言，美国记者鲍大可在他的书中是这样评论的："周恩来选择了这个时候来发表他在亚非会议上最重要的讲话。他善于等待时机的外交才能简直是登峰造极。他在长期静观之后，在这个辩论几乎已经陷入僵局的时候脱颖而出，成为会议的明星，成为排忧解难、平息争端、带来和平的人物。从这一刻开始，究竟那一个人的品格才能左右大局，就再也没有疑问了，那就是周恩来"。应该说，鲍大可的这番评论比较生动地反映了周恩来这篇发言激起的轰动效应。

4月24日，亚非会议举行最后一次全体会议，在热烈的掌声中全体代表一致通过了亚非会议的最后公报。公报的最后部分是关于促进世界和平和合作的宣言，列举了各国和平相处和友好合作的十项原则：

（一）尊重基本人权、尊重联合国宪章的宗旨和原则。（二）尊重一切国家的主权和领土完整。（三）承认一切种族的平等，承认一切大小国家的平等。（四）不干预或干涉他国内政。（五）尊重每一国家按照联合国宪章单独地或集体地进行自卫的权利。（六）不使用集体防御的安排来为任何一个大国特殊利益服务，任何国家不对其他国家施加压力。（七）不以侵略行为或侵略威胁或使用武力来侵犯任何国家的领土完整或政治独立。（八）按照联合国宪章，通过如谈判、调停、仲裁或司法解决等和平方法以及有关方面自己选择的任何其他和平方法，来解决一切国际争端。（九）促进相互的利益和合作。（十）尊重正义和国际义务。

亚非会议宣布，它确信贯彻这些原则对于维持和促进国际和平和安全将会作出有效的贡献。亚非会议通过的和平相处十项原则，吸收了各国代表团在起草最后公报过程中所提出的积极意见，特别是和平共处五项原则的内容。和平相处十项原则中的"尊重一切国家主权和领土完整"，"不以侵略行为或威胁或使用武力来侵犯任何国家的领土完整或政治独立"，"不干预或干涉他国内政"，"承认一切种族的平等，承认一切大小国家的平等"，"促进相互的利益和合作"，这些原则实质上就是和平共处五项原则前四项的内容。至于十项原则中规定的"尊重基本人权、尊重联合国宪章的宗旨和原则"，"和平解决国际争端"，"尊重正义和国际义务"等原则，也是中国政府的一贯主张和遵守的原则。可以说，亚非会议通过的和平相处十项原则，实际上是在和平共处五项原则基础上的传承和发展。

对于周恩来在亚非会议上坚持和发展和平共处五项原则所作出的贡献，原外交部副部长韩念龙在《和平共处五项原则永放光芒——周恩来对中国外交的巨大贡献》一文中作过分析和概括。他写道：

"在1955年的亚非会议上，周恩来进一步阐明在国际关系中实行和平共处五项原则的必要性。特别是他在会议的补充发言中着重阐述的'求同存异'的思想，就是把社会制度和意识形态的差异放在一边，在和平共处原则的基础上找共同点。这种共同点主要表现在亚非国家绝大多数都经历过殖民主义的灾难和痛苦；在反对殖民主义、争取和维护独立与和平、发展民族经济和文化等方面，有着互相了解、互相尊重、互相同情和互相支持的可能性。他指出：'在亚非国家中是存在有不同的思想意识和社会制度的，但这并不妨碍我们求同存异和团结。'""周恩来的'求同存异'的思想，为实现国与国之间的和平共处五项原则开辟了切实可行的途径。亚非会议所取得的圆满成果，会议通过的对五项原则加以引申和发展的十项原则，都凝聚着周恩来的大量心血"。

"社会主义国家的相互关系，就更应该建立在五项原则的基础上。"

周恩来倡导的和平共处五项原则，不仅是处理不同社会制度国家关系的原则，而且是处理相同社会制度国家，包括社会主义国家之间关系的基础。这是周恩来和平共处思想和实践的重要组成部分。

早在1950年2月14日，周恩来和苏联外交部长维辛斯基签署的《中苏友好同盟互助条约》第五条规定："双方保证以友好合作的精神，并遵照平等、互利、互相尊重国家主权和领土完整及不干涉对方内政的原则，发展和巩固中苏两国之间的经济与文化关系，彼此给予一切可能的经济援助，并进行必要的经济合作。"这项规定表明，中苏双方在两国关系中就已确认和平共处五项原则的部分内容。

1953年12月13日首次提出和平共处五项原则后，周恩来在一些讲话和文件中，已经把和平共处五项原则扩大到社会主义国家关系中。1954年5月12日，在日内瓦会议讨论恢复印度支那和平问题第三次会议上，周恩来在讲到中越两个社会主义国家关系时，就体现了和平共处五项原则的精神。他说："中华人民共和国成立后，越南民主共和国同中华人民共和国之间建立了正式外交关系。同时，两国政府又根据平等互利的原则建立了正常的经济关系和文化关系。这种友好关系正在发展。中越两国政府的共同愿望，就是互相尊重独立主权，互不干涉内政和保卫亚洲及世界的和平。"

同年9月30日，在首都各界举行中华人民共和国建国五周年国庆会上讲话时，周恩来明确指出，和平共处五项原则应当成为国际关系的普遍原则。他说："我们认为，互相尊重领土主权、互不侵犯、互不干涉内政、平等互利和和平共处的五项原则，应当成为指导各国之间关系的基本原则"。这里所说的"各国"，自然包括社会主义国家在内。

同年10月11日，在接见日本国会议员访华团和日本学术文化访华团时，周恩来重申和平共处五项原则适用于"全世界各国"。他说："我们倡导了五项原则，就是大家所知道的，互相尊重主权和领土完整、互不侵犯、互不干涉内政、平等互利、和平共处。我们和缅甸也达成了协议，发表了声明。我们认为，这五项原则不应该只限于处理中、印和中、缅关系，它可以适用于全亚洲，甚至全世界各国。"这里说的"全世界各国"，当然包括社会主义国家在内。在这里，周恩来还把"互相尊重领土主权"改为"互相尊重主权和领土完整"，表述更加准确。

同年10月，周恩来在同前来参加我国国庆的苏联代表团会谈时，再次指出和平共处五项原则是国际关系的基础，并把这个观点写进了10月12日发表的《中苏联合宣言》（以下简称《宣言》）中。《宣言》

写道："中华人民共和国和苏联继续把它们同亚洲和太平洋地区各个国家以及其他国家的关系，建立在严格遵守互相尊重主权和领土完整、互不侵犯、互不干涉内政、平等互利、和平共处的各项原则的基础之上。"

1956年相继发生的波兰和匈牙利事件，给社会主义国家关系带来强烈震撼。苏联大国主义的错误严重损害了社会主义国家之间的关系。在中共中央建议下，同年10月30日，苏联政府发表了《关于发展和进一步加强苏联同其他社会主义国家的友谊和合作的基础的宣言》，承认过去处理社会主义国家之间的关系方面犯了错误，损害了平等原则，表示社会主义国家的相互关系只能建立在完全平等、尊重领土完整、尊重国家独立和主权、互不干涉内政的基础上。中国于11月1日发表《中华人民共和国政府关于苏联政府1956年10月30日宣言的声明》，积极予以支持。这篇经周恩来审阅修改的声明指出：

"互相尊重主权和领土完整、互不侵犯、互不干涉内政、平等互利、和平共处五项原则，应该成为世界各国建立和发展相互关系的准则。""社会主义国家的相互关系，就更应该建立在五项原则的基础上"。

这是周恩来直接地明确指出，社会主义国家之间的关系应当以和平共处五项原则为基础。

"社会主义国家的相互关系就更应该建立在五项原则的基础上"，核心是要在社会主义国家之间坚持独立自主和平等地位。因为，尊重主权是要尊重国家独立自主的权利和平等地位。到20世纪60年代初，根据和平共处五项原则的实践经验，特别是中苏两国关系正反两方面的经验教训，周恩来在贯彻和平共处五项原则的过程中，始终把独立自主和平等的原则，放在突出的地位加以强调，并且为捍卫这些原则而不懈努力。进入20世纪70年代后，针对美国和苏联两个超级大国的霸权主义政策,周恩来进一步阐述确立独立自主和平等原则的重要性。1971年11月,他在同一位外宾谈话时,概括超级大国的四大特征是:侵略人家,颠覆人家,干涉人家,欺负人家。他指出,作为这种霸权主义的对立物,中国的总原则是:国家不论大小都应当一律平等,不能强加于人。这里所说的平等是指政治上的平等。他还说明政治平等的内涵主要是,对其他国家,即使是小国也应该尊重人家的主权。他不同意的事,你不能强加于他。提供经济援助,不能要求特权,不能使对方的经济附属于你,而是应该帮助他经济独立起来。周恩来还强调实行政治平等原则和维护和平的密切关系,不往平等的和平共处方向走是不行的,不然就是战争。不论国际关系的实践还是社会主义国家关系的实践,都已证明,周恩来的这些重要论述,是富有远见卓识的至理名言。

社会主义国家的关系应该建立在和平共处五项原则的基础上,周恩来提出的这个主张具有重大的理论价值和实践价值。它不仅丰富和发展了列宁不同社会制度国家和平共处的思想,而且解决了相同社会制度国家关系,包括社会主义国家关系应该遵循的基本原则。这样,和平共处五项原则就成为一切国际关系的普遍准则,并为建立国际政治和经济新秩序奠定了坚固的基础。

邓小平说:"总结国际关系的实践,最具有强大生命力的就是和平共处五项原则"。

对于和平共处五项原则,邓小平曾经多次作过高度评价。1984年10月31日,他在会见缅甸总理吴山友时指出,和平共处五项原则"最具有强大生命力"。他说:

"处理国与国之间的关系,和平共处五项原则是最好的方式。其他方式,如'大家庭'方式,'集团政治'方式,'势力范围'

方式，都会带来矛盾，激化国际局势。总结国际关系的实践，最具有强大生命力的就是和平共处五项原则"。

1988年11月21日，邓小平会见印度总理拉吉夫·甘地时进一步提出，要以和平共处五项原则为准则建立国际关系新秩序。他说：

"至于国际政治新秩序，我认为，中印两国共同倡导的和平共处五项原则是最经得住考验的。这些原则的创造者是周恩来总理和尼赫鲁总理。这五项原则非常明确，干净利落，清清楚楚。我们应当用和平共处五项原则作为指导国际关系的准则"。

新中国第一场严重的党内斗争

——参与领导反对高岗、饶漱石反党联盟的斗争

反对高岗、饶漱石阴谋分裂党、篡夺党和国家最高权力，是新中国第一场中共高层领导内的严重斗争。这场斗争，使全党特别是党的高级干部受到一次增强党的团结的深刻教育。这场斗争的胜利，对于维护党的团结，加强党的建设，特别是加强对党的高级干部的监督，具有重大的意义。周恩来自始至终参与领导了反对高、饶的斗争。

中央决定调整部分机构和人事安排，高岗、饶漱石错误估计形势，政治野心急剧膨胀。

在中华人民共和国的历史上，1953年是不平凡的一年。这一年，是贯彻执行过渡时期总路线的第一年，也是实施第一个五年计划、开展大规模经济建设的第一年。这就是说，从1953年开始，将在全国范围内进行"一化三改"的社会主义改造和有计划的经济建设。人民共和国进入了一个重要的历史时期。

1953年2月4日，周恩来在全国政协一届四次会议上作政治报告，回顾过去三年各条战线取得的辉煌成就，分析日益有利的国内外大好形势，提出了当时我国最迫切、最重大的任务。他强调，在新的历史条件

下，经济建设已经成为"压倒一切的中心任务"。他说：

"一九五三年是第一个五年计划的第一年，我国的工业生产和农业生产将比一九五二年有一个显著的增长。""动员工人阶级和全国人民，集中力量，克服困难，为完成和超额完成一九五三年度的建设计划而奋斗，是我们贯穿全年的压倒一切的中心任务。"

为适应贯彻执行过渡时期总路线和全面开展有计划的经济建设的需要，中共中央决定调整中央和国家机关的部分机构和相应的人事安排，以加强中央集中统一领导。

1952年7月，根据毛泽东提议，刘少奇交代中共中央副秘书长兼中央办公厅主任杨尚昆、中共中央组织部常务副部长安子文起草《关于加强党中央办事机构的意见》。8月4日，毛泽东批示："此件我认为可行"。"即照少奇同志建议开始准备，从各地抽调一些人来建立一些机构"。随后，西南、东北、华东三个中央局的第一书记邓小平、高岗、饶漱石，中南、西北两个中央局的第二书记邓子恢、习仲勋等，相继被调到中央工作。

1952年11月，中共中央作出《关于改变大区政府机构和任务的决定》，准备将各大区人民政府或军政委员会一律改为行政委员会，并酝酿在适当时候撤销各中共中央局和各大区行政委员会，再抽调一批干部充实中央和国家机关。

1953年2月19日，根据毛泽东在年初批评新税制时提出的政府工作存在分散主义的意见，周恩来主持召开座谈会，研讨加强政府各部门向中共中央汇报和做好分工的问题。3月10日，根据会议确定的原则，周恩来主持起草《关于加强中央人民政府系统各部门向中央请示报告制度及加强中央对政府工作领导的决定（草案）》，为了使政府各主要领导人"直接向中央负责，并加重其责任"，对他们主管的工作做了明确的分工。

在此期间，毛泽东提出设想：将中共中央的领导班子分为一线、二线，由刘少奇主持中央日常工作，他本人退居二线，以便减轻繁重的日常工作，集中精力抓大事。

按照中共中央关于中央和国家机关部分机构的调整以及相应的人事安排，身为中共中央政治局委员、中央人民政府副主席的高岗，兼任新设立的国家计划委员会主任，分管国家计委和八个工业部的工作；身为中共中央委员的饶漱石，任中共中央组织部长，并分管全国劳动工资工作。由此可见，当时他们是很受中央器重的。在计划经济体制下进行大规模经济建设，国家计委的工作举足轻重，有"经济内阁"之称。高岗的任职可说是权势显赫，和其他进京的中央局书记相比，当时有"五马进京，一马当先"的传说。中共中央组织部主管党和国家领导机构的调整、设置和领导干部的安排，也是举足轻重的要害部门。毛泽东曾经戏称中组部部长是"吏部尚书"。饶漱石担任中组部部长，也可说是权势显赫。

但是，随着地位和权力的升迁，高岗、饶漱石的政治野心急剧膨胀，权欲熏心。他们错误估计形势，认为有隙可乘，把刘少奇、周恩来视为实现他们篡夺更大权位野心的最大障碍，散布流言蜚语，伺机发难。

高岗带头发难，"倒刘（少奇）""倒周（恩来）"。

尽管中共中央对高岗委以重任，但高岗对这样的安排仍不满足。高岗权令智昏，联想到毛泽东对"确立新民主主义新秩序"提法和"新税制"的批评，联想到毛泽东将中央工作分一线、二线的设想，联想到中央酝酿参照苏联模式调整党政最高权力机构，错误地认为毛泽东对刘少奇、周恩来已经不信任了，将由他取而代之。于是，他进行了一系列反党活动。

（一）造谣诬蔑中国党内有一个以刘少奇为代表的"亲美派"。

1949年5月31日，刘少奇为中共中央起草的致东北局电报中，批评东北局在对待民族资产阶级的问题上，犯了"左"倾冒险主义的错误。对此，高岗怀恨在心，不择手段地进行报复，公然对苏联派驻东北铁路系统的总顾问柯瓦廖夫造谣中伤说，中国党内有一个以刘少奇为代表的"亲美派"。1949年12月，柯瓦廖夫陪同毛泽东访问苏联时，在他写给斯大林的《关于中共中央若干政策与实际问题》的书面报告中说，中共的中央委员会中以刘少奇为代表的有些人过去是亲美的。斯大林把这份报告交给了毛泽东，并且说："毛泽东同志，你的一些同志对我们在东北的合作非常高兴。"他还称赞高岗说："我们现在有了一个真正的国际主义者。"后来，赫鲁晓夫在他的回忆录中露骨地说："由于斯大林出卖了高岗，我们失去了一位对我们真正友好并能就中国领导内部对苏联的真实态度提供宝贵情报的人。"早在1949年7月，高岗随刘少奇访问苏联回国后，就曾向人散布说，斯大林不喜欢刘少奇，也不重视周恩来，而最赏识他高岗。蓄意贬低刘、周，抬高自己。高岗调到北京工作后，继续散布以上分裂党的谣言。

（二）搜集刘少奇在新中国成立前后的一些观点加以批判，攻击为"系统的路线错误"。

高岗进京后，发觉在发展农业生产互助合作组织、由新民主主义向社会主义过渡等问题上，刘少奇和毛泽东的看法有所不同。于是，就授意别人捉刀代笔，以他的名义发表题为《反对资产阶级思想对党的侵蚀，反对党内的右倾思想》一文，把刘少奇论述过的关于党对民族资产阶级政策的观点、关于农村生产互助合作组织的观点、关于处理富农党员问题的观点等，一律作为"党内的右倾思想"加以批判。

高岗还把刘少奇在工作中一时的而且已经改正了的一些缺点、错误,整理成系统的材料,并多方搜集有关的文件资料,让一些到他家去的高级干部传阅,相机攻击刘少奇自中共七大以来犯了一系列错误。他散布说:刘少奇在七大被抬得太高了,几年来的实践证明他并不成熟。他只搞过白区工作,没有军事工作和根据地建设的经验,只依靠华北的经验指导全面工作,而看不起东北的经验。

毛泽东得知高岗的这些言行后,要他直接找刘少奇谈清问题。但是,高岗不予理睬。刘少奇两次主动找他谈话,诚恳地检讨了自己工作中的缺点、错误。高岗却对人说,刘少奇不肯进行自我批评。

(三)诬蔑刘少奇、周恩来划"圈圈",搞宗派。

高岗无中生有地说:某位领导同志曾经讲过,中国革命的大正统是井冈山,小正统是陕北。现在刘少奇有个"圈圈",周恩来有个"圈圈",咱们搞个井冈山的大"圈圈"。他还指名道姓地说,哪些人是哪个"圈圈"中的人。这是明目张胆地分裂党。

高岗狂妄自大,目无中央。刘少奇、周恩来都是中共七大选举的中央书记处书记,相当于后来的中央政治局常委,高岗只是中央政治局委员。但是,他调到北京工作后,商量工作时,却通知刘少奇、周恩来到他那里去,和其他与会者一起,等候他来主持会议。有一次,周恩来对高岗说:国家计委作出的重大决策,要上的重大项目,须先报经中央批准后才能下达执行。高岗听后很不高兴,连问两次:"哪个中央?哪个中央?"

(四)挑拨党内一些同志和刘少奇的关系。

1953年3月初,高岗向安子文说,毛泽东有意改组中共中央政治局和中央各部机构。安子文听后未经中央授权,擅自草拟了一份中央政治局成员名单和中央各部主要负责同志名单,并拿给高岗看过,也同饶漱石谈过。高岗怀疑这个名单是刘少奇授意向他试探的。高、饶明知安子文这样做是错误的,不但不向中央报告,反而把这个名单向一些高级干部散布。名单中的政治局委员有朱德、林彪,高岗却造谣说,政治局委员名单中"有薄无林"(即有薄一波而没有林彪),连朱总司令也没有了。高岗还挑拨说,刘少奇不赞成某人的任职,不支持某人的工作。后来,毛泽东说过:那张名单的问题,不在提名单的人身上,而要追查散布名单的人。

(五)在全国财经工作会议上,明批薄一波,实攻刘少奇和周恩来。

由于经验不足,1953年上半年的财经工作出现了贪多冒进的偏向,造成了21.5万亿元(旧人民币)的财政赤字。为研究解决好这个问题,中共中央决定召开一次全国财经工作会议。6月9日,周恩来同高岗、邓小平、饶漱石等商议后,向毛泽东和中共中央提交《关于全国财经会议如何进行的请示报告》,并经中共中央书记处扩大会议批准。《请示报告》规定的会议宗旨是:应贯彻批评、自我批评和积极建议的精神,充分听取各地同志对过去工作的批评,并要求他们对今后工作提出积极的建议。会议的主要议程是:研讨"一五"计划、财政和资产阶级等三个问题。"总的会期争取半个月结束"。大会的经常主持人是周恩来、高岗、邓小平。6月12日,周恩来在全国财经会议预备会议上说明的会议方针是:

"此次会议准备解决中央提出的、各地有意见的、问题比较成熟的一些问题。方针是多听地方意见,开展批评自我批评,进行工作上政策上的检查,应着重思想上反对主观主义,政治上反对分散主义,作风上反对官僚主义。自上而下,自下而上,条条块块的讨论,吸取大家积极性、建设性的意见,集中起来,成熟的问题写成决定,以统一贯彻执行。"

但是,高岗公然违背会议的宗旨和方针,伙同饶漱石在会内外大搞阴谋活动,揪起了一股"倒刘(少奇)、倒周(恩来)"的暗流。高岗抓住"新税制"问题不放，大做文章。修正税制本是一项具体的业务工作。"新税制"确实存在一些严重的缺点，受到毛泽东严厉批评："公私一律平等纳税"的口号违背了七届二中全会的决议；修正税制事先没有报告中央，可找资本家商量了，把资本家看得比党中央还重；这个"新税制"得到资本家叫好，是"右倾机会主义"的错误。

高岗借口毛泽东的批评和一些地方同志的不满意见，煽动与会者"放炮"，无限上纲，说"新税制"是"路线错误"，是"两条路线斗争"。这样，讨论和批评"新税制"，实际上成为会议的中心问题。在会议期间，高岗曾经对人说："我在财经会议上不讲话则已，要讲就要挖刘少奇的老底。"于是，他"批薄（一波）射刘（少奇）"，把一些与会议无关的刘少奇的一些观点，统统当作薄一波的观点进行批判。

由于高岗、饶漱石无理纠缠，致使会议开了一个月还无法按原定的会议宗旨和方针进行下去。鉴于这种情况，7月11日，周恩来向毛泽东作了汇报。毛泽东指示召开领导小组扩大会议，让薄一波在会上作检讨。12日晚，周恩来致信薄一波，转告毛泽东的意见，"开展桌面上的斗争"。周恩来在信中写道：

"昨夜向主席汇报开会情况，他指示领导小组会议应该扩大举行，使各方面有关同志都能听到你的发言，同时要开展桌面上的斗争，解决问题不要采取庸俗态度，当面不说背后说，不直说而绕弯子说，不指名说而暗示式说，都是不对的。各方面的批评既然集中在财委的领导和你，你应该更深一层进行检讨自己，从思想、政治、组织和作风上说明问题，并把问题提出来，以便公开讨论。此点望你在发言中加以注意。"

遵照周恩来在信中传达的毛泽东的意见，当时任中央财经委员会副主任兼财政部长的薄一波，先后两次诚恳地作了检讨。但是，由于高岗、饶漱石的捣乱，仍然过不了关。后来，薄一波在《若干重大决策与事件的回顾》一书中写道：

> 由于高、饶的干扰，会议后期走偏了方向，与毛主席的原意大相径庭。毛主席希望早点结束会议，要周总理尽快作结论。但是，会上批评我的调子一直居高不下。我既然已意识到高、饶绝不仅仅是攻击我，而是进而攻击刘、周，为了不使事态扩大到中央领导核心，我决定再不多说一句话。当时会上要我作第三次检讨，我拒绝了。周总理把我的态度报告了毛主席，毛主席说："薄一波同志可以不检讨了。"

在这种会议气氛下，作为会议主持人的周恩来，确实很难作会议结论。后来，还是毛泽东出了个主意。他对周恩来说：结论做不下来，可以"搬兵"嘛！把陈云、邓小平请回来，让他们参加会议嘛！8月6日，陈云在会上讲话明确指出："我在今天这样的会上不能说中财委有两条路线。"邓小平也在会上讲话明确指出："他（指薄一波——引者注）犯的错误再多，也不能说成是路线错误。把他这几年工作中的这样那样过错说成是路线错误是不对的，我不赞成。"由于陈云、邓小平说了公道话，会议气氛发生了转变。

8月11日，周恩来在全国财经会议上作结论报告。这个报告经毛泽东多次修改过。报告阐释了党在过渡时期的总路线，总结了经济建设工作的经验教训，分析了产生错误的主观因素和客观原因。报告指出：

"目前我们经济的发展，也正是循着党的总路线的轨道前进的。就在财政、金融、贸易系统方面，从发展生产、保证需要总的方面来看，现在总的也是执行着党的总路线的。但这并不是说，在我们的某些部分，或某些工作，或某些地方的工作，就没有离开过党的总路线而犯右倾或'左'倾的错误。税收、商业等工作中这半年多所犯的某些错误，就是严重地违反了二中全会在这些方面所规定的原则的右倾机会主义错误。""所有这些错误，还未构成一个系统,所以还不应该说成是路线错误。"

几个月后的 1954 年 3 月,周恩来回忆说:

"那时财经会议的领导是中央,发动这个斗争是毛主席点的头,因为认为应该检讨资产阶级思想,要宣传总路线。可是在高岗那里另外还有一个中央,另外有一个司令部,是高岗建立的,登门朝拜的也不少,他的影响超过了中央的影响。当然,大家也认为他是领导工作,要跟他谈谈嘛,他也招揽。从那时起,他的野心一天天地暴露,最后爆发了。"

1955 年 3 月 21 日,邓小平在中共全国代表会议报告中,对高岗、饶漱石在财经会议上的所作所为作了结论。他说:

"高岗利用财经会议,大大施展他的阴谋活动。他和他的追随者不但在会议上为了有意制造党内纠纷而发表种种无原则的言论,并且在会外大肆散播各种流言蜚语破坏中央的威信,特别攻击中央书记处刘少奇和周恩来同志,同时鼓吹他自己。他是想经过这些阴谋活动把这次会议转变为对党中央的进攻。"

(六)煽动红区干部和军队干部跟他一道,"拱倒"刘少奇、周恩来。

全国财经会议结束后,高岗以休假为名,到华东、中南地区继续进行倒刘(少奇)、倒周(恩来)分裂党的活动。他散布说:在中共党的历史上有"二元论",中共六届七中全会通过的《关于若干历史问题的决议》(以下简称《决议》)要修改,《决议》中关于刘少奇是党的正确路线在白区工作中的代表的提法不对头,需要重新作结论。他还鼓吹"军党论",胡说"枪杆子上出党","党是军队创造出来的",并把党分为"根据地和军队的党"与"白区的党"。他认为毛泽东代表红区,刘少奇代表白区,而军队的党是党的主体,他自己就是这个主体的代表人物。他还散布现在党和国家领导机关的权力掌握在"白区的党"的人手里，应该彻底改组，由他来掌握。高岗妄图借此煽动和拉拢一些红区干部和军队干部跟他一道，"拱倒"刘少奇、周恩来，由他来当中共中央第一副主席和政务院总理。

（七）造谣说毛泽东已经不重视刘少奇、周恩来，竟去邓小平、陈云处煽风点火。

1953年12月，中共中央酝酿参照苏联模式，提出我国最高国家行政机关是否采取部长会议的形式，中共中央是否增设副主席或总书记。毛泽东还提出中央分一线、二线。对此，高岗自以为篡夺党和国家权力的时机业已成熟，更加迫不及待地公开活动起来。他打着拥护毛泽东的旗号，造谣说刘少奇已不被毛主席所重视，打算让刘少奇搞议会（指全国人大常委会），让周恩来当部长会议主席，由他（高岗）来搞政治局。他在另一场合又表示，不同意周恩来担任部长会议主席，主张由林彪来担任。后来，他南下杭州、广州进行游说。在杭州，他又自我吹嘘说，毛泽东讲过"林不如高"。他不无得意地说：按地位排列，过去是"林高"，现在是"高林"了。

高岗对中共中央设立总书记不赞成，主张多设几个副主席，并且反对刘少奇当总书记或副主席。当他听说中共中央书记处要开会把这个问题定下来时，唯恐自己当不上副主席，竟然到邓小平、陈云处煽风点火。对于这件事情，1980年3月19日，邓小平在同起草《关于建国以来党的若干历史问题的决议》的同志谈话时，明确地指出：

"这个事情，我知道得很清楚。毛泽东同志在一九五三年底提出中央分一线、二线之后，高岗活动得非常积极。他首先得到林彪的支持，才敢于放手这么搞。那时东北是他自己，中南是林彪，华东是饶漱石。对西南，他用拉拢的办法，正式和我谈判，说刘少奇同志不成熟，要争取我和他一起拱倒刘少奇。我明确表示态度，说刘少奇在党内的地位是历史形成的，从总的方面讲，刘少奇同志是好的,改变这种历史形成的地位不适当。高岗也找陈云同志谈判,他说:搞几个副主席,你一个,我一个。这样一来,陈云同志和我才觉得问题严重,立即向毛泽东同志反映,引起他的注意。高岗想把少奇同志推倒,采取搞交易、搞阴谋诡计的办法,是很不正常的。"

饶漱石与高岗配合默契,"讨安(子文)伐刘(少奇)"。

饶漱石调任中共中央组织部部长后,以为高岗的权势见涨,刘少奇可能"失势"。于是,他见风转舵,玩弄"讨安(子文)伐刘(少奇)"的诡计,以投靠高岗。后来,他在书面检查中承认:"通过与安子文划清界限,来表明自己不是刘少奇的干部,以取得高岗的同情和信任。"

(一)就任中共中央组织部部长后,"新官上任,刚来即斗",批斗"吏部尚书"安子文。

1953年2月底,饶漱石随刘少奇访苏回国后,正式就任中组部部长。他一上任就顶撞刘少奇。他将整理成文的《苏联工厂考察报告》稿送请刘少奇审查,刘少奇让他给安子文去看,并决定分发名单。饶漱石对此大为不满,借口未经中央审定,扣住不发。后来,刘少奇向他索取,才给了两份。

1953年春,中央组织部党员管理处处长王甫、办公厅主任赵汉等赴山东考察"新三反"运动和农村整党情况,受到当地党组织阻挠。他们只得返回北京,向安子文汇报。安子文随即向刘少奇、周恩来报告。饶漱石却借机向安子文发起突然袭击。在5月的一次中央组织部部务会议上,饶漱石严厉指责安子文"胆大妄为",说为什么有问题不向他反映,而先向刘少奇、周恩来反映。后来,他又召开过几次部务会议，毫无根据地给安子文扣上"界限不清，嗅觉不灵""支持条条，反对块块"等帽子。

后来，毛泽东批评饶漱石时，一针见血地指出："新官上任，刚来即斗。""你不要认为你作过大区第一书记，你还没有在中央工作过呢，为什么你斗争一个'吏部尚书'（指安子文——引者注）不给中央打招呼?!"

（二）在全国财经会议期间，饶漱石同高岗串通一起，抓住"名单"问题和"圈圈"问题不放，"讨安（子文）伐刘（少奇）"。

饶漱石为在财经会议上紧密配合高岗"批薄（一波）射刘（少奇）"，指责安子文有几天未到会是"消极抵制"，一再逼迫安子文在会上发言，扬言"在这样大的党内斗争面前，你不应该不表示态度"。安子文顶住了压力，没有动摇。饶漱石公然不顾毛泽东要加强团结的指示，在财经会议领导小组会上擅自把"名单"问题和"圈圈"问题抛了出来，有意制造混乱。他明知安子文早已就"名单"问题向中共中央作了书面检讨，并请求处分，却抓住不放，配合高岗，大做文章。他散布说：财经会议上斗争薄一波，会后还要斗"圈圈"中的安子文。

事实上，没等全国财经会议结束，饶漱石就迫不及待地在中共中央组织部内批斗安子文。未经中共中央批准，他就制造各种借口，在中组部内发动了一场"讨安伐刘"的斗争。7月22日，他召开中组部部务会议，态度蛮横，声色俱厉地指斥安子文，并不容申辩。7月25日，他再次召开部务会议，把安子文向刘少奇汇报7月22日部务会议的情况，公然斥责为"有意挑拨是非，制造分裂"。

刘少奇找饶漱石谈话，批评他的这种错误做法，告诫他要冷静从事，不要在中组部内部继续争吵。但是，他拒不接受，仍然在中组部召开部务会议，继续批斗安子文。他毫无根据地指责安子文起草的中央组织部关于反对官僚主义斗争的报告不真实、不彻底，逼迫安子文作检讨。

全国财经会议结束后,1953年8月中旬,饶漱石连续两天召开中央组织部部务会议,让安子文在会上作检讨。安子文原本已同饶漱石商定,检讨时对"名单"问题只作一般交代,不谈"名单"的具体内容,而且在安子文检讨时他还插话说:"这个问题不便在这里讲"。但是,他出尔反尔,在第二天会上却对大家发言没有追问"名单"问题横加指责。他说:"安子文千对万对,但在这件事情上犯了严重错误。你们应当首先追问安子文:你犯了什么严重错误?"与会的同志指出,这是饶自己交代不要谈这个问题的。他却狡辩说:"是,我是那么说了,但是你们应当追问,你们问了以后,我再出来解释。这应当是党内斗争的教训!"

(三)在第二次全国组织工作会议期间,公开顶撞刘少奇,说他在处理饶漱石与安子文的关系上"感情用事"。

1953年9月16日至10月27日,中共中央在北京召开第二次全国组织工作会议,确定过渡时期党的组织工作任务。刘少奇受毛泽东委托,主持会议领导小组工作。在会议期间,饶漱石在会内外兴风作浪,有意夸大中组部工作中的某些缺点、错误,煽动一些不明真相的地方组织部长跟他一起批判安子文,再次挑起"讨安伐刘"的高潮。但是,附和他的人不多。他在中共中央书记处汇报会上埋怨说:"这次组织工作会议,该来的人没有来,不该来的倒来了一大堆。"毛泽东让邓小平去问他:谁该来?开个名单统统去请来。而他心里有鬼,却开不出名单来。

中共中央觉察到饶漱石的不正常活动,决定大会暂停,先举行领导小组会议,解决中组部内部的团结问题。在会上,饶漱石继续攻击安子文,并进而把矛头指向刘少奇。他诬蔑安子文"霸着组织部",使他"插不进来",而部里一些同志同安子文串通一气,抗拒他的领导。他却拿不出任何事实根据，谎言被与会者戳穿。在会议期间，刘少奇严肃批评了饶漱石，并且指出：中组部过去三个月的争论，"使得许多工作不能正常地进行，使得中组部很多同志惶惶不安，在外部也发生了一些影响，这当然是工作上的损失。"饶漱石不但不接受批评，反而在中央书记处汇报会上，竟然责怪刘少奇在处理他与安子文的关系上"感情用事，把问题扩大了"。他甚至威胁刘少奇说："如果少奇同志说话不谨慎，这个领导小组会要出问题。"

12月27日，刘少奇在全国第二次组织工作会议闭幕会上，代表中共中央明确指出："中央组织部过去的工作是有成绩的，在工作中是执行了中央的正确路线的。"他还指出了中组部领导工作中的缺点、错误，并且诚恳地作自我批评，再次主动承担了责任。邓小平在会上讲话强调：中组部工作的成绩，"是与毛主席特别是少奇同志的直接领导分不开的，但子文同志也有成绩，不能设想只是领导得好，他们做不好而会有成绩。"

会议本着对犯错误的人"一看二帮"的精神，对饶漱石既严肃批评，又给予改正错误的机会。但是，他拒不老实承认错误，仍然坚持自己"原则正确，方法错误"。会后，他继续在毛泽东面前指责刘少奇、安子文等同志的"错误"，并照旧和高岗串通一气，说长道短，混淆是非，发泄不满。他还一反常态，妄图讨好、拉拢安子文。他对安子文说："我说你对财经会议有抵触，其实不是指的你，而是指的少奇同志。"这就不打自招地供认了他"讨安伐刘"的诡计。

中央判断高、饶是野心家，决定予以揭露。

全国财经会议和第二次全国组织工作会议后，高岗、饶漱石反党篡权阴谋活动的迹象日益明显。从全国财经会议上，毛泽东开始觉察高、饶的反常活动。他对一些同志说：说薄一波同志犯了路线错误，少奇同志有圈圈，都是错误的说法。毛泽东还说：少奇同志是大公无私的，是正派的，他绝不是那种搞宗派的人。

针对高岗、饶漱石散布的"圈圈""宗派"问题，毛泽东和周恩来都一再强调增强党内团结的重要性。毛泽东在同各大区负责同志谈话时，回顾了大革命时期和土地革命时期党和军队干部成长的情况。他强调：现在，不管南方干部、北方干部，中级干部、高级干部，都不要有"圈圈"，要消灭"圈圈"。大家都要重视党的团结，消除"山头"。

高岗、饶漱石的反党篡权活动，也引起了许多中央和地方同志的警觉，他们陆续向中央进行揭发。特别是邓小平、陈云将高岗的"拉拢"活动及时向毛泽东汇报后，更加引起毛泽东的高度警惕。

毛泽东在1953年12月24日召开的中共中央政治局扩大会议上，第一次不点名地指出高、饶分裂党的问题。他说："北京有两个司令部，一个是以我为首的司令部，就是刮阳风，烧阳火；一个是以别人为司令的司令部，叫做刮阴风，烧阴火，一股地下水。"他还建议中央政治局起草关于增强党的团结的决议。

会后，毛泽东去杭州休假，并主持起草宪法草案；刘少奇在北京主持中共中央日常工作，并主持起草关于增强党的团结的决议。12月29日，刘少奇主持召开中共中央书记处扩大会议，讨论通过《中共中央关于增强党的团结的决议（草案）》，并将《决议（草案）》送请毛泽东"审阅修改并指示"。

据俄罗斯对外政策档案馆所藏的《苏联驻华大使尤金与中国共产党中央委员会主席毛泽东谈话记录》披露：1954年1月4日，毛泽东在杭州会见尤金时指出："最近一段时期，在中国共产党党内出现了不正常的现象。……有人企图在政治局委员中间制造矛盾，对政治局其他成员的部分决策或错误进行系统的归咎，并以此让这些同志威信扫地。"

1954年1月7日，毛泽东致信刘少奇并中共中央书记处各同志，提议："此决议似宜召开一次中央全会通过，以示慎重。""通过团结决议应尽可能做到只作正面说明，不对任何同志展开批评。"1月18日，毛泽东致电刘少奇并中共中央书记处各同志，建议将《决议（草案）》用电报发给与会同志，征求意见。

高岗看到《决议（草案）》后，急忙致信毛泽东，要求前去杭州见他。1954年1月22日，毛泽东致电刘少奇说："高岗同志在信里说完全拥护和赞成关于增强党的团结的决议草案，并说他犯了错误，拟在四中全会上作自我批评，想于会前来这里和我商量这件事。我认为全会开会在即，高岗同志不宜来此，他所要商量的问题，请你和恩来同志和他商量就可以了。"毛泽东在电报中提出了中共七届四中全会的方针：

"关于四中全会开会的方针，除文件表示者外，对任何同志的自我批评均表欢迎，但应尽可能不对任何同志展开批评，以便等候犯错误同志的觉悟。这后一点我在一月七日致你和书记处各同志的信中已说到了。如你们同意这个方针，就请你们据此和到会同志事先商谈，并和高岗同志商谈他所要商谈的问题。"

根据毛泽东提出的会议方针，从筹备召开中共七届四中全会到筹备召开中共全国代表会议一年多的时间内，中共中央对高岗、饶漱石一直采取"惩前毖后，治病救人"的方针。四中全会前夕，1954年1月25日、2月5日，刘少奇、周恩来、邓小平一起两次同高岗谈话。2月3日，刘少奇、周恩来、朱德、陈云、邓小平一起同饶漱石谈话。谈话时，点出了他们的问题，耐心地进行批评、教育。

遵照毛泽东的意见，1954年2月2日，刘少奇、周恩来向苏联驻华大使尤金通报了高、饶反党事件的情况。据俄罗斯对外政策档案馆所藏的《苏联驻华大使尤金与中共中央书记刘少奇及中华人民共和国政务院总理兼外长周恩来谈话记录》披露："刘少奇说，最近一段时期以来，在中共内部暴露出派别活动，这些活动在较大范围内相应涉及党的高层工作者。""这些派别活动的领导人之一就是高岗，然后就是饶漱石。""周恩来说，高岗的宗派活动曾有广泛表现，但关于他想成为毛泽东在党内的副手这一情况，只是在最近才为人所知。""饶漱石是仅次于高岗的人物"。

1954年2月6日至10日，中共七届四中全会在北京举行。全会不点名揭露和批判了高岗、饶漱石在1953年全国财经会议和第二次全国组织工作会议及其前后的反党分裂活动。全会经过认真讨论，完全同意刘少奇的报告，一致通过了《关于增强党的团结的决议》，批准了中央政治局关于召开党的全国代表会议的决定，讨论了发展国民经济的第一个五年计划纲要及其他有关的各项问题。朱德、周恩来、陈云、邓小平等44人在会上发言。2月10日，周恩来在会上作了题为《增强党的团结，反对资产阶级个人主义》的发言，不点名地分析批判了高岗、饶漱石的反党分裂活动。他说：

"毛泽东同志和中央政治局向全党敲起警钟，反对任何共产党员由满腔热忱地、勤勤恳恳地全心全意为人民服务的高贵品质堕落到资产阶级卑鄙的个人主义。""我认为敲起这种警钟是适时的，绝对必要的，哪怕只发现了这种危险状况的萌芽。""因为我们的党已是胜利的党、执政的党，因为党中央和毛泽东同志领导正确，在全党和全国人民中的威信又是这样高，所以个人主义的反党活动已不甚可能以公开面目反对党的领导，而会是隐藏在党的正确路线的旗帜下，利用某些领导同志的缺点和个别错误以及党内某些不同的意见，进行暗中挑拨和散布流言，有时更假借名义，进行非法活动，以便达到个人企图。""我们反对个人主义的反党的言论和行动，正是使党内的政治生活更加健康起来，利于党的团结。"

周恩来不点名的发言，对高岗、饶漱石的反党分裂活动，给予了严肃的原则批判。为了敦促他们"迅速彻底改正，不要错上加错"，他还提出了"应该依靠党""应该求教于马克思列宁主义和毛泽东思想""应该努力反省"和"应该靠同志们的帮助"四条意见。最后，他说："四中全会本着毛泽东同志的'与人为善'、'治病救人'的方针，等待犯严重错误的同志更进一步觉悟，以利党的团结。我要求犯严重错误的同志不要辜负这种期望。"

中共七届四中全会结束后，为了进一步查证高岗、饶漱石反党活动的种种事实，并对他们继续进行教育和挽救，中共中央书记处决定，分别举行关于高岗问题和饶漱石问题的座谈会。1954年2月15日至25日，周恩来主持召开高岗问题座谈会，邓小平、陈毅、谭震林主持召开饶漱石问题座谈会，分别听取与会者对高、饶的揭发和批评，并就一些重要问题核对事实，也听取他们自己的申辩和检讨。

2月16日，周恩来受刘少奇委托，在座谈会上转告刘少奇对高岗15日检讨的意见，并揭露高岗反党分裂活动的事实。17日午后，高岗触电自杀未遂。当晚，周恩来先后在中共中央书记处会议和中央政治局会议上报告高岗自杀未遂的情况，并提出对高岗的紧急处置办法。25日，周恩来综合座谈会上43人发言所揭发的材料，《在关于高岗问题座谈会上的发言提纲》（以下简称《发言提纲》）中，明确指出了高岗问题的性质。他写道：

> "我们可以得出这样一个认识，即高岗的极端个人主义错误已经发展到进行分裂党的阴谋活动，以图实现其夺取党和国家领导权力的个人野心。"

《发言提纲》将高岗反分裂活动的事实归纳为9条：

> "一、在党内散布所谓'枪杆子上出党'、'党是军队创造的'，以制造'军党论'的荒谬理论，作为分裂党和夺取领导权力的工

具。""二、进行宗派活动,反对中央领导同志。""三、造谣挑拨,利用各种空隙,制造党内不和。""四、实行派别性的干部政策,破坏党内团结,尤其是对干部私自许愿封官,以扩大自己的影响和企图骗取别人的信任。""五、把自己所领导的地区看作个人资本和独立王国。""六、假借中央名义,破坏中央威信。""七、剽窃别人文稿,抬高自己,蒙骗中央。""八、在中苏关系上,拨弄是非,不利中苏团结。""九、进行夺取党和国家权位的阴谋活动。""此外,高岗的私生活也是腐化的,完全违背共产主义者的道德标准。"

《发言提纲》还分析了高岗堕落成反党阴谋家的思想根源,总结了应该吸取的严重教训:

"从高岗的事件中应该吸取的教训是:一切骄傲情绪、自由主义、个人主义、宗派情绪、小团体习气、分散主义、地方主义、本位主义都应当受到批判。'军党论'的荒谬思想必须肃清。个人主义野心家必须防止。党内非法活动必须禁止。派别性的干部政策必须反对。独立王国的思想必须消灭。党的统一领导和集体领导的原则必须坚持。党内民主及批评和自我批评必须发展。党内任何干部必须无例外地受党的组织和人民群众的监督。共产主义的人生观必须确立。马列主义的教育必须加强。"

3月3日,中共中央决定将周恩来在关于高岗问题座谈会上的这个《发言提纲》下发,作为向中共地委书记和人民解放军军党委以上领导干部口头传达的材料。

3月4日,周恩来在2400多人出席的高级干部会议上,作中共七届四中全会精神的传达报告,介绍会议情况和高岗、饶漱石反党分裂活动的主要事实,以及应该吸取的教训,阐释学习四中全会文件的重大意义。他指出:从暴露和揭发出来的事实看,"高岗的极端个人主义的错误,已经发展到进行分裂党的阴谋活动,企图实现其夺取党和国家领导权力的个人野心"。

关于高岗、饶漱石问题座谈会结束后,中共中央决定高岗、饶漱石停职反省,分别在家里写书面检查。饶漱石停职反省后由他拟出提纲,逐句口授,让秘书记录整理,并由他定稿签字,花了半年多时间,写了一份2万多字的书面检讨。

为传达贯彻中共七届四中全会精神,进一步揭发、批判高岗、饶漱石反党分裂活动的罪行,中共中央决定分别召开东北地区和华东地区高级干部扩大会议。5、6月间,先后召开中共中央山东分局扩大会议和中共上海市委扩大会议;8月,召开中共山东省代表会议。

受中共中央委托,3月26日和27日,周恩来赴沈阳,在东北地区高级干部扩大会议上作关于七届四中全会精神的传达报告。报告详细介绍了高、饶反党分裂活动的主要事实,批判他们极端的资产阶级个人主义,并得出初步结论:高岗的错误已经"不是普通的政治、思想、组织错误,也不是党内的严重的路线错误",他已经走上分裂党、反对党的道路,变成了资产阶级个人主义的野心家。

8月17日,高岗畏罪再次自杀,服大量安眠药身亡,自绝于党和人民。随后,中共中央对党员和团员传达、向民主党派人士和党外干部通报高、饶反党事件作出安排;对苏共等兄弟党中央也作了适当通报。8月31日,周恩来将以毛泽东名义发出的关于高岗自杀问题给苏共中央的通知送毛泽东批发。

9月1日,经毛泽东审批后的通知发出。通知在说明高岗反党篡权的罪行和畏罪自杀的情况后指出:

"对于高岗的自杀事,中共中央决定对外暂不公布。同时,中共中央决定将高岗及另一中共中央委员饶漱石的反党反中央及阴谋篡夺党和国家最高权力的罪恶行为,向中共全体党员和中国新民主主义青年团员进行传达,对中国国内的各民主党派,人民团体和在政府机关工作的党外干部,亦作适当通知。中共中央还决定将高饶事件通知各兄弟国家的党中央,并以书面向苏共中央作如上的通知。"

中国共产党全国代表会议通过决议,开除高岗、饶漱石的党籍。

高岗、饶漱石反党篡权的罪行和性质被揭露、批判后,怎样进行组织处理,中共中央经历了一个酝酿过程。本着"惩前毖后,治病救人"的方针和"给出路"的政策,思想批判从严,组织处理从宽。对高、饶的组织处理情况,当时任中共中央副秘书长兼中央办公厅主任的杨尚昆,有过详细的记述。他在《回忆高饶事件》一文中写道:

"怎么处理高、饶呢?高岗自杀前,毛主席表示过,打算在高作出检讨后,安排他回延安当几年地委书记,给他以改过的机会;当然原先的一些职务是不能保留了。对于饶漱石,在这一年左右的时间中,党中央反复研究过处理方案,我都参加了。当时中央只打算撤销饶的中央委员和中央组织部部长职务,保留党籍,还要给出路。认为这样的宽大处理,对党比较有利。一直到全国党代表会议开预备会,请各代表团讨论大会报告(其中有一部分专谈高、饶问题)时,尽管已有不少代表不赞成把饶留在党内,纷纷提出要开除他的党籍。中央政治局在1955年3月15日开会,经过讨论,仍然认为'不必改动原来的意见,应向代表进行说明'。3月19日,毛泽东主持召开七届五中全会,讨论高、饶问题时,主席说,这个文件也搞了一年,几经反复才搞成这个样子,他们的联盟是一个阴谋集团,不是什么堂堂正正的拿出自己的主张来争取领导,而是烧野火，煽阴风，见不得太阳，这样来看，肯定是比较恰当的，也是合乎实际的，是一种政变式阴谋。尽管如此，全会最后除同意饶漱石不出席党代表会议外，仍然决定不开除饶的党籍，只撤销他的中央委员和中组部部长职务。"

为了讨论审定发展国民经济的"一五"计划、关于高岗、饶漱石反党联盟的报告和成立中共中央监察委员会，中共中央在七届四中全会时决定召开全国代表会议。随后，周恩来受命主持起草《关于高岗、饶漱石反党联盟的报告》。3月5日，他同有关人员讨论修改由他代表中共中央政治局在全国代表会议上所作的报告第三稿。12日，因他做阑尾炎手术，到下旬，中共中央决定改由邓小平在会上作报告。

1955年3月21日至31日，中共全国代表会议在北京召开。毛泽东致开幕词，在讲到高岗、饶漱石反党篡权的问题时指出："这个反党联盟的罪恶目的，是要分裂我们的党，用阴谋方法夺取党和国家的最高权力，而为反革命的复辟开辟道路。全党在中央委员会团结一致的领导下，已经把这个反党联盟彻底地粉碎了。我们的党因此更加团结起来和巩固起来了。这是我们为社会主义事业而奋斗中的一个重大的胜利"。

邓小平在会上作了《关于高岗、饶漱石反党联盟的报告》，全面论述了党同高、饶斗争的经过，以及进行这场斗争的重大意义和经验教训。

3月30日，周恩来出席了大会主席团会议，听取会议各小组正副组长汇报。31日，他在大会上发言指出：在全国革命胜利后，高岗、饶漱石不敢公开地进行反中央、分裂党的活动，而是采取阴谋的方法结成秘密的宗派，进行篡夺党和国家最高权力的活动。这次会议是一次最好的整风会议。我们应该把这种批评与自我批评的精神贯彻全党。这一点，对于胜利了的党、执政的党，尤其是党的领导干部来说，更应当引起警惕。

中共全国代表会议通过了《关于高岗、饶漱石反党联盟的决议》（以下简称《决议》），作出了定性结论。《决议》指：

"根据一九五四年二月召开的党的七届四中全会前后揭发出来的事实证明，从一九四九年起，高岗就以夺取党和国家的领导权力为目的而进行阴谋活动。""高岗在一九五三年被调到中央工作后，他的反党活动更为猖獗。""自认为应当掌握主要的权力，因此党中央和政府都应当按照他的计划改组，他自己在现时应当担任党中央的总书记或副主席，并担任国务院总理。"

"饶漱石是高岗反党阴谋活动的主要同盟者。""一九五三年他被调到中央工作以后，认为高岗夺取中央权力的活动将要成功，因此同高岗形成反党的联盟，利用他的中央组织部部长的职务，发动以反对中央领导同志为目标的斗争，积极进行分裂党的活动。"

中共全国代表会议决定，开除高岗、饶漱石的党籍，撤销他们的党内外一切职务。至此，反对高岗、饶漱石反党联盟的斗争，取得了完全胜利。

新中国第一场中共高层的党内斗争，已经过去近半个世纪了，今天应当如何评价这场斗争？邓小平在主持起草《关于建国以来若干历史问题的决议》的过程中，再次肯定了反对高岗、饶漱石反党联盟的斗争，作出了中肯的评价。1980年3月19日，他在同中央领导同志谈话时指出：

"反对高岗的斗争还要肯定。高、饶问题的处理比较宽。当时没有伤害什么人，还有意识地保护了一批干部。总之，高饶问题不揭露、不处理是不行的。现在看，处理也是正确的。"

艰难的探索

——在冒进、反冒进、反反冒进的日子里

中华人民共和国成立以后，特别是三大改造基本完成、社会主义基本制度建立起来以后，以毛泽东为核心的中共中央领导人，就以急切的心情提出加快国家经济建设速度的问题。中国的社会主义制度是在落后的经济、文化基础上建立起来的，党和人民都殷切期望高速度发展国民经济，尽快改变"一穷二白"的状况。这既是巩固和发展社会主义制度的需要，也是不断提高人民物质和文化生活水平的需要。

然而，正是在探索中国经济建设速度的问题上，由于当时对什么是真正的高速度和怎样达到高速度，缺乏实践经验和科学认识，违反了发挥主观能动性必须遵循客观规律，盲目冒进，急于求成，从而导致"大跃进"的严重失误。

1955年底出现的冒进，1956年开始的反冒进，1958年进行的反反冒进，就是围绕对1956年经济工作的估计和1957年国民经济计划的制定，发生在中共中央领导层的一场重要争论。这场争论的实质是，毛泽东、周恩来等中央领导人在探索中国社会主义建设道路的过程中，在经济建设速度问题上两种指导思想的分歧。

"新大陆早就存在,而我们发现得太晚了"。

由于三大改造的进度大大加快,加上 1955 年国民经济发展的情况也很好,全国呈现一片蓬勃向上、欣欣向荣的喜人景象,使人头脑开始发热,误以为经济建设的速度可以大大加快,甚至"完全有可能迅速建成社会主义"。1955 年 12 月 5 日,刘少奇在中共中央召开的座谈会上传达的毛泽东关于召开八大的指示,就反映了毛泽东急于求成的心态。刘少奇说:

"在关于八大的准备工作谈话时,主席提出:中心思想是要讲反对右倾思想,反对保守主义,提早完成我国的社会主义工业化和社会主义改造的计划,保证十五年并且争取十五年以前超额完成。有无可能呢?有可能。""因此必须加大速度,在我们的一切工作中都要反对保守主义,要求在较短的时间内,获得更大的成绩。""这不是急躁冒进,而是实际与可能的要求,是稳步前进。""要以此为中心,迎接八大,使八大开好。"

反对右倾保守思想,加快社会主义改造和建设的速度,是毛泽东为中共八大确定的主题。当时,周恩来同意毛泽东的这个主张。他在座谈会上表示:

"最近政府在各方面的工作,或多或少都存在着保守"。"反对盲目冒进是对的,但又带来了副作用,必须打破这个副作用。""我对毛主席指示的体会可以用一副对联来反映,上联:客观的可能超过了主观的认识;下联:主观的努力落后于客观的需要。新大陆早就存在,而我们发现得太晚了"。

为加快社会主义建设的速度,使农业发展有个长远的奋斗目标,1956 年 1 月,毛泽东在《农业十七条》的基础上,主持起草了《一九五六年到一九六七年全国农业发展纲要（草案）》，简称《农业四十条》。《纲要》规定，粮食和棉花的产量在 1967 年分别由 1955 年的预算计划数 3652 亿斤、3007 万担增加到 1 万亿斤、1 亿担，每年分别以 8.8%、10.5% 的速度递增。这实际上是不可能达到的。到 1996 年，时隔近 30 年，我国粮食、棉花的产量才分别达到 9800 亿斤、8400 万担。

《农业四十条》各项高指标的公布，迫使工业、交通、商业、文教等部门纷纷大幅度修改原订的各项计划指标。周恩来和陈云经过周密的了解和核算，发现如果按照各部门提出的高指标安排 1956 年的国民经济计划，国家统一分配的 8 类物资 250 多种产品中的大部分将是紧张的和短缺的，其中钢铁严重短缺。这时，周恩来和陈云等敏锐地觉察到"盲目冒进"的苗头已经开始露出，并着手设法防止。

"绝不要提出提早完成工业化的口号"。

周恩来主持领导中国经济建设的工作中，始终坚持实事求是的思想路线，既注意防止和反对右倾保守思想，也注意防止和反对急躁冒进情绪，而且坚持从实际出发，确实存在哪种倾向就反对哪种倾向。早在 1953 年，他就多次提出"我们既反对保守思想，也反对急躁情绪"。这年的 6 月 19 日，周恩来在政务院第 183 次政务会议讨论 1953 年春季农业生产情况报告时指出："我们国家总是要到达社会主义社会的，而且是在走着，社会主义经济成分是一天天在增加着。所以，我们既要反对保守思想，也要反对急躁情绪。在农村工作中，我们主要的是反对急躁。农业机械化的前途是要实现的。看不见这个前途，是盲目；另一面，不承认我们的落后和不平衡的现象，就是急躁。"

9 月 8 日，他在全国政协一届第 49 次常委扩大会议上，作《过渡时期总路线》的报告时说："我们的经济遗产落后，发展不平衡，还是一个农业国,工业大多在沿海。我们的文化也是落后的,科学水准、技术水准都很低。""不估计到这些困难,就会产生盲目冒进情绪;另一方面,如不估计到有利条件,就会产生保守倾向。"

在这次制订国民经济发展年度计划和远景规划的过程中,周恩来发现有盲目冒进的苗头后,首先想方设法防止冒进。1956年1月20日,他在中共中央召开的知识分子问题会议上作结论时,强调指出:在经济建设中,不要做那些不切实际的事情,要"使我们的计划成为切实可行的、实事求是的、不是盲目冒进的计划"。"这一次我们在国务院召集的计划和财政会议,主要解决这个问题。"

1955年12月5日,刘少奇在传达毛泽东的有关指示时,毛泽东曾经提出"提早完成我国的社会主义工业化"。在全国政协二届二次会议上有人提出,1956年1月30日周恩来在会上所作的《政治报告》中为什么没有提"提早完成我国的社会主义工业化"的问题。2月7日,周恩来在闭幕会上讲话时解答说:讲提早完成工业化应慎重。这就是说,工业化比三大改造困难得多。要实事求是,不要没有根据地提,要区别提,不要混同提。因此,《政治报告》中说加快速度,但不是提前完成工业化。大家要认识工业化是需要时间和知识的。

2月6日,在全国政协常委会第17次会议上,周恩来又讲了这个问题。他说:对于社会主义工业化,可以有两种设想:一种是工业化可以提早完成;一种是在规模和速度上能够扩大和加快,但不等于提前完成工业化。我们不要随便提出提前完成工业化的口号,可能还需要大约三个五年计划的时间。谨慎一点好,因为我们现在没有把握。为了慎重起见,我们过渡时期还是照原来设想的那样长一点没有坏处。周恩来之所以反复强调不要提提早实现工业化,首先是因为这个提法脱离实际,是不可能的;其次是如果这样提,整个国民经济计划的高指标也就不可能避免。

由于全国计划和财政工作会议没有能够有效地遏制住急躁冒进的苗头，1956年2月8日，周恩来在国务院第24次全体会议上大声疾呼，"绝不要提出提早完成工业化的口号"，各部门订计划，"都要实事求是"。他郑重地说：

"不要光看到热火朝天的一面。热火朝天很好，但应小心谨慎。要多和快，还要好和省，要有利于提高劳动生产率。现在有点急躁的苗头，这需要注意。社会主义积极性不可损害，但超过现实可能和没有根据的事，不要乱提，不要乱加快，否则就很危险。""条件不成熟的等一下不要紧，因为政权在我们手中，这是很大的保证。我们要使条件成熟，做到'瓜熟蒂落，水到渠成'。""绝不要提出提早完成工业化的口号。冷静地算一算，确实不能提。工业建设可以加快，但不能说工业化提早完成。晚一点宣布建成社会主义社会没有什么不好，这还能鞭策我们更好地努力。""各部门订计划，不管是十二年远景计划，还是今明两年的年度计划，都要实事求是。""对群众的积极性不能泼冷水，但领导者头脑发热了的，用冷水浇浇，可能会清醒些。各部专业会议提的计划数字都很大，请大家注意实事求是。"

为了防止和遏制盲目冒进的势头，周恩来不仅提请大家注意实事求是，而且相继采取一些具体措施。一是，削减基本建设投资。1956年2月10日，周恩来主持召开国务院常务会议，讨论决定，1956年度中央各部基本建设投资总额削减6%（加上各省市削减后的金额），全国基本建设投资由170多亿元削减为147亿元。二是，节约钢材。2月4日和28日，周恩来主持召开国务院常务会议，讨论《一九五六年国民经济计划（草案）》，会议原则通过，并要求各工业部门、有关的交通运输部门分别节约钢材4%、2.5%。这就是后来所说的"二月促'退'会议"。三是，缓解物资供需之间的矛盾。进入4月后，急躁冒进的后果开始显现出来，主要表现是财政紧张，生产物资供应短缺。

4月10日，周恩来主持召开国务院常务会议，讨论国家计委《关于一九五六年基本建设计划安排和要求增加部分投资的补充报告》。会上，突出地反映出基本建设规模同物资供应严重不相适应的矛盾。陈云指出：基本建设规模"首先决定于生产、材料，不决定于财力。"经济建设"应按比例发展，而基建和生产的比例是最重要的"。"订计划首先应该进行物资平衡，再进行财力平衡。"周恩来在会上强调："搞计划必须注意实事求是。""一定要为平衡而奋斗。"他说：

"生产是中心，三大改造也要以生产来推动。一切都要靠生产，生产是主要的环节。我们要自力更生，要靠自己，首先要进行很多平衡工作。搞生产就要联系到平衡。""一定要为平衡而奋斗。数量上平衡以后，还有品种和时间上的平衡问题。"

会议根据周恩来、陈云等同志的意见，决定从增产、进口、库存、节约、减少出口、调剂等6个方面来缓和物资供需之间的矛盾。为了落实增加钢铁生产，4月14日至18日，周恩来先后到鞍山钢铁公司、抚顺钢铁厂、天津钢铁厂研究增产措施。19日，他约请上海钢铁厂、重庆大渡口钢铁厂厂长来京商谈增产钢铁的问题。5月6日，他飞往太原钢铁厂，研究增产矽钢事宜。5月7日，他飞往唐山，视察唐山钢铁厂，研讨增产钢铁的措施。为了落实节约钢材，他回到北京后，根据陈云在南方视察时了解的情况，5月10日，主持召开国务院常务会议，果断决定将双轮双铧犁的产量再减到180万部（原计划1956年生产500万部）。

为防止急躁冒进的势头，虽然从统一思想认识和采取具体措施两个方面，作了一系列的努力，但是进入1956年4月中旬以后，国民经济已经出现相当严峻的局势。更为严重的是，这时中央领导层的思想认识并不一致。4月下旬，毛泽东在中共中央政治局会议上提出，再追加20

亿元的基本建设投资。与会大多数同志不赞成，周恩来再三说明增加基建投资会带来一系列困难。但是，毛泽东仍坚持己见。1982年11月4日，胡乔木回忆说：

"一九五六年各条战线、各省市根据毛主席一九五五年冬写的《中国农村的社会主义高潮》序言的精神，加快速度，扩大了预定计划的规模，增加了预算指标。四月下旬，毛主席在颐年堂政治局会议上提出追加一九五六年的基建预算，受到与会同志的反对。""会上尤以恩来同志发言最多，认为追加预算将造成物资供应紧张，增加城市人口，更会带来一系列困难等等。毛泽东最后仍坚持自己的意见，就宣布散会。会后，恩来同志又亲自去找毛主席，说我作为总理，从良心上不能同意这个决定。这句话使毛主席非常生气。不久，毛主席就离开了北京。"

可以说，这是两位中央领导人就冒进与反冒进的问题一次面对面的交锋。此后，周恩来由防止急躁冒进进而反对和纠正急躁冒进。

现在"已经不是预防而是需要反对冒进了！"

根据国民经济已经出现的日益紧张的趋势，周恩来、陈云等同志认为，经过压缩后的《一九五六年国民经济计划（草案）》仍然是一个冒进的计划，《中华人民共和国发展国民经济的十五年远景计划纲要（草案）》相应规定的指标也是冒进的。针对这种情况，1956年5月11日，周恩来在国务院全体会议上明确指出："反保守、反右倾从去年八月开始，已经反了八九个月了，不能一直反下去了！"在他指导起草的《一九五五年国家决算和一九五六年国家预算的报告》稿中提出："在反对保守主义的时候，必须同时反对急躁冒进倾向。"

为了降低急躁冒进所表现出的高指标，6月4日，周恩来在刘少奇主持召开的中央会议上，代表国务院介绍半年来经济建设中所产生的种种矛盾和问题，提出继续削减财政支出、压缩基本建设投资和调整计划指标的意见。会议提出既反保守又反冒进、在综合平衡中稳步前进的经济建设方针。6月5日，周恩来主持召开国务院常务会议，研究压缩1956年财政预算和基建投资。周恩来说："既然认识到不可靠，就应该削减。昨天党中央开会决定了这个精神。今天在会上讨论，把数字减下来。"会议决定，国家财政预算一律按5%削减，预算支出由原来的317亿元削减为307亿元，削减10亿元，其中基本建设投资削减7.35亿元，减为140亿元。6月10日，刘少奇主持召开中共中央政治局会议，确认6月4日中央会议作出的决定，并且通过了1956年国家预算报告（草案）。12日，周恩来主持召开国务院全体会议，讨论通过了这个报告（草案）。周恩来在会上说：

"从去年反保守到现在，注意了发掘群众的积极性，所以各方面都出现了高潮，农业、手工业和资本主义工商业的三大改造高潮，推动了各项工作，迎来了整个社会主义建设的高潮。""但也带来了一些不实际的主观主义的要求，带来了急躁冒进。""去年十二月以后冒进就冒头了，因此，现在的情况和去年不同了，已经不是预防而是需要反对冒进了！如果冒进继续下去，又会脱离实际，脱离群众，脱离今天的需要和可能。不能向群众泼冷水，但也不能把少数积极分子的要求当成群众的要求。""今年的收入不能打得太冒，要打在稳妥可靠的基础上。""应该加强计划性，首先搞生产计划，然后搞人力、物力计划的平衡，最后搞财政预算。反过来，预算又会影响生产和人民群众的生活。"

紧接着，6月15日，李先念代表国务院在全国人大一届三次会议上，作《关于一九五五年国家决算和一九五六年国家预算的报告》。他在报告中说："在反对保守主义的时候，必须同时反对急躁冒进的倾向，而这种倾向在过去几个月中，在许多部门和地区，都已经发生了。急躁冒进的结果并不能帮助社会主义事业的发展，而只能招致损失。"6月16日，《人民日报》不仅全文刊载了这个报告，而且还发表了题为《读一读一九五六年国家预算报告》的社论。社论突出地指出：预算报告"最值得注意的一点，是在反对保守主义的同时，提出了反对急躁冒进的口号，这是总结了过去半年中执行国民经济计划的经验得出来的结论"。

4天后，6月20日，《人民日报》发表了刘少奇安排中宣部起草的题为《要反对保守主义，也要反对急躁情绪》的社论。社论特别指出："在反对保守主义和急躁冒进的问题上，要采取实事求是的态度"。"应当根据事实下判断，有什么倾向反对什么倾向，有多大错误就纠正多大错误，万不可一股风，扩大化，把什么都反成保守主义，或者都反成急躁冒进。"刘少奇在审阅修改这篇社论后批示："主席阅后交乔木办。"毛泽东认为社论的内容是针对他的，只批了三个字："不看了。"

对于这一阶段周恩来等人反冒进所作的种种努力，及其所取得的成效，薄一波在《若干重大决策和事件的回顾》一书中作了这样的评论：

"由于党中央、国务院从年初开始，大力压缩基建指标，从防止冒进到明确提出反对冒进，一股来势很猛的盲目冒进势头总算被遏制住了。一九五六年的经济发展，总的说来还算是健康的。据统计，一九五六年实际完成的工业总产值比上年增长28.1%，基本建设投资比上年增长62%，是'一五'期间我国经济增长速度最高的一年。""如果不是党中央、国务院及时采取正确的方针，遏止来势很猛的冒进倾向，而是一个劲地反对'右倾保守'，只讲多和快，不讲好和省，那么，一九五八年'大跃进'那样的大灾难，就可能会提前到来。但是，因为来势很猛，冒进势头还只能说是基本遏止住，并没有完全遏止住。"

薄一波的这番评论是很中肯的。

"近几个月来，我们得到一条教训，既不要右，又要敢于抗大流。"

为进一步遏止住急躁冒进，周恩来等中央领导同志继续作出不懈的努力。从 1956 年 7 月起，他用很大精力主持编制第二个五年计划建议，以便提交将于 9 月召开的中共八大审议。在大批右倾保守思想的形势下，国家计委编制的"二五"计划指标大大提高了，经过修改后提出的两个方案，仍然偏高。为讨论国家计委报送的这两个方案，7 月 3 日至 5 日，周恩来连续 3 天主持召开国务院常务会议。会上，他明确指出："第一方案冒进了。""第二方案既然是为了贯彻既积极又稳妥可靠的方针，那么，提出在一九六二年粮食产量达到五千五百亿斤就有很大虚假，是很不可靠的。""因此，搞这么个假象不好，是危险的。即使把一九六二年产量定为五千三百亿斤，也值得考虑。""在工业生产指标上，设想到一九六七年钢铁产量达到二千七百万到三千万吨，这是高的想法。""在财政收支指标上，每年以百分之十六的速度增长，我们觉得有困难，应该压下来"。经过认真讨论，会议决定，按五年财政总收支 2350 亿至 2400 亿元来安排，相应地削减主要工农业产品产量指标和基本建设投资，在稳妥可靠的基础上编制一个比较切实可行的方案，作为向中共八大提出的"二五"计划建议。

周恩来在主持起草"二五"计划建议稿的过程中，面对经济建设中出现的种种矛盾和问题，从中国国情出发，进行了理论思考。他在接待外宾时说过："中国经济建设的速度应当高于资本主义国家。确定这样的速度，既是社会主义制度的本质所决定的，也是改变中国贫穷落后面貌的需要，是有可能的。但是，正因为中国贫穷落后，要赶上发达国家,又需要做长期的努力,绝不是一朝一夕的事情。"1956年7月17日,他主持召开国务院常务会议,讨论国家经委《关于一九五六年钢材、水泥、木材供需上存在的问题和处理意见的报告》时,提出"要敢于抗大流",也就是要反对当时的主要错误倾向——急躁冒进。他说:

> "同意《报告》中提出的关于今年的生产和基建中应该吸取的教训,同时应该指出增产节约仍然是我们今后经常的任务。搞生产必须要根据可能,建立在稳妥可靠的基础上,计算生产潜力,除人力条件外,还必须考虑到物资等其他条件。根据目前材料的紧张情况,在安排今年下半年生产的时候,应该为明年生产作准备。近几个月来,我们得到一条教训,既不要右,又要敢于抗大流。这就要摸实际情况,每年下去看看。只要摸清了情况,就敢于抗大流了。"

在修改"二五"计划建议的报告的过程中,周恩来为了从理论上总结概括中国经济建设的基本经验教训,提出在报告稿第一部分中增加"谈几个大的经验教训"。1956年9月16日,周恩来在中共八大作《关于发展国民经济的第二个五年计划的建议的报告》。在《报告》第一部分中,他充分肯定"一五"计划期间中国经济建设取得的成就,同时剖析发生过的缺点和错误,并从这几年经济建设的实践中总结出四条指导性的经验教训。报告指出:

> "第一,应该根据需要和可能,合理地规定国民经济的发展速度,把计划放在既积极又稳妥可靠的基础上,以保证国民经济比较均衡地发展。""经验证明,我们在编制长期计划的时候,应该按照我们实现社会主义工业化的根本要求和国家物力、财力、人力的可能条件,实事求是地规定各项指标,同时,还应该保留一定的后备力量,使计划比较可靠。而在编制年度计划的时候,就应该根据

当年和以后年度的可能的发展条件,积极地发挥潜在力量,以保证长期计划的完成和超额完成。经验还证明,我们在编制年度计划的时候,在有利的情况下,必须注意到当前和以后还存在着某些不利的因素,不要急躁冒进;相反的,在不利的情况下,又必须注意到当前和以后还存在许多有利的因素,不要裹足不前。这就是说,我们应该对客观情况作全面的分析,同时尽可能地把本年度和下年度的主要指标作统一的安排,以便使每个年度都能够互相衔接和比较均衡地向前发展。"

"第二,应该使重点建设和全面安排相结合,以便国民经济各部门能够按比例地发展。""我们强调重点发展,并不是说可以孤立地发展重点,而不要全面安排;我们要求全面安排,也不是说可以齐头并进,而不要保证重点建设。我们在制定计划和安排工作的时候,必须把重点和全面很好地结合起来。"

"第三,应该增加后备力量,健全物资储备制度。""必须认识,像我们这样一个经济落后、人口众多的国家,在相当长的时期内,各种物资的缺乏是经常的现象,而物资的多余是暂时的现象。这就需要我们更加注意增加后备力量,建立物资储备制度,由国家储备必要的物资,特别是比较缺乏的重要物资。"

"第四,应该正确地处理经济和财政的关系。多年来的经验是:我们的财政收入必须建立在经济发展的基础上,我们的财政支出也必须首先保证经济的发展。因此,应该首先考虑经济,特别是工农业生产的发展计划,然后根据它来制定财政计划,用财政计划保证经济计划的圆满执行。"

周恩来对中国经济建设作出的这些具有规律性的理论概括,既是对"一五"计划执行过程中经验教训的科学总结,也可以说是对冒进与反冒进之争的科学总结。这些有中国特色的经济思想理论,有着很强的指导意义。正如周恩来在《报告》中所说的："吸取这些经验和教训，就使我们有可能把社会主义建设的工作做得更好。"

事实正是这样，在中共八大确定的正确经济建设方针的指导下，在一段时间内，国民经济得到积极而稳妥的发展。在反反冒进时，周恩来主持制定的"二五"计划虽然受到毛泽东批评，但在遭受"大跃进"的严重挫折后，1960年6月18日，毛泽东在《十年总结》中，讲到高指标的教训时说："一九五六年周恩来同志主持制定的第二个五年计划，大部分指标，如钢等，替我们留了三年余地，多么好啊！"

"冒、松、紧、分这四个字不能并提，主要是冒了"，"主要应该批'左'"。

中共八大以后，周恩来的工作重点是领导编制1957年国民经济发展计划。当时，各部门和各地区向国家经委提出的基本建设投资额高达243亿元，比1956年的基建投资额增加103亿元。当经委把基建投资额压到150亿元时，各部门、各地区强烈反对。经委根据财政、物资和市场的情况，进行平衡测算，发现即使压到140亿元到150亿元仍然偏高，实难做到。针对这种情况，周恩来对他的学习秘书范若愚说：这样搞计划不行，仍然是冒进的。我准备在八届二中全会上讲一讲这个问题。他请范若愚查找马克思关于"人类始终只提出自己能够解决的任务"这段话的出处，以便学习，统一思想认识。马克思的这段话是在《〈政治经济学批判〉序言》中写的：

"人类始终只提出自己能够解决的任务，因为只要仔细考虑就可以发现，任务本身，只有在解决它的物质条件已经存在或者至少在形成过程中的时候，才会产生。"

为了检查1956年计划执行情况和讨论1957年计划控制数字，从

1956年10月20日到11月9日，周恩来主持召开了10次国务院常务会议。会上，个别同志仍然主张1957年度的计划指标可以订得高一些。他说：1956年的计划是冒了，但又因执行计划时松了，"结果形成到处紧张，投资分散，百废俱兴"。为了适应三大改造高潮的需要，计划"出了些冒，在执行中也不应该松"。针对这种意见，周恩来于24日说："三大改造高潮一来，头脑发热了，前进得快了。冒、松、紧、分这四个字不能并提，主要是冒了。""不但年度计划冒了，远景计划也冒了，而且把年度计划带了起来。"因此，现在我们"主要应该批'左'"。他还表示："各部提出不能减的理由，就是完不成第二个五年的数字，达不到第三个五年的水平。我们答复他们：可以达不到。"李先念建议："搞明年计划，首先把党的思想统一了才行。"

为了统一思想认识，周恩来请各部委党组负责人参加11月9日的国务院常务会议。会上，周恩来作总结发言。他首先讲了苏联优先发展重工业、忽视农业和轻工业的教训。他说：

"中心就是一条，搞重工业不要失掉人民，否则就没有了基础，就成了沙滩上的建筑物。我们要在人民需要的基础上建立重工业，重工业要为人民服务。同时也注意轻工业和农业，使人民的长远利益和目前利益结合起来，否则就要吃亏。对于高指标应该勇于抵抗，敢于修改，这才是马克思主义者。指标一经确定就神圣不可侵犯的提法就是迷信。毛主席指出的十大关系主要是经济关系，最重要的一条就是国家建设和人民生活的关系摆得是否恰当。摆得不恰当，经济基础即不巩固。但是，要把各方面的关系摆得恰当，是不容易的。从我们国家大、很落后、人口多的实际和要建设、要注意人民生活的原则出发，我们现在根据可能，把原来设想的建设速度放慢，不能算是错误。明年的计划必须采取退的方针，指标可能要回到北戴河会议的方案上，目的是要保持平衡。这不发生'左'

倾、右倾的问题。不像政治方面,'左'了就是盲动,右了就是投降。"

经过耐心的说服,与会者的思想认识基本上取得了一致。会议一结束,周恩来于11月10日参加中共八届二中全会,并作《关于一九五七年国民经济计划的报告》,明确提出:

"明年的计划方针应该是,保证重点,适当退却或者适当收缩。""总的方面是要收缩一下的,不然站不稳,那就会影响我们的货币、物资、劳动、工资等各方面。我们应该意识到,不要使中国也发生'波兹南',几十万人或者几千万人站在街头上请愿,那问题就大了。"

周恩来在报告中着重讲了"经济建设的几个方针性问题"。在讲到苏联、东欧一些国家片面发展重工业的教训时,他说:"毛泽东同志在这几个月常说,我们又要重工业,又要人民。这样结合起来,优先发展重工业才有基础。发展重工业,实现社会主义工业化,是为人民谋长远利益。"

在讲到中共八大规定的建设方针时,他说:"这个任务的实现是决定于东西的有无,不决定于是否有很高的产量。""这样一个大国,数量上的增长稍微慢一点,并不妨碍我们实现工业化和建立基本上完整的工业体系。"

在讲到原定的计划指标不符合实际是否可以修改时,他说:"八大的建议和农业四十条,是规定了每年进度指标的。这两个文件经过我们研究以后,觉得可以修改。上不去,就不能勉强。否则把别的都破坏了,钱也浪费了,最后还得退下来。凡是不符合实际的都可以修改,这样就把我们的思想解脱了,不然自己圈住了自己。"

毛泽东对周恩来的讲话是不满意的。然而,他在11月15日的会上讲话,不但没有提出批评,而且同意1957年国民经济计划实行"保证重点，适当收缩"的方针。

中共八届二中全会经过认真地讨论，通过1957年国民经济计划实行"保证重点，适当收缩"的方针。会后，这个方针也得到了比较认真地贯彻执行。国务院对1957年计划的各项指标和财政收支指标进一步作了核算和压缩，并在全国计划工作会议上安排了1957年国民经济计划。1957年4月6日、8日、12日，出访欧亚11国归来的周恩来，主持召开国务院第44至46次全体会议，讨论批准《一九五七年国民经济计划（草案）》。周恩来在4月12日的会上指出：

> 这个计划，"一般地说是平衡、积极、紧张的，今年比去年平衡"。各部在工作中，对上对下要瞻前顾后，左顾右盼；各种比例关系不一定全恰当，要调整关系，不恰当的，宁愿放慢速度；材料不足时，先满足市场，推迟基本建设；基本建设要以较少的钱和物资做更多的事，有些东西能自己造的尽量自己造；就业主要是回农村，城市服务业中也可想些办法。不这样安排，第一个五年计划就难以顺利完成。

7月15日，全国人大一届四次会议审议通过了1957年国民经济计划的主要指标。按照这个计划，工农业总产值和财政收入稳步增长，基本实现财政、物资、信贷的三大平衡，市场稳定，使1957年经济建设成为建国以来进行得最好的年份之一。到1957年底，"一五"计划的经济指标大幅度超额完成。可以说，这正是反冒进带来的成效。

反冒进"把一些同志抛到和右派差不多的边缘，只剩了五十米。"

毛泽东早就想要批评反冒进。他本来准备在1956年11月召开的中共八届二中全会上讨论反冒进的问题，但由于发生了波兰、匈牙利事件，大家的注意力转移到国际问题上，对反冒进问题没有展开。会上，毛泽东同全会的组长一起，议出了7条意见，对压缩1957年预算和计划指标，表示同意。实际上，他对这7条并不满意。后来，1958年1月12日，他在南宁会议上说："1956年6月至11月反冒进，二中全会搞了七条妥协方案，是个堤坝，挡一下水。""解决得不彻底"。

1957年上半年，在整风反右派运动中，有人利用中共内部关于反冒进问题，攻击新中国经济工作搞糟了，甚至提出共产党不能领导经济工作。这种情况使毛泽东认定，"反冒进也促进了右派的进攻"。

这年6月26日，周恩来在全国人大一届四次会议上作《政府工作报告》，也讲到这个问题。他说："有人认为，我国的发展国民经济计划，在一九五六年全面冒进了，在一九五七年又全面冒退了。很明显，这种意见是不正确的。"报告中有两处肯定"一九五六年的建设是跃进的发展"。在这里，周恩来最早提出了"跃进"这个词。

后来，1958年5月17日，毛泽东在中共八大二次会议上说：周恩来这篇《政府工作报告》，是"以无产阶级战士的姿态向资产阶级宣战"。

5月26日晚，周恩来就这件事致信毛泽东：

"这是我最早抛弃反冒进的开始。""我当时的中心思想是维护社会主义，反击右派，从建设的实绩上，肯定了一九五六年的建设是跃进的发展，抛弃了对一九五六年是'冒进'的错误估计。但是，我当时还没有意识到反冒进是方针性的错误，因而也就没有认识到多快好省的方针和农业纲要四十条可以促进社会主义建设，使其成为由量到质的跃进。"

然而，毛泽东认为，周恩来在《政府工作报告》中的这种认识和态度，还没有从根本上解决反冒进的问题。他曾经设想，在反右派运动高潮过去后，"用整风来反掉右倾保守思想"，"借整风来统一思想"，以此来解决反冒进的问题。

1957年10月9日,毛泽东在中共八届三中全会上作总结讲话,第一次公开批评反冒进,指责反冒进反掉了多快好省、农业发展纲要四十条和促进委员会。他说:

"去年这一年扫掉了几个东西:一个是多快好省扫掉了,不要多了,也不要快了,至于好省就附带扫掉了。好省我看没有哪个反对的,就是一个多、一个快人家不喜欢。有些同志叫冒了,我看,加一点限制,加一点形容词,就没有弊病了。本来这个好省是限制多快的。省者,就要少用钱;多者,就是多办事;快一点也是多办事,而且要有一个好,要质量好。""去年下半年一股风,把这个口号扫掉了,我还企图恢复,有没有可能?请大家研究。"

毛泽东的批评没有点名,当时与会的大多数同志不清楚是批评谁,也没有意识到反冒进问题的严重性。因而,会上没有人对这个问题发表意见。

但是,周恩来是心中有数的。他在修改审定提交中共八大的"二五"计划建议稿和"二五"计划建议的报告稿时,最初保留了多、快、好、省这个口号,只在后面加写了"又安全"三个字。他在书面意见中还把这个口号作为需要斟酌的问题提了出来。后来,他考虑到这个口号提出来后,人们往往只追求多、快,而忽视好、省,并以牺牲好、省来追求多、快,使这个口号没有发挥积极作用。对此,周恩来等同志经过再三慎重斟酌,把两个原稿中多处写上的"以多、快、好、省的精神"删掉了。此后一年多时间,没有再提这个口号。这就是毛泽东批评反冒进扫掉了多、快、好、省的由来。

1957年11月2日至21日,毛泽东在访问苏联期间,赫鲁晓夫告诉他:"十五年后,苏联可以超过美国。"毛泽东回答说:"十五年后,我们可能赶上或超过英国。"这时,毛泽东满怀必胜的信心提出,"东风压倒西风"。他准备探索一种更高的发展速度，来加快社会主义建设。因而，他对反冒进更加反感。他从莫斯科打回电话，批评1956年的反冒进是不对的，"以后再也不要提反冒进了，搞社会主义就要冒一点"。可以说，这是毛泽东第二次不点名地批评反冒进。

1957年12月12日，《人民日报》发表毛泽东主持起草的社论，这篇题为《必须坚持多快好省的建设方针》的社论，第一次公开向全党全国批评反冒进。社论说："有的人说，农业发展纲要四十条订得冒进了，行不通；有的人说，一九五六年的国民经济发展计划全部冒了，甚至第一个五年计划也冒进了，搞错了；有的人竟说，宁可犯保守的错误，也不要犯冒进的错误；等等。于是，本来应该和可以多办、快办的事情，也少办、慢办甚至不办了。这种做法对社会主义建设事业不能起积极的促进的作用，相反起了消极的'促退'的作用。"这是第三次不点名批评反冒进。

后来，1958年2月18日，毛泽东在中共中央政治局扩大会议上，讲了这篇社论的起草经过，并且说："多、快、好、省，这是代表中央的，是党的一个路线，是我们搞建设的一个路线。"

1958年1月2日至4日，毛泽东在杭州召开华东地区四省一市中共党委书记会议，周恩来出席会议。会上，毛泽东发了脾气，严厉批评反冒进。

毛泽东在5月29日中央政治局扩大会议上又说：杭州会议，我在那里放火。"我是放恩来的火，有柯老（指柯庆施——引者注）为证，就在杭州，实在憋不住了。几年之气，就向薄一波发泄。我说：我不听你这一套，你讲什么呀？我几年都不看预算了，横直你是强迫签字。"杭州会议是毛泽东第一次公开地点名批评周恩来等同志反冒进。在毛泽东看来，杭州会议还远没有从根本上解决反冒进问题。

为了继续批评反冒进，1958年1月11日，毛泽东接受周恩来的建议，主持召开南宁会议。会议的主题本来是总结"一五"计划的执行情况和讨论"二五"计划和长远规划等问题。但是，在南宁会议第一天，毛泽东却批评反冒进的问题。他说："不要提'反冒进'这个名词，这是政治问题。首先没有把指头认清楚，十个指头只有一个指头长了疮，多用了一些人（工人、学生），多花了一些钱，这些东西要反。当时不要提'反冒进'，就不会搞成一股风，吹掉了三条：一为好快多省，二为四十条纲要，三为促进委员会。这是属于政治，不属于业务。一个指头有毛病，整一下就好了。"会议的第二天，毛泽东从工作方法的角度继续批评反冒进。他说：

"我们要注意，最怕的是六亿人民没有劲，抬不起头来就很不好。群众观点是从六亿人民出发。看问题要分清主流、支流、本质、现象。""工作方法希望改良一下。这一次千里迢迢请同志们来一趟，是总理建议的，本来不想多谈，有点灰心丧志。""右派的进攻，把一些同志抛到和右派差不多的边缘，只剩了五十米。慌起来了。"

周恩来因为接待也门巴德尔王子，1月13日才飞抵南宁。当晚，毛泽东约周恩来、刘少奇谈话，直到深夜。

在16日的会上，毛泽东继续批评反冒进。他拿着柯庆施在中共上海市党代会上作的《乘风破浪，加速建设社会主义的新上海》的报告说："这一篇文章把我们都压下去了。上海的工业总产值占全国的五分之一，有一百万无产阶级，又是资产阶级最集中的地方，资本主义首先在上海产生，历史最久，阶级斗争最尖锐，这样的地方才能产生这样一篇文章。这样的文章，北京不是没有也，是不多也。"

接着，毛泽东问周恩来："恩来同志，你是总理，你看，这篇文章你写得出来写不出来？"周恩来回答说："我写不出来。"毛泽东还说："你不是'反冒进'吗？我是反'反冒进'的！"这些话显然是太重了。

1月17日，毛泽东在听取各省、市、自治区汇报时又一次批评反冒进。

毛泽东在会上连续几次严厉批评反冒进，使南宁会议的气氛非常紧张。经过中共八届三中全会和杭州会议，周恩来对毛泽东的批评是有思想准备的，但他没有想到会把反冒进问题看得这么严重、批评这么尖锐。1月19日，毛泽东同周恩来单独谈话。当晚，继续开会直至20日凌晨1时多。会上，周恩来本着相忍为党、顾全大局的精神，对毛泽东的错误批评没有申辩，而是检讨自己，并且承担反冒进的责任。他说：

反冒进这个问题，是一段时间（一九五六年夏季到冬季）带方针的动摇和错误。"反冒进是由于不认识或者不完全认识生产关系改变后生产力将要有跃进的发展，因而在放手发动群众进行社会主义革命和建设中表示畏缩，常常只看见物不看见人，尤其是把许多个别现象夸大成为一般现象或者主要现象。这是一种右倾保守思想。""反冒进的结果损害了三个东西——促进会、农业四十条、多快好省，使一九五七年的工农业生产受到了一些影响，基本建设也减少了一些项目，而最重要的是群众和干部的劲头得不到支持，反而受到束缚，使我们建设走群众路线这一方针受到某些损害。""这个方针是与主席的促进方针相反的促退方针。实行这个方针，不管你主观想法如何，事实上总是违背主席方针的，越是不自觉，这是方针性的违背，就越严重、越危险。""这一反冒进的错误，我要负主要责任。"

在1月20日的会上，毛泽东说：冒进是全国人民烈焰冲起来的，是好事，部分是坏事。反冒进把前进放在第二位。

1月21日，毛泽东在会上作总结讲话，关于反冒进问题，对周恩来的检讨发言，他没有表态，仍强调"'反冒进'的教训：反掉了三个东西，把一些同志抛到（同）右派似乎相近的地位"。看来，毛泽东对批评反冒进的问题还意犹未尽。

"一种是马克思主义的'冒进',一种是非马克思主义的'反冒进'。"

南宁会议结束后,中共中央召开政治局扩大会议,传达南宁会议精神。毛泽东在2月18日的会上,继续批评反冒进,但口气缓和了。他首先肯定了周恩来在一届人大四次会议上的《政府工作报告》。接着,他说:

"我赞成这个冒进,这个冒进好嘛!……冒是有一点,而不应该提什么反冒进的口号。有一点冒是难免的。同志们,今年下半年,你们就会看到,要有一个大冒就是了。我看比哪一年冒进还要厉害。"

"虽然总理有那篇报告,但是这个问题人们还不大了解,所以南宁会议还是要放一炮的。这个炮不过是小炮而已,害得一些同志紧张,何必那么十分紧张,南宁会议我们就讲了的,就是这么一件事,一个时期,一个问题。"

"一九五六年'反冒进',这是个什么事情呢?这是大家都在正确的(路线)之下,在个别问题上意见不一致,这么一种性质。""以后'反冒进'的口号不要提,反右倾保守的口号要提。"

"冒是有一点冒,而不应该提什么'反冒进'的口号。"

毛泽东的这番给反冒进定性的话,比他在南宁会议上的批评缓和多了。周恩来因为访问朝鲜,只在2月23日参加了最后一次会,汇报访问朝鲜的情况。对于反冒进的问题,会上已经不能发表不同意见了。为了进一步解决反冒进问题,毛泽东提议再到成都开一次会,讨论社会主义建设的方针问题。

1958年3月9日至26日，在成都召开中共中央政治局扩大会议。在3月9日的会上，毛泽东从建设方针的角度批评反冒进。他说：建设社会主义有两种方法的比较，"一种是马克思主义的'冒进'，一种是非马克思主义的'反冒进'，究竟采取哪一种？我看应采取'冒进'，很多问题都可这样提"。他还说："过去八年的经验，应加以总结，'反冒进'是个方针问题，南宁会议谈了这个问题，谈清楚的目的是使大家有共同语言，好做工作。"

在18天会议期间，毛泽东作了6次长篇发言，主要讲"破除迷信，解放思想"，并且提出"鼓起干劲，力争上游，多快好省建设社会主义的总路线"。

周恩来在3月19日的会上就外交工作问题发言，在3月25日的会上对反冒进问题再次作检讨。他说：

"在当时就是没有听取多方面的意见，没有接触群众和实际，而只局限在会议室和办公室中，更没有看清在所有制改变后解放了的生产力要求大发展的群众运动正在起来。我们反而只看见死的物不看见生气勃勃的人，务实而不务虚。我负主要责任提出的'反冒进'报告就是对群众生产高潮这个主流泼了冷水，因而不是促进而是促退，不是多快好省而是少慢差费，四十条也就被打入冷宫，这就是问题的本质。"

"当时确没有这样认识，等到右派教育了我，主席提醒了我，群众实践更启发了我，才逐渐认识这是社会主义建设问题上方针性的错误。更深一层说，也就是对社会主义革命本质的东西解放生产力，社会主义建设的主流发动群众、发展生产，看不到，自然就抓不起了。"

对于周恩来的检讨，毛泽东在当天的会上评论说："如果从经验上、从方法问题上作为例子，那倒是可以的。这个问题不是个什么责任问题,也不是老要听自我批评的问题,南宁我们都听过了,北京也听过了的。"他还说:"关于反冒进的问题,我看以后不要谈很多了。在我们这样的范围,就是谈也没有好多人听了。"看来,毛泽东对周恩来的检讨还不满意,还将进一步解决反冒进的问题。

"请考虑自己继续担任国务院总理是否适当的问题。"

为了把成都会议讨论的问题用中央决议的形式确定下来,中共中央决定召开八大二次会议。成都会议前后,周恩来一直为治理长江和黄河的问题而奔忙,加上频繁的外事活动,使得他很少有时间来认真思考南宁会议以来毛泽东对反冒进的一系列批评。既要承受错误批评的思想压力,还要忍辱负重地承担繁重的国务工作,这是常人难以忍受的事情。据当年一位在他身边的工作人员说:"那是周总理最痛苦的一段时间。但是,在工作面前,在我们这些工作人员面前,他从来没有表现出来,对工作依然是那么认真,那么投入。"

在中共八大二次会议开幕后,5月15日,毛泽东分别同周恩来、陈云长时间谈话。从这时起,周恩来开始准备起草在大会上对反冒进问题再次检讨的发言稿。据周恩来的学习秘书范若愚在《历史最终会把一切纳入正轨》的回忆文章中说:"有一天,周恩来同志对我说,他这次发言,主要是做'检讨',因为'犯了反冒进的错误',在南宁会议上已经被提出来了。""我意识到,在反冒进这个问题上,他的内心有矛盾,因而找不到恰当的词句表达他想说的话。""我看到政治局常委和书记处提的意见,把'检讨'部分中的一些话删掉了,有些话改得分量轻了。我看了之后,心里的紧张情绪才缓和下来。但是,我发现周恩来同志在起草这个发言稿的十多天内,两鬓的白发又增添了。"

当时任总理办公室主任的童小鹏在《1958年我在西花厅》一文中

回忆说：

> "后来，这个检讨稿打印出来发政治局和书记处征求意见。邓小平看后就说，写这么多干嘛，把'离右派差 50 米远'等刺激字眼划去，有些话的分量也改得轻了。可见邓小平对毛泽东的批评，是有不同看法的。"

周恩来在中共八大二次会议上再次进行检讨，大会还将这个 8000 多字的检讨稿作为会议材料印发代表。他检讨说："'反冒进'的错误，集中地反映在我在一九五六年十一月八届二中全会的报告中间。当时我对于一九五六年的建设成绩和在跃进中出现的某些缺点和困难，作了错误的估计，把实际上不到一个指头的缺点夸大化，肯定一九五六的年度计划'冒'了，并且提出一九五七年适当收缩规模的意见。"他还说：对于毛泽东批评的反冒进是关于社会主义建设规模和速度问题上方针性的错误，"在相当时间没有意识到，问题的严重性就在这里"。

对于周恩来的这次检讨，没有见到毛泽东表态和评价的有关材料。但是，毛泽东在中共八大二次会议上的讲话中，两次讲到可能发生的大灾难，一是发生战争，二是党的分裂。历史上有党内分裂，今后会不会有新的分裂，可能有，分裂是新陈代谢。对于毛泽东把问题的严重性讲到这个份上，周恩来自然是心领神会的。据说，毛泽东在南宁会议上曾设想以柯庆施代替周恩来任总理。虽然没有正式提出来，但周恩来自然会敏感到。

所以，在中共八大二次会议后，1958 年 6 月 9 日，周恩来即在中共中央政治局常委扩大会议上提出："请考虑自己继续担任国务院总理是否适当的问题"。这时，彭德怀也向中央提出"不担任国防部长的工作"。常委会讨论他们的请求时，挽留他们继续担任现在的工作职务。会后，邓小平拟写了常委会会议纪要，会议决定："他们应该继续担任现任工作，没有必要加以改变。"他还将这个会议纪要报送毛泽东。

当时，周恩来的处境困难，心情苦闷。但是，为了党和人民的事业，他服从中央决定，继续担任总理的工作，忍辱负重，忘我地操持繁重的国务。

毛泽东说："反冒进的问题现在也搞清楚了"。

在中共八大二次会议上，刘少奇代表中共中央作的工作报告，对批评反冒进作了结论。1958年5月20日，毛泽东在会上讲话时指出："经过整风和批评反冒进，中央也好，地方也好，都很团结。反冒进的问题现在也搞清楚了，我们在新的基础上团结起来。"

但是，毛泽东在此之后还批评过反冒进。例如，就在八大二次结束后的第三天，毛泽东看到彭真送来的1957年11月13日《人民日报》社论后，于5月26日给中央和地方的领导同志写了一封信，表扬这篇社论提出"跃进"一词，"其功不在禹下"。信中写道："以'跃进'一词代替'冒进'一词从此篇起。两词是对立的。自从'跃进'这个口号提出以后，反冒进论者闭口无言了，'冒进'可反（冒进即'左'倾机会主义的代名词），当然可以振振有词。跃进呢？那就不同，不好反了。要反，那就立刻把自己抛到一个不光彩的地位上去了。""如果要颁发博士头衔的话，我建议第一号博士赠与发明这个伟大口号（即：'跃进'）的那一位（或者几位）科学家。"

事实上，1957年6月26日，周恩来在全国人大一届四次会议上作的《政府工作报告》中，就已提出过"跃进"这个词，比《人民日报》那篇社论早140天。

又例如，1959年7月23日，毛泽东在庐山会议上尖锐地批判彭德怀写给他的那封信时，连带着又批了反冒进。他说："这次他们不讲冒了，可是有反冒进的味道。""这些同志，据我看不是右派，是中间派，不是左派。一些人碰了一些钉子，头破血流，忧心如焚，站不住脚，动摇了，站到中间去了。究竟中间偏左、偏右，还要分析。重复了一九五六年下半年一九五七年上半年犯错误的同志的道路。他们不是右派，可是自己把自己抛到右派的边缘去了，距右派还有三十公里。"由此可见，对反冒进的问题，中共中央虽已作结论，但毛泽东对反冒进的批评并没有就此结束。

对于周恩来在反反冒进中受到的不公正对待，历史已有公论。当年任总理办公室主任的童小鹏在《1958年我在西花厅》一文中写道：

"以后的事实发展证明，周恩来、陈云等同志的反冒进意见是正确的。周恩来一再作自我批评和检讨，我觉得这不是他的本意，是为了维护毛泽东的威信和党的团结，而在强大的压力下作出的违心之举。""周恩来尽管受到毛泽东的错误批评，但他是个胸怀坦荡的人，毫不在意个人的得失，面对困难和挫折，也不悲观失望。他一方面尽力维护毛泽东作为领袖的威信，一方面坚守工作岗位，以谨慎和清醒的头脑，努力使国家的经济建设有个良性的发展。"

回顾和考察冒进、反冒进、反反冒进的历史过程，可以得出一点基本认识：冒进是不利于社会主义建设事业的，反冒进是坚持实事求是的，反反冒进是错误的。历史已经证明：错误地批评反冒进，违背了集体领导的原则，改变了中共八大确定的既反保守又反冒进即在综合平衡中积极稳步前进的经济建设方针；错误地批评反冒进，违背了民主集中制的组织原则，造成很大的政治压力，破坏了党内正常的民主生活；错误地批评反冒进，还违背了客观经济规律，助长"左"的指导思想的滋长和蔓延，造成"大跃进"的严重失误，给党和人民带来灾难性的后果。历史的教训十分深刻，应当永记不忘。

致力于祖国统一大业

——为争取台湾回归祖国而播种、开路

周恩来投身人民革命后，始终致力于祖国的解放、独立和统一的崇高事业，做出了不可磨灭的历史性贡献。在解放台湾问题的进程中，他运筹帷幄，精心策划，为台湾回归祖国，完成统一大业而播种、开路。

朝鲜战争爆发后，中共中央决定"打台湾的时间往后推"。

中共中央关于解放台湾的战略决策，在起始阶段，是建立在武力解放的基础上的。为了完成解放全中国的历史任务，中共中央作出了"一定要解放台湾"的战略部署。1949年3月15日，新华社发表题为《中国人民一定要解放台湾》的社论，明确指出：

"中国人民包括台湾人民绝对不能容忍国民党反动派把台湾作为最后挣扎的根据地。中国人民解放军的任务就是解放全中国，直到解放台湾、海南岛和属于中国的最后一寸土地为止。"

这篇社论第一次发出了"一定要解放台湾"的庄严号召，反映了当时中共中央关于武力解放台湾的战略决策。这是中国人民解放战争必须继续完成的一项战略任务。当初，武力解放台湾的设想是：（一）迅速组建海军、空军，掌握制海权、制空权。1949年11月11日，成立了中国人民解放军空军领导机构，刘亚楼任司令员，萧华任政治委员。1950年4月14日，成立了中国人民解放军海军领导机构，萧劲光任司令员兼政治委员。（二）尽快解放东南沿海岛屿，扫清外围，建立攻台前沿阵地。1949年8月18日至11月6日，人民解放军先后攻占了舟山外围的金塘、桃花等30多个岛屿。1950年5月，人民解放军发起渡海追击，于19日解放舟山群岛。6月至7月，人民解放军先后解放滩浒山岛和嵊泗列岛。（三）在充分准备的情况下，对台湾发起全面作战，预计不超过3年解放台湾。

1949年12月31日，中共中央发布《告前线将士和全国同胞书》，明确指出："中国人民目前的任务是：解放台湾，完成统一中国的事业，不让美帝国主义侵略势力在我们的领土上有任何立足点。"1950年1月1日，《人民日报》元旦社论指出：1950年的主要任务是，以一切力量完成人民解放战争，解放台湾、海南岛和西藏，肃清中国境内的一切敌人。

为落实对台作战的设想，1950年5月17日，中国人民解放军第三野战军前委发出《保证攻台胜利的几点意见》，成立了以粟裕为总指挥的前线指挥部，以3个兵团、12个军，共50万人的兵力，投入对台作战准备。6月，毛泽东在中共七届三中全会上重申："解放台湾、西藏，跟帝国主义斗争到底。"

正当中国人民积极准备武力解放台湾的时候，1950年6月25日朝鲜战争爆发。6月27日，美国总统发表声明，公然支持蒋介石反动残余集团盘踞台湾；鼓吹"台湾地位未定"，声称"台湾未来地位的决定须等到太平洋安全恢复之后，由对日和约或由联合国决定"；派遣美国海军第七舰队在台湾海峡游弋，宣布"我已命令第七舰队阻止对台湾的任何攻击"；并派遣美国空军第十三航空队侵驻台湾，妄图以武装侵略来阻挠我国解放台湾。对于美国政府的这种武装侵略行径，中国政府

和人民极为愤慨。28日,周恩来就杜鲁门武装侵略中国领土台湾的声明而发表声明,严正指出:

"杜鲁门二十七日的声明和美国海军的行动,乃是对于中国领土的武装侵略,对于联合国宪章的彻底破坏。""不管美国帝国主义者采取任何阻挠行动,台湾属于中国的事实,永远不能改变;这不仅是历史的事实,而已为开罗宣言、波茨坦宣言及日本投降后的现状所肯定。我国全体人民,必将万众一心,为从美国侵略者手中解放台湾而奋斗到底。"

朝鲜战争爆发,迫使中共中央重新调整解放台湾的战略部署。6月30日,周恩来约请萧劲光谈话,向他介绍中共中央关于朝鲜战争爆发后对时局的估计和对策。周恩来说:我们看待当前国际形势,只有坚持"惧无根据,喜不麻木"的态度,才是正确的。目前,我们在外交上,要谴责美帝国主义侵略台湾、干涉中国内政;在军事上,陆军继续复员,加强海军、空军建设。他还指出:"形势变化给我们打台湾增添了新的麻烦,因为有美国挡着。"中央决定:"打台湾的时间往后推。"

10月19日,中国人民志愿军入朝参战。此后,我国的军事战略重点由东南转移到东北,战略任务的重点由抗美援朝取代了解放台湾。

"如果我们不提出解放台湾,保持不了祖国的完整版图,我们就会犯错误,也对不住自己的祖先。"

1953年7月27日,《朝鲜停战协定》签订后不久,中共中央成立对台湾问题的最高决策机构——对台工作三人领导小组。中国人民解放军总司令朱德发布《中国人民解放军总部命令》,指出:朝鲜战争虽已停止,但台湾还未解放,国民党军队还在扰乱和威胁沿海的安全,全军指战员要为巩固国防、保卫祖国的安全而斗争。

1954年7月7日,中共中央召开政治局扩大会议,周恩来在会上作关于出席日内瓦会议以及访问印度、缅甸和举行中、越会谈等问题的报告。毛泽东在会上讲话,首先肯定"周恩来同志的报告很好"。接着,他分析了日内瓦会议后的国际形势后指出:"现在美国同我们关系中的一个重要问题就是台湾问题,这个问题是个长时间的问题。我们要破坏美国跟台湾订条约的可能,还要想一些办法,并且要作宣传。我们要组织一些宣传,要大骂美国搞台湾,蒋介石继续卖国。另外,在外交方面要有一种适当的表示"。

针对美国加紧对台湾的控制,策划订立美蒋共同防御条约,积极拼凑包括台湾在内的太平洋反共军事集团。会议决定发动一场声势浩大的解放台湾运动,从政治上、外交上揭露美国的侵略意图。为贯彻中央的精神,7月16日《人民日报》发表社论《不能容忍美蒋匪帮的侵略罪行和海盗罪行》;7月23日《人民日报》发表社论《一定要解放台湾》。

与此同时,邓小平为中共中央起草致当时还在国外访问的周恩来的信。信中写道:"在朝鲜停战之后,我们没有及时(约迟半年时间)地向全国人民提出这个任务,没有及时地根据这个任务在军事方面、外交方面和宣传方面采取必要的措施和进行有效的工作。"中央认为这是不妥当的,并请周恩来考虑回国后以外交部长名义发表一个声明。

8月1日,周恩来回到北京。8月2日,周恩来发表关于台湾问题的声明,严正指出:"台湾是中国的领土,中国人民一定要解放台湾"。"台湾问题是中国的内政,决不容许他人干涉。"8月11日,周恩来在中央人民政府委员会第三十三次会议上作《外交报告》指出:坚决解放台湾,保障我国主权和领土完整。解放台湾是我国人民光荣的历史任务。只有完成这个光荣的历史任务,才能获得伟大的中国人民解放事业的完整胜利,才能进一步保障远东及世界的和平和安全。会议通过决议批准了这个报告。

8月12日,周恩来在有关部门干部会议上作《关于外交问题的报告》。在讲到解放台湾问题时,他说:

"解放台湾是中国的主权、内政问题","现在朝鲜战争停了,印度支那战争也停了,剩下的就是美国加紧援助台湾进行骚扰性的战争。如果我们不提出解放台湾,保持不了祖国的完整版图,我们就会犯错误,也对不住自己的祖先。""因此,我们要提出解放台湾的任务,各方面进行工作,军事上、外交上、政治上、经济上都要做工作。"

在军事方面,周恩来指导中央军委制定了"从小到大、由北向南、逐岛进攻"的解放台湾作战方案。1954年8月,中央军委批准华东军区向参战部队下达准备同台湾国民党军作战的命令,并批准成立以张爱萍为司令员兼政治委员的浙东前线指挥部。1955年初,华东军区部队开始实行解放东南沿海岛屿的作战计划。1月19日,攻占一江山岛。2月13日,进驻大陈岛、渔山岛、披山岛等岛屿。2月26日,进驻南麂山列岛。至此,解放了浙江沿海全部岛屿。随后,华东军区部队遵照中央军委指示,挥师入闽,与福建部队会合,准备攻打金门、马祖、澎湖、台湾。

紧接着,周恩来通过各种外交途径阐明中国政府和中国人民关于台湾问题的原则立场和方针、政策。首先,他从历史上、法理上和事实上批驳美国制造的"台湾地位未定论",说明台湾是中国领土的一部分。1954年8月15日,他会见艾德礼首相率领的英国工党代表团时,明确指出:

"台湾问题是一个容易激动中国人民感情的问题。关于这件事的现状是中国人民所不能容忍的。""台湾从任何方面都证明是中国领土的一部分。不仅中国人民认为如此,世界公众舆论也认为如此。甚至被中国人民赶出大陆的蒋介石也这样说。而在像开罗、波茨坦这样的国际会议上也承认了这一点。""美国过去也承认这一点。""美国侵占台湾是最没有道理的。""如果没有美国对台湾的干涉，台湾早就解放了。"

10天后，8月24日，毛泽东同英国工党代表团谈话时也指出：美国人做的事太不像样子，他们支持蒋介石差不多每天都骚扰大陆。所以你们最好劝劝美国人把第七舰队拿走，不要管台湾的事，因为台湾是中国的地方。

为配合外交攻势，周恩来于9月1日召集有关方面负责人开会，修改《中共中央关于解放台湾宣传方针的指示》，强调解放台湾的斗争有国内和国际两个方面，要从各方面加强工作。《指示》说：解放台湾是"我国的既定方针"，但又是一个战略任务，是长期的复杂的斗争。"斗争是长期的，因为我们没有强大的海空军，就要有时间去把它建设起来"。"斗争是复杂的，因为这个斗争有国内和国际两个方面"。对内，解放台湾是我国的内政，要采取军事斗争的方法；对外，"在美国尚未参加战争的时候，要采取外交斗争的方法"。"除了军事斗争和外交斗争以外，还必须在宣传工作、政治工作、经济工作等方面同时加紧努力"。

1954年9月23日，周恩来在全国人大一届一次会议的《政府工作报告》中，重申台湾是中国的领土，批驳将台湾"托管""代管""中立化"和制造"台湾独立国"的荒谬主张。他说：

"中华人民共和国政府屡次宣布：台湾是中国神圣不可侵犯的领土，决不容许美国侵占。我们在台湾的同胞，包括高山族在内，从来就是中国民族大家庭的成员，决不容许美国奴役。解放台湾是中国的主权和内政，决不容许他国干涉。美国参加签订的《开罗宣言》和《波茨坦公告》都肯定台湾是中国的领土，这些庄严的国际协议，决不容许美国背信弃义地加以破坏。美国政府和盘踞台湾的蒋介石卖国集团，无论订立什么条约，都是非法的。在这里还必须指出，一切想把台湾交联合国托管，或者交中立国代管，以及'中立化'台湾和制造所谓'台湾独立国'的主张，都是企图割裂中国的领土，奴役台湾的中国人民，使美国侵占台湾的行为合法化。这都是中国人民绝对不能容许的。"

美国政府不顾中国政府和人民的严正警告，于12月2日在华盛顿与台湾当局签署《共同防御条约》。条约规定，美国政府和台湾当局"共同防御"台湾地区。

实际上是，把台湾置于美国政府的"保护伞"下，阻挠中国统一。美国参众两院还通过《美国国会授权总统在台湾海峡使用武装部队的紧急决议》，妄图用武力阻挠我解放台湾。当时，美国第七舰队在台湾海峡集结了5艘航空母舰、3艘巡洋舰、40艘驱逐舰组成的庞大舰队，明目张胆地推行"炮舰政策"。

12月8日，周恩来发表声明，谴责美国同台湾蒋介石签订的所谓《共同防御条约》。声明指出：这个条约同维护和平毫无共同之处，"在任何意义上都不是一个防御性的条约"，而"是一个彻头彻尾的侵略性的战争条约"。这是美国政府"对于中华人民共和国和中国人民的一个严重的战争挑衅"。

在政治上谴责美国政府武装侵略中国领土台湾的同时，进一步开展外交攻势。1954年12月10日，周恩来致信毛泽东、刘少奇、邓小平等说："吴努拟在回国后演讲时引用我的谈话，现在拟即以此稿交他"。讲话稿首次提出，在必要的前提下，"台湾就有和平解放的可能"。讲话稿指出：

"最近美国政府同蒋介石集团签订了所谓《共同防御条约》，目的就是加强对中国领土台湾的侵占和对中国内政的干涉。这就使得远东局势紧张，战争危险增加。""如果美国政府愿意缓和紧张局势，从台湾、澎湖和台湾海峡撤走它的一切武装力量，停止干涉中国内政，那么，台湾就有和平解放的可能。过去大陆上如北京、长沙、绥远省等地就是和平解放的。""如果美国能撤走它的一切武装力量，停止干涉中国内政，中美两国之间不仅可以和平共处，还可以友好往来。"

"中国政府愿意同美国政府坐下来谈判，讨论和缓远东局势的问题，特别是和缓台湾地区的紧张局势问题。"

周恩来领导开展的一系列外交工作，增进了世界各国人民对台湾问题的了解，也得到了一些友好国家的同情和支持。苏联、印度、缅甸等国为缓和远东和台湾海峡紧张局势，提出召开国际性会议的主张。周恩来认为，谈缓和远东紧张局势，首先要研究紧张局势从何而来，这是一个是非问题。美国同蒋介石策划共同防御条约，目的是要霸占台湾和台湾海峡，第二步就要发动新的战争。因此，台湾问题的中心是要美国放弃侵略。周恩来表示，如果美国政府愿意坐下来谈，我们也是不会拒绝的。

1955 年 2 月，印度提出，在召开国际性会议之前，由苏联、英国、印度进行一次外交试探，目的是在中、美之间寻求一些初步的共同点。周恩来同意在会前进行不公开的外交接触。

1955 年 4 月，周恩来率领中国政府代表团参加第一次亚非会议，又称万隆会议。根据中共中央确定的"可相机提出在美国撤退台湾和台湾海峡的武装力量的前提下，和平解放台湾的可能"的精神，周恩来在会议期间广泛开展活动。缅甸总理吴努表示愿意调解中国与蒋介石集团之间的关系。4 月 15 日，周恩来同吴努谈话。他说：

> 台湾问题包含两个方面：一方面是中国（大陆）同蒋介石集团的关系，这是国内问题；另一方面是美国对中国的侵略和干涉，这是国际问题。二者不应混淆起来。中国（大陆）同蒋介石集团间的战争是内战的继续，过去没有，现在也不容许外来干涉。如果美军撤退，我们是可能用和平的方式解放台湾；如果蒋介石接受，我们欢迎他派代表来北京谈判。只要蒋介石同意中国的和平统一，同意和平解放台湾，并且派代表来北京谈判，我们相信即使蒋介石本人，中国人民也可以宽恕他。但蒋介石必须承认中央人民政府，不能自称代表中国。中、美之间的敌对关系，是美国对中国的侵略和干涉造成的，如果美国放弃对中国的侵略和干涉，我们也准备按五项原则同美国发表声明。这一切在目前只是一种希望。

4月29日，周恩来同印度、缅甸、印尼、巴基斯坦、菲律宾、泰国、锡兰七国代表团团长会谈，介绍台湾问题的背景情况，说明中国政府对台湾问题的原则立场。当有人问到台湾和平解放后是否可以委任蒋介石为将军时，周恩来回答：完全可以。根据与会七国代表团团长的要求，周恩来即席发表一个声明。声明指出：

> "中国人民同美国人民是友好的。中国人民不要同美国打仗。中国政府愿意同美国政府坐下来谈判，讨论和缓远东紧张局势的问题，特别是和缓台湾地区的紧张局势问题。"

周恩来发表的这份69个字的简短声明，在国际上引起强烈反响，赢得了国际舆论的广泛支持，迫使美国不得不考虑调整对华政策。周恩来在致中共中央并毛泽东的电报中说："四月二十三日的声明已经发生了影响，对于亚非会议取得协议也起了作用。"

4月25日，周恩来在万隆接见美国《民族》周刊记者，再次提议"中、美应该坐下来谈"。他说："解放台湾是中国的内政。中国人民有权提出这个要求，并实行这个要求。至于台湾地区的紧张局势，那是美国干涉造成的。""为了缓和台湾地区的紧张局势，中国和美国应该坐下来谈，解决这个问题。"

万隆会议结束后，1955年4月30日，周恩来回到昆明后致电中共中央并毛泽东，发出《关于出国后在各地商谈台湾问题的报告》。报告说：

"我先后同一些国家领导人谈过十二次。在各次会谈中，我所说明的立场和意见是"："在台湾问题中存在着两个性质不同而又互相关联的问题。中国人民解放台湾是行使自己的主权，争取领土完整和中国的完全统一"。"美国侵占台湾，干涉中国人民解放沿海岛屿，造成了台湾地区的紧张局势。因此，中、美之间的关系是国际性的问题。""由于美国的干涉，台湾地区随时有爆发国际战争的可能。""现在的问题首先是如何和缓和消除台湾地区的紧张局势。""中、美两国应该坐下来谈判。""半月来的外交接触和国际形势的发展，证明美国是需要同中国谈判的。"

5月1日，刘少奇为中共中央起草致周恩来复电："同意你的意见。可暂时等待一下，在你回京后再决定下一步骤。"

周恩来回京后，进一步开展外交活动，争取早日和缓台湾地区紧张局势。从1955年5月12日至20日，他先后六次同专程来访的印度驻联合国首席代表梅农，就和缓台湾地区紧张局势问题进行会谈。12日会谈时，周恩来说：中国从来没有说不同蒋介石谈判。在四月二十三日八国代表团团长会议上，我们说愿意同蒋介石谈判，只是没有公开讲。在适当的时候，我们会公开宣布的。停火是中国中央人民政府同蒋介石集团之间的问题，应该由这两方面直接谈判。这种谈判同中、美之间的国际谈判在性质上是不同的。虽然这两种谈判有联系，但是必须分开。我们对这两种谈判都不拒绝，而是采取主动行动来争取。同美国不是停火问题，而是和缓台湾地区的紧张局势和美国放弃干涉的问题。在19

日会谈时,周恩来强调中、美谈判的关键是美国从台湾和台湾海峡撤走一切武装力量。他说:

> (远东曾经有三个地方:朝鲜、印度支那和台湾有战争)。"现在前两个地方的战争已经停止,但台湾却更紧张。如果要和缓远东的紧张局势,首先就要从台湾地区和缓起。""讨论的中心问题应该是和缓台湾地区的紧张局势,包括通过中、美的谈判,使美国放弃干涉,从台湾和台湾海峡撤走一切武装力量,从而使中国人民可以和平解放台湾"。"和缓紧张局势的步骤和和平收复沿海岛屿都是为了推动谈判。不能解释说,紧张局势和缓后,中国就放弃解放台湾的要求和行动,或者承认美国侵占台湾的合法化和两个中国。"

在周恩来采取的一系列外交活动的推动下,一些友好国家的领导人从中斡旋,呼吁美国政府为缓和台湾地区紧张局势采取实际步骤。1955年7月13日,英国驻华代办欧念儒(这是中文名,英文名是康·道格拉斯·沃尔特·奥尼尔)向周恩来转达了美国政府的口信。口信说:为了有利于进一步讨论和解决我们双方之间目前有所争执的某些其他实际问题,如果你对此赞同的话,我们将指定一个大使级的代表在上述基础上同你们相当级别的代表于互相同意的日期在日内瓦会晤。周恩来表示,中国政府对于美国政府的建议的答复,将通过英国驻华代办处转致美国政府。

15日,周恩来再次接见欧念儒,向他递交中国政府经由英国政府转交美国政府的回文,以及中国政府提出的关于中美两国同意在日内瓦举行大使级会谈的联合公报草稿。中国政府的回文说:

> 美国政府在口信中"所述及的建议是有用的,即中、美在日内瓦的会谈在更有权力的一级进行,以便有助于双方平民回国问题的解决,并有利于进一步讨论和解决我们双方之间目前争执的某些

其他的实际问题。我们将按照这个建议派出大使级的代表同你们的相当级别的代表在日内瓦会晤。"

8月1日,中美大使级会谈在日内瓦开始举行。中方代表为驻波兰大使王炳南,美方代表为驻捷克斯洛伐克大使乌·阿历克西斯·约翰逊。中美两国终于开始了正式的外交接触,尽管中、美谈判是艰难而漫长的,但为争取和平解放台湾创造了一个必要的条件。

"中国人民愿意在可能的条件下,争取用和平的方式解放台湾。"

中、美谈判开始以后,周恩来抓住机遇,进一步开展争取和平解放台湾的工作。1955年7月30日,周恩来遵循中共中央和毛泽东的决策,在全国人大一届二次会议上作《目前国际形势和我国外交政策》的报告,首次公开提出"在可能的条件下,争取用和平的方式解放台湾"。他是这样说的:

"中国人民解放台湾有两种可能的方式,即战争的方式和和平的方式,中国人民愿意在可能的条件下,争取用和平的方式解放台湾。在中国人民解放大陆和沿海岛屿的过程中,不乏和平解放的先例。只要美国不干涉中国的内政,和平解放台湾的可能性将会继续增长。如果可能的话,中国政府愿意和台湾地方的负责当局协商和平解放台湾的具体步骤。应该说明,这是中央政府同地方当局之间的协商。所谓'两个中国'的任何想法和做法,都是中国人民坚决反对的。"

此后,周恩来始终坚持中国人民解放台湾有两种可能的方式,但强调争取用和平的方式解放台湾,提议同蒋介石集团谈判,乃至实行第三次国共合作。1955年12月23日,周恩来在会见香港大学英籍教授布兰敦时说：我们可以同蒋介石谈判和平解放台湾问题。我和蒋介石是老朋友，合作过两次。二十年前我还放了他一次，不是我一个人放的，我是参加放就是了。既然合作过两次，当然还可以合作第三次啰！

从1956年开始，中国进入全面建设社会主义时期，不仅需要和平的国际环境和安定的国内环境，而且需要调动一切积极因素参与建设事业。为此，中共中央相应地调整了对台湾的方针和政策，决定正式宣布争取用和平的方式解放台湾，并且愿意同蒋介石集团实行第三次国共合作。1956年1月30日，周恩来在全国政协二届二次会议上作《政治报告》，正式宣布对台湾的方针和政策。此前，这个报告分别征求了全国政协有关方面人士的意见，并经29日中共中央政治局扩大会议讨论审定。周恩来在报告中宣布：

"中国政府一年来曾经再三指出：除了用战争方式解放台湾以外，还存在着用和平方式解放台湾的可能性"。"凡是愿意回到大陆省亲会友的，都可以回到大陆上来。凡是愿意到大陆参观学习的，也都可以到大陆上来。凡是愿意走和平解放台湾道路的，不管任何人，也不管他们过去犯过多大罪过，中国人民都将宽大对待，不咎既往。""同时号召：台湾同胞和一切从大陆跑到台湾的人员，站到爱国主义旗帜下来，同祖国人民一起，为争取和平解放台湾、实现祖国的完全统一而奋斗！"

周恩来宣布"用和平方式解放台湾的可能性"后，便通过各种渠道请有关人士向台湾当局传话。1956年3月16日，他会见李济深的前卫士长、英国人马坤时，恳切地提出：如果你这次或者以后到了台湾，请你向蒋介石或你的其他朋友转达几句话："首先，你可以向他们说，蒋介石是我们的老朋友，他认识毛主席，也认识我。我们同他合作过两次。最后一次谈判是在南京，那是一九四六年。那次谈判破裂以后，接着就打了三年内战，至今还没有结束。但是，中国共产党人从来没有说，我们永久不再谈判。我们从来没有把和谈的门关死。任何和谈的机会，我们都欢迎，我们是主张和谈的。既然我们主张和谈，我们就不排除任何一个人，只要他赞成和谈。""蒋（介石）还在台湾，枪也在他手里，他可以保持。主要的是使台湾归还祖国，成为祖国的一个组成部分。这就是一件好事。如果他做了这件事，他就可以取得中国人民的谅解和尊重。而这件事也会像你所说的那样载入历史。""中国共产党讲话是算数的，我们说的话是兑现的，我们从不欺骗人。"

听了周恩来这番言辞恳切的话，马坤感动地说："这是多么崇高，多么明确啊！只要蒋介石愿意见我，我一定向他转达这一切。"

在通过有关人士向台湾当局传话的同时，周恩来还进一步考虑同台湾当局谈判和平解放台湾的实际步骤。1956年6月30日，他在全国人大一届三次会议上作《目前国际形势、我们的外交政策和解放台湾问题》的发言，在讲到台湾问题时，明确指出：

> "我代表政府正式表示：我们愿意同台湾当局协商和平解放台湾的具体步骤和条件，并且希望台湾当局在他们认为适当的时机，派遣代表到北京或其他适当的地点，同我们开辟这种商谈。""我愿意在这里再一次宣布，我们对于一切爱国的人们，不论他们参加爱国行列的先后，也不论他们过去犯了多大罪过，都本着'爱国一家'的原则，采取既往不咎的态度，欢迎他们为和平解放台湾建立功勋，并且将按照他们立功大小，给以应当的奖励和适当的安置。""祖国的大门对于所有的爱国分子都是永远敞开着的。任何一个中国人对于祖国统一的神圣事业都有权利和义务做出自己的贡献。"

为了落实通过谈判实现和平统一的具体步骤，周恩来不断地会见有关人士，请他们向台湾当局传递信息。1956年7月13日、16日、19日，先后由邵力子、张治中、屈武、陈毅陪同，周恩来三次会见著名作家、记者曹聚仁。谈话时，曹聚仁问：十几天前你在全国人大会上发言谈到"和平解放台湾"问题，它的票面里有多少实际价值？周恩来回答说：

"和平解放台湾的实际价值和票面价值相符。国民党和共产党合作过两次，第一次合作有国民革命军北伐的成功，第二次合作有抗战的胜利，这都是事实。为什么不可以有第三次合作呢？台湾是内政问题，爱国一家，为什么不可以来合作建设呢？我们对台湾，绝不是招降，而是要彼此商谈。只要政权统一，其他都可以坐下来共同商量安排的。中共说什么，要怎么做，从来不用什么阴谋、玩什么手法的。中共决不做挖墙脚一类的事。"

1956年10月4日，毛泽东会见曹聚仁时指出：如果台湾回归祖国，"一切可以照旧"。台湾只要与美断绝关系归还祖国，其他一切都好办，现在台湾的连理枝是接在美国的，只要改接到大陆来，可以派代表回来参加全国人民代表大会和全国政协委员会。

10月7日，由张治中、邵力子、屈武等陪同，周恩来再次会见并宴请曹聚仁。对曹聚仁询问的如果通过谈判台湾回归祖国后，中央政府如何安排蒋介石等人的问题，周恩来作了明确而具体的回答。他说：蒋介石当然不要做地方长官，将来总要在中央安排。台湾还是他们管，如辞修（陈诚的字——引者注）愿意做台湾地方长官，经国只好让一下做副的。其实，辞修、经国都是想干些事的。辞修如愿到中央，职位当不在傅宜生（傅作义的字——引者注）之下。经国也可以到中央。

周恩来还说：我们现在已不公开宣传反蒋。至于下面小报说几句，我们也管不了。这就是为和平谈判造气氛。我们的手总是伸着的。蒋介石前几天对外国记者说还要我们缴械投降。为了应付美国人，可以说反共的话，这我们完全理解。我们劝他们约束一下，不要派人来搞破坏活动。去年"克什米尔公主号"事件，就是他们收买周驹搞的，弄得名声很不好。今年又想来搞"八大",这样不得人心,将来不好向人民交代。其实,倒不是哪个人怕死。"克什米尔公主号"事件后,我还是去了印尼,以后又到了新加坡,那里还不是有他们的特务吗?蒋先生和经国爱搞这一套,可能是受了英士(陈其美的字——引者注)和"格柏乌"(苏联内务部国家安全局的俄文缩写——引者注)的影响,其实历史证明这一套是不能成功的。我们不破坏他们,希望他们内部团结,不发生内乱,希望台湾整个归还祖国怀抱。他们的一切困难都可以提出,我们是诚意的,我们可以等待,希望他们也拿出诚意来。

周恩来的上述信息,引起了台湾当局的关注。为了进一步摸清中共中央对台政策的底数,1957年春,台湾当局派遣他们的"立法委员"宋宜山(宋希濂的哥哥——引者注)到北京作"实地考察"。周恩来会见宋宜山,并指派李维汉、罗青长就台湾当局关心的一些实质性问题向他交底,阐明中共中央关于和平解放台湾的具体政策。概括来说就是:国共两党对等谈判,实现和平统一;统一后,台湾作为中国管辖下的自治区,实行高度自治;台湾的政务仍归蒋介石领导,中共不派人前往干预,国民党可派人到北京参加全国政务的领导;美国军事力量一定要撤离台湾和台湾海峡,不允许外国干涉中国内政。这就是当时中共中央关于和平解放台湾的具体政策,也是交给台湾当局的底数。应该说,这次交底是明确而具体的。

炮打金门,"直接对蒋,间接对美"。

正当争取和平解放台湾的势头有所进展的时候,1958年夏季以来,国际形势中出现了一些复杂因素。美国政府为转移世界人民对美、英悍然侵略中东而造成的紧张局势的关注,公然支持蒋介石集团对中国大陆沿海地区不断进行骚扰。7月17日,台湾当局以"中东地区当前的爆炸性局势"为由，发布特别戒严令。美国则积极配合，下令驻在太平洋地区的美国第七舰队处于战备状态，对我国进行武力威胁。因此，从1955年4月万隆会议以来，台湾海峡地区保持了三年多的平静局面，被美、蒋制造的这一系列事件打破了。

针对美国政府继续干涉中国内政，妄图制造"两个中国""划峡而治"的阴谋；并且针对蒋介石集团以金门、马祖为基地，不断对我沿海地区进行骚扰的严重挑衅，8月中旬，毛泽东运筹帷幄，作出了炮打金门的战略决策。

炮打金门的目的，既是为了严惩蒋介石集团对大陆的骚扰，支持中东人民的解放斗争；又是为了试探美国侵略中国领土台湾的行径如何。因此，炮打金门的斗争，直接是对着蒋介石集团的，实际上是同美国政府一场军事、政治、外交的较量。

在这场复杂而微妙的斗争中，周恩来协助毛泽东做了大量细致周密的工作。后来，毛泽东1959年9月15日在各民主党派负责人座谈会上说：炮打金门，"每个环节都是我和总理搞的。美国第七舰队护航，杜勒斯战争边缘政策，这样的事不能粗枝大叶，要很准确，很有纪律。"

8月23日，毛泽东下令对金门进行大规模炮击。中国人民解放军福建前线部队于17时30分起，用459门火炮、80余艘舰艇、200多架飞机，从东、北、西三个方面实施联合打击，金门岛立即陷入火海之中，摧毁了大量地面工事和炮兵阵地。

经过十几天的炮击金门，美国政府沉不住气了。9月4日，美国国务卿杜勒斯同总统艾森豪威尔商量后，发表声明提出，要把美国在台湾海峡地区的"防御"范围扩大到金门、马祖等沿海岛屿。但是，他又在备忘录中透露，准备重新考虑对中国的政策：（一）国民党可以自己同中共交战，美国将保护运输；（二）希望中共不会认真打起来；（三）美国不放弃和平谈判的希望。

杜勒斯这篇色厉内荏的声明，暴露了美国政府害怕打仗，对蒋介石集团既不可能帮助"反攻大陆"，也不可能"协防金门"。炮打金门取得了预期的效果。正如周恩来9月6日在最高国务会议上说的："打炮就是试验他，这回试验出来了，杜勒斯这张牌出来了。"

在杜勒斯发表声明的当天，中共中央政治局常委会讨论了炮击金门后的形势。会议认为，美国政府还是怕打仗，不一定敢在金门、马祖同中国较量。炮打金门的目的已经达到了。会议决定，我们现在的方针并不是登陆金门，而是实行毛泽东提出的"绞索政策"，即把台湾当作拉住美国的绞索。9月5日，毛泽东在第十五次最高国务会议上说："它上了我的绞索，美国的脖子吊在我们中国的铁的绞索上面了。台湾也是个绞索，不过要隔得远一点。"

为了回应杜勒斯的声明，全面阐明中国政府关于台湾问题的原则立场，周恩来代表中国政府发表关于台湾海峡地区的声明，指出：

（一）台湾和澎湖列岛自古就是中国的领土；

（二）美国支持盘踞在台湾的蒋介石集团，并直接用武力侵占台湾列岛是干涉中国内政，侵犯中国领土的非法行为；

（三）中国政府完全有权对蒋的骚扰和破坏给予坚决打击和必要的军事行动；

（四）中国人民解放台湾的决心是不可动摇的；

（五）尽管美国以武力侵占了中国的台湾和澎湖列岛，粗暴地破坏了国际关系中最起码的准则，中国政府仍然倡议同美国政府坐下来谈判，谋求台湾地区紧张局势的和缓和消除。

（六）中国和美国在台湾海峡地区的国际争端和中国人民解放自己领土的内政问题是性质完全不同的两件事，中国人民完全有权采取一切适当的方法，在适当的时候，解放自己的领土，不容许任何外国干涉。

9月9日，毛泽东召集刘少奇、周恩来、邓小平等人开会，研究中国政府关于缓和台湾海峡地区紧张局势的方案。鉴于对美国在台湾问题的底数已经摸清，中共中央决定采取"边打边谈"的方针，即继续炮打金门，同时恢复中、美大使级谈判，并提出同台湾当局开展谈判。

为贯彻落实"边打边谈"的方针，9月10日，周恩来会见曹聚仁，请他第二天返回香港后以最快办法转告台湾当局：为了宽大并给予蒋方面子，我们准备以7天的期限，准其在此期间由蒋军舰只运送粮食、弹药和药品至金门、马祖，但前提条件是决不能由美国飞机和军舰护航，否则我们一定要向蒋军舰只开炮。内政问题应该自己来谈判解决。可以告诉台方，应该胆量大点，学学西哈努克的做法。美国可以公开同我们谈，为什么国共两党不能再来一次公开谈判呢？周恩来这次托曹聚仁向台湾当局传话，体现了中共争取和平解放台湾的一贯主张，即使在炮打金门期间也没有丝毫的动摇和改变。

迫于国际形势和世界舆论的压力，美国政府于1958年9月15日同意恢复从1957年12月12日起中断的中美大使级会谈。在会谈开始前，毛泽东致信周恩来，提出我方的谈判原则是："华沙谈判，三四天或者一周以内，实行侦察战，不要和盘托出。彼方亦似不会和盘托出，先要对我们进行侦察。"当天，周恩来复信毛泽东，说已告王炳南，"先与美方周旋，逼其先我露底"。事态的发展确如毛泽东、周恩来预料的那样。在第一次会谈时，美方不拿出方案，只提出先停火，再讨论具体措施的建议。而我方代表为抓紧时机，在休会后就在会上提出双方停止敌对行动的五条方案。这就使得美方错误地认为中方急于达成协议，因而要求台湾地区立即停火，并扬言美国不能容忍"盟友的领土"被武力侵犯。

为扭转这种被动局面，周恩来于9月17日致信毛泽东，主动承担责任，并要求我方代表在下一步谈判时，对美方"应该采取积极进攻的方针"：在"美方不正面回答我方提案而继续主张停火的情况下，立即提出要求美国从台湾、澎湖列岛和台湾海峡撤出它的一切武装力量，停止向中国领海、领空的一切军事挑衅和干涉中国内政的行为，以和缓和消除台湾海峡的紧张局势的反建议"。这个反建议确定了我方谈判的根本原则，划清了美国妄图通过谈判混淆中、美之间的国际矛盾和国、共之间的内政矛盾的界限。

为落实这个反建议而提出具体措施，9月18日，周恩来在与陈云、彭真等同志研讨后致信毛泽东。信中说：

> 针对美国的停火要求，我们应该从各方面扩大要求美军停止挑衅和从台湾、台湾海峡撤退的活动。具体办法商定如下：（一）准备一个驳斥杜勒斯联大演说的外长声明；（二）声明发表后，动员各地报纸、各党派、各人民团体广泛响应；（三）将我们的斗争策略分告苏联代办和刘晓转告赫鲁晓夫和葛罗米柯，以便苏联和兄弟国家配合我们行动；（四）以我名义致电西哈努克，感谢他支持我们，向他解释美国所谓的停火的阴谋，说明我国收复沿海岛屿的决心和解放台湾的神圣权利，这些不容美国干涉；（五）将上述同样的内容以外交备忘录形式递交社会主义国家、亚非和北欧国家政府，唤起它们注意。

9月19日，周恩来收到毛泽东的复信："十八日夜来信收到，极好，有了主动了。读完很高兴。即照办。""我们这种新方针、新策略是主动的、攻势的和有理的。高屋建瓴，势如破竹，是我们外交斗争的必需形态。"

为了配合中、美谈判，福建前线指挥部决定采取三项措施：（一）继续进行炮打；（二）实施对金门轰炸，增大压力；（三）采取陆、空、炮联合攻击，全面开花。周恩来看到这个报告后，提出了纠正的意见。9月22日，他致信毛泽东："我连日想了想，觉得在目前形势下对金门作战方针，仍以打而不登，断而不死，使敌昼夜惊慌，不得安宁为妥。

海、空、炮联合作战确不易配合很好，且有触及美舰、美空军的可能。我实施对金门轰炸更不适宜，因这样做，恰好给蒋介石空军以轰炸我大陆的机会。"

当天，毛泽东复信周恩来："对金门作战方针问题上的批语是很好的，即照此办理，使我们完全立于不败之地，完全立于主动地位"。周恩来提出并为毛泽东首肯的"打而不登，断而不死"的方针，成为后来炮打金门所坚持的作战方针。

对于美国在台湾海峡的军事挑衅，越来越受到国内外舆论的谴责和反对，美国政府不得不调整对台湾问题的政策。9月30日，杜勒斯在答记者问中，一面重申美国在台湾问题上所持的国共"双方放弃武力"的立场；一面声称美国没有保卫沿海岛屿的任何法律义务，我们不想承担任何这种义务。今后我要说，如果美国认为放弃这些岛屿，不会对可能的保卫福摩萨（指台湾——引者注）和条约地区的工作产生任何不利的影响，我们就不会考虑在那里使用部队。杜勒斯还批评蒋介石的国民政府反攻大陆是一个"假设成分很大"的计划，认为"只靠他们自己的力量，他们是不会回到那里去的"。当有记者问到美国的对台政策是否会有所改变时，杜勒斯说："如果我们必须应付的局势改变了，我们的政策也会随之改变。"杜勒斯这个声明暴露了美国政府企图以放弃金门、马祖等沿海岛屿换取长期霸占台湾和台湾海峡的野心，并蓄谋制造"两个中国""划峡而治"。

10月3日和4日，中共中央政治局常委连续两天开会讨论杜勒斯的这个声明。周恩来在会上说：

"杜勒斯的谈话，表明美国想趁目前这个机会制造'两个中国'，要我们承担不用武力解放台湾的义务。以此为条件，美国可能要台湾放弃所谓'反攻大陆'的计划，并从金门、马祖撤退。杜勒斯这个政策，一句话就是以金、马换台、澎。这同我们最近在华沙中、美大使级会谈中侦察美方底牌的情况是一致的。美方在会谈中说的甚至比杜勒斯更露骨。"

毛泽东在会上指出：侦察任务已经完成，问题是下一步棋怎么走。可以设想，让金、马留在蒋介石手里如何？这样做的好处是，金、马离大陆很近，我们可以通过这里同国民党保持接触，什么时候需要就什么时候打炮，什么时候需要紧张一点就把绞索拉紧一点，什么时候需要缓和一下就把绞索放松一下，可以作为对付美国人的一个手段。毛泽东最后说：方针已定，还是打而不登，断而不死，让蒋介石留在金、马。但我们宣传上仍要大张旗鼓，坚持台湾问题是中国内政，向金、马打炮是中国内战的继续，任何外国和国际组织都不能干涉；美国在台驻扎陆、空军是侵犯中国领土、主权，美舰云集台湾海峡是蓄意制造紧张局势，都必须完全撤退；反对美国制造"两个中国"，反对美国霸占台湾合法化。

与会同志同意毛泽东的这个设想，让蒋介石继续留在金、马，使美国当局背上这个包袱。

在美、蒋矛盾面前，中共中央以民族大义为重，实行"联蒋抵美"的政策。在炮打金门期间，毛泽东、周恩来曾请章士钊写信给蒋介石，把"联蒋抵美"方针转告台湾当局，与其台湾被美侵占，不如给蒋看管。台湾当局心领神会，婉拒美国提出从金门、马祖撤军的要求。

1958年10月5日和14日，周恩来先后两次会见苏联驻华使馆临时代办安东诺夫，说明中共中央改为"台、澎、金、马一揽子解决"的目的是，"不能让美国换得一个冻结台湾海峡的局面"。周恩来说：

"我们这一方针简单说来就是，要使台湾、澎湖、金门、马祖仍留在蒋手里，不使之完全落到美国手里。清朝统治阶级的方针是，'宁予外人，不给家奴'。""因此，在这个问题上，我们和蒋介石找到了共同点，可以联合起来，一致反对美国。"

为揭穿美国政府的"停火"阴谋，扩大美、蒋之间的矛盾，中共中央决定从 10 月 6 日起停止炮打 7 天，允许蒋军自由地运输供应品，但要以没有美军护航为条件。当天，《人民日报》刊载毛泽东起草的，以国防部部长彭德怀名义发表的《告台湾同胞书》，明确而有力地指出：

"我们都是中国人。三十六计，和为上计。金门战斗，属于惩罚性质。"

"台、澎、金、马是中国领土，这一点你们是同意的，见之于你们领导人的文告，确实不是美国人的领土。台、澎、金、马是中国的一部分，不是另一个国家。世界上只有一个中国，没有两个中国。这一点，也是你们同意的，见之于你们领导人的文告。你们领导人与美国人订立军事协定，是片面的，我们不承认，应予废除。美国人总有一天肯定要抛弃你们的。你们不信吗？历史巨人会要出来作证明的。杜勒斯九月三十日的谈话，端倪已见。站在你们的地位，能不寒心？归根结底，美帝国主义是我们的共同敌人。"

"你们与我们之间的战争，三十年了，尚未结束，这是不好的。建议举行谈判，实行和平解决。这一点，周恩来总理在几年前已经告诉你们了。这是中国内部贵我两方有关的问题，不是中美两方有关的问题。美国侵占台澎与台湾海峡，这是中美两方有关的问题，应当由两国举行谈判解决。目前正在华沙举行。美国人总是要走的，不走是不行的。早走于美国有利，因为它可以取得主动。迟走不利，因为它老是被动。一个东太平洋国家，为什么跑到西太平洋来了呢？西太平洋是西太平洋人的西太平洋，正如东太平洋是东太平洋人的东太平洋一样。这一点是常识，美国人应当懂得。中华人民共和国与美国之间并无战争，无所谓停火。无火而谈停火，岂非笑话？台湾的朋友们，我们之间是有战火的，应当停止，并予熄灭。这就需要谈判。当然，再打三十年，也不是什么了不起的大事，但是究竟以早日和平解决较为妥善。"

毛泽东这篇震撼世界的重要文告，打碎了美国政府纠缠的"停火"阴谋，进一步扩大了美、蒋之间的矛盾。

20天后，10月25日，毛泽东再次以彭德怀的名义，发表《中华人民共和国国防部再告台湾同胞书》，指出：

"中国人的事只能由我们中国人自己解决。一时难于解决，可以从长商议"。"我们两党间的事情很好办"。"化敌为友，此其时矣。""世界上只有一个中国，没有两个中国。这一点我们是一致的。美国人强迫制造两个中国的伎俩，全中国人民，包括你们和海外侨胞在内，是绝对不容许其实现的。现在这个时代，是一个充满希望的时代。一切爱国者都有出路，不要怕什么帝国主义者"。

在炮打金门的过程中，中国政府与蒋介石集团之间在反对美国的问题上找到了共同点，进一步推动了周恩来早在1956年就开始倡导的和平统一祖国的事业，向台湾当局提出了一些新的重要意见和主张。

1958年10月13日，周恩来陪同毛泽东会见曹聚仁。毛泽东说：只要蒋氏父子能抵制美国，我们可以同他合作。我们赞成蒋保住金门、马祖的方针，如果蒋介石撤退金门、马祖，大势已去，人心动摇，很可能垮。只要不同美国搞在一起，台、澎、金、马要整个回来，金、马部队不要起义。毛泽东还说：台湾如果回归祖国，照他们自己的方式生活。美国不要蒋时，蒋可以来大陆，来了就是大贡献，就是美国的失败。关于军队问题，毛泽东表示：可以保存，我不压迫他裁军，不要他简政，让他搞三民主义。

在会见时，周恩来说：美国企图以金门、马祖换台湾、澎湖，我们根本不同它谈。台湾抗美就是立功。希望台湾的小三角（指蒋介石、陈诚、蒋经国——引者注）团结起来，最好是一个当总统，一个当行政院长,一个将来当副院长。

为了向台湾当局传话,随后,周恩来频频会见有关人士。10月14日,他会见章士钊;15日,先后会见曹聚仁和章士钊;17日,又会见曹聚仁。通过周恩来一系列艰苦、细致的工作,毛泽东的《告台湾同胞书》发表后,台湾海峡的紧张局势逐渐平息下来,并且保持了相当长时间的平静状态。

周恩来概括提出"四纲一目"方案,召唤:"寥廓海天,不归何待!"

进入20世纪60年代,美国开始调整对华政策,一面设法增加同中国大陆的接触,寻求新的出路;一面继续对台湾当局施压,推行"两个中国"的政策。这种局面有利于中共中央争取和平解放台湾工作的开展。周恩来亲自领导了争取蒋氏父子和陈诚等台湾高级官员的工作,通过各条渠道,采取各种办法,把中共中央以民族大义为重的诚意和对台湾问题的方针、政策,及时地如实地传递给台湾当局。

周恩来曾经多次委托对台湾当局很有影响的张治中、傅作义等原国民党高级将领,致信蒋氏和陈诚。1960年1月3日,周恩来在同张治中、傅作义等共进午餐时谈到台湾问题。他说:写给陈诚的信,可说相信陈不会将台湾交给美国,水到渠成,要陈因势利导,和蒋氏父子团结一致,美就难钻空子。信中要晓以大义,陈以利害,动以感情。我们寄予希望。将来他们必然回来,回来必须有安排,这是必然性。

3月30日,周恩来对章士钊说:台湾是拖的局面,美国的"两个中国"搞不通,但是它还是要搞,因为它再也想不出更好的办法。

针对美国制造"两个中国"的政策,5月22日,在中共中央政治局常委会上,周恩来和毛泽东研讨了这个问题。会议决定中共中央对台湾问题的总方针是：台湾宁可放在蒋氏父子手里，也不能落到美国人手中。中央认为，对蒋我们可以等待，解放台湾的任务不一定要我们这一代完成，可以留交下一代去做。要蒋现在过来也有困难，问题是要有这个想法，逐步地创造些条件，一旦时机成熟，就好办了。

为把中共中央的对台政策及时传递给台湾当局，5月24日，也就是中共中央政治局常委会议后的第二天，周恩来会见张治中等民主人士，并请张致信蒋介石，要求信一定要送到蒋氏父子手中。周恩来说：我们的对台政策是：台湾宁可放在蒋氏父子手里，也不能落到美国人手中。台湾必须统一于中国。具体是：

（一）台湾回归祖国后，除外交必须统一于中央外，所有军政大权、人事安排等悉委于蒋，陈诚、蒋经国亦悉由蒋意重用；（二）所有军政及建设经费不足之数悉由中央拨付；（三）台湾的社会改革可以从缓，必须条件成熟并征得蒋之同意后进行；（四）互约不派特务，不做破坏对方团结之事。

周恩来的这次谈话，总括了毛泽东和中共中央对台政策的内容，并且加以系统化和具体化，包括了后来进一步概括提出的"一纲四目"的基本内容。

1960年7月17日，章士钊即将赴香港向台湾当局转达中共中央关于国共和谈的信息，临行前，周恩来在北戴河同他谈话时指出：

如谈时，可以将以下意思透露过去：蒋目前的关键问题是名和利。利的问题，只要把台湾归还祖国，国家是可以补助的。名的问题，当然不只在台湾，而在全国。荣誉职位很多，可以解决的，中共自有善处。既有台湾之实（权利），又有全国之名，不比只做台湾一个小头目而且美国迟早要换掉更好吗？但蒋大概是要等到同美国的矛盾要爆发时才会选择的。美蒋的矛盾总是要爆发的。

在章士钊提到给台湾当局写信的问题时，周恩来回答说："他们如果要求的话,可以写,但要经交通送来商量。"

为了坚持反对美国制造的"两个中国"等谬论,1961年6月7日,周恩来在同傅作义等谈台湾的前途和祖国统一问题时,强调指出:

必须警惕帝国主义染指或颠覆台湾,台湾当局应当"预为之计,防微杜渐"。我们的态度是一定要解放台湾,但时间上可以等待,只要台湾当局一天能守住台湾,不使它从中国分裂出去,那么我们就不改变目前对待他们的关系,希望他们不要过这条界。我们可以耐心等待国民党在有利时机下把台湾归还祖国,实现国共第三次合作。但当务之急要坚持反对"两个中国""半个中国""台湾独立"和"国际托管"等谬论,对此绝无商量的余地。如果台湾当局觉悟了、下了决心,只要发表一份声明:台湾是中国的,中国的事中国人自己解决。我们一定立即维护和支持他们。

在这次谈话时,周恩来还对如何建立两岸交流渠道的问题,提出了意见。

美国政府在金门、马祖是否撤军的问题上挑拨蒋氏父子和陈诚的关系,决定邀请陈诚访美。在金、马撤军问题上,蒋氏父子和陈诚存在矛盾。金、马的国民党守军有11万人,占当时国民党军队总数的三分之一,而金、马守军大多数是陈诚的旧部。陈诚为了保存自己的势力,主张从金、马撤军。这正好符合美国政府"舍金、马,换台、澎"的要求。为此,美国政府玩弄"拉陈抑蒋"的手法。

周恩来得知这种情形后,就抓紧做加强台湾当局内部团结的工作。周恩来认为,陈诚"还有一些民族气节,看来不会被美国牵着鼻子走"。"这点说法是我们寄厚望于辞修的原因"。陈诚访美前,周恩来托人转告他:我们和台湾也有共同点,那就是民族精神。为了不使美国的阴谋得逞,台湾当局首先应该团结内部,也就是蒋氏父子和陈诚的团结,因为只有他们几个在台湾还有些力量。只要他们团结起来,把军队抓在手里，美国就不敢轻举妄动。这点是很重要的。周恩来的这番话充分体现了以民族大义为重的精神。章士钊就曾经说过："现在真正支持蒋介石的是北京。"

1961年7月31日至8月2日，陈诚访美，并同美国总统肯尼迪会谈。为了拉拢陈诚，美国国务院将1955年以来中、美大使级会谈的记录拿给他看。看后，陈诚对人说："中共拒绝美国一切建议，而坚持美舰队及武装力量退出台湾的做法，不受奸诈，不图近利，是泱泱大国风度。"

为利用美国政府和台湾当局之间的矛盾，周恩来坚持不懈地抓紧争取和平统一祖国的工作。1963年1月4日，周恩来请张治中、傅作义致陈诚的信发出。信中阐明今日反对台湾者并非中共实为美国，而支持台湾者并非美国实为中共。信中强调：今日台湾问题之首要关键，在于促成国共第三次合作，使台湾归回祖国。信中转达了中共中央关于台湾问题的方针和政策，这就是毛泽东提出并由周恩来概括的"一纲四目"。用信中的话说：

"一纲"是：

"只要台湾归还祖国，其他一切问题悉尊重总裁（指蒋介石——引者注）意见妥善处理。"

"四目"是：

（一）台湾归回祖国后，除外交必须统一于中央外，所有军政大权、人事安排等悉由总裁与兄全权处理；（二）所有军政及建设费用不足之数，悉由中央拨付；（三）台湾之社会改革可以从缓，必须条件成熟，并尊重总裁与兄意见协商决定，然后进行；（四）双方互约不派人进行破坏对方团结之事。

这封以"一纲四目"著称的信，经周恩来修改后，还送中共中央政治局常委传阅过。周恩来还曾在张治中写给蒋介石、陈诚的信中，归纳了四句话:"局促东隅,三位一体,寥廓海天,不归何待。"

随后不久,周恩来又请有关人士转告陈诚:台湾归还祖国以后,可以行使更大的自治权利,除外交以外,军队、人事均可由台湾朋友自己来管。台湾的经济建设完全可以依赖内援,凡仰仗于外者,都可仰仗于内,和祖国大陆互通有无,财政、资金不敷者统由国内供给。要实行民主改革,但可以从缓。整个是社会主义,有那么一块地方是民主革命阶段未尝不可,互相不搞颠覆破坏工作。周恩来还特地说明:过去送去的信件虽然是一些朋友个人写的,但政府是支持的。我们个人在政府中担负的工作可以变更,但对台政策是不会改变的。

为了进一步粉碎美国政府策划把台湾变成一个独立政治单位的图谋,周恩来根据新的情况,继续委托有关人士传话给陈诚和台湾当局。1963年7月,周恩来获悉陈诚提出辞职的信息后,9月7日约见张治中、傅作义。周恩来分析陈诚辞职不外三个原因:美国压力、内部矛盾或真的有病。他指出:"不管台湾形势如何,我们的政策只要老小合作。"

12月7日,周恩来出访亚非十四国期间绕道飞抵广州,会见即将赴台的有关人士,请他转告陈诚和台湾当局:

> 美国正采取更多的行动,要把台湾变成一个独立政治单位。而国共两党可以在反对"两个中国"问题上形成统一战线。我们不会因自己强大而不理台湾,也不会因有困难而拿原则做交易。如果单从我们方面看,台湾归还祖国固然好,即使暂缺那也无损于祖国的强大地位。我们是从民族大义出发,是从祖国统一大业考虑。今天祖国的四周边界问题已解决,唯独东南一隅尚未完满,这个统一大业应该共同来完成。

从60年代以来,周恩来代表中共中央表达的和平解决台湾问题的诚意,提出的"一纲四目"和平统一祖国的具体方案,对台湾当局产生了深远影响。台湾当局人士表示：只要一息尚存，决不会接受"两个中国"。

1965年3月，陈诚病逝。临终前，他向蒋介石进言：对中共不能反潮流；不能为外国动用台湾兵力；不能信任美国；不能受日本愚弄。在陈诚的遗言中，国民党右派想要加上"反共反攻"的内容。但是，陈诚夫人不同意。她去找蒋介石，蒋介石也不同意修改。这种情况说明，周恩来代表中共中央所做的争取工作是有成效的。正如曾任总理办公室主任的童小鹏所著《风雨四十年》一书中说的：

"我们通过有关渠道反馈回来的信息谈到，陈诚要周恩来、张治中相信他的人格，他不会违背民族大义。遗书发表后，周恩来在政协高级民主人士的会议上讲了这个问题，谈到从陈的遗嘱看，这是我们近四年对台通气、工作、传话、传信的结果，说明我们的工作有效果、有影响。"

"我们这辈子如看不到解放台湾，下一代或再下一代总会看到的。"

周恩来根据自己长期领导对台工作的经验，认为争取台湾回归祖国，实现和平统一，必须长期进行艰苦、细致的工作，不能急于求成。1965年8月31日，他在谈到台湾问题时指出：

对台工作急是无用的，今后可能会拖下去。我们这辈子如看不到解放台湾，下一代或再下一代总会看到的。我们只要播好种，把路开对了就行。

事态的发展确如周恩来所预料的那样。1966年5月，"文化大革命"这场内乱爆发后，对台工作也受到严重的干扰和破坏。

首先，参与对台工作的领导干部罗瑞卿、杨尚昆被"打倒"，徐冰、孔原"靠边站",罗青长被"批斗",致使对台工作一度处于停顿状态。1967年初,为了工作方便,周恩来要求对台工作办公室搬到国务院内办公,林彪、"四人帮"竟诬陷其为设在中南海的"特务据点",被迫搬了出去。

其次,林彪、"四人帮"企图通过造反派夺权来夺取对台工作的机密文件。遵照周恩来的指示,时任中央办公厅副主任的童小鹏,把部分核心机密文件和廖承志家保存的对外机密文件,转移到中办来保存。周恩来还派人前去制止中央调查部的造反派冲击档案室。徐冰保存的部分对台工作文件,在中央统战部造反派抢夺档案时,他的秘书机警地转移到安全地方。由于周恩来关照保存好对台工作的文件、档案,中共中央向台湾当局的传信、传话等机密文件,没有发生泄密现象。台湾当局有关人士原有的担心才放下心来。

再次,林彪、"四人帮"煽动红卫兵以"破四旧"为名,破坏南京中山陵,并要把南京新街口的孙中山铜像扳倒。周恩来得知后,指示童小鹏给中共江苏省委书记彭冲打电话:要直接对红卫兵做说服工作,孙中山是革命先行者,"五一""十一"天安门广场还挂他的像,不准扳倒。中共江苏省为防止破坏,把孙中山铜像秘密转移到安全地方保护起来。当周恩来得知红卫兵要对浙江奉化溪口蒋介石母亲和蒋的毛夫人(即蒋经国的母亲,抗战时被日机炸死)的墓地进行破坏的消息时,指示童小鹏给中共浙江省委书记江华打电话,要对红卫兵做说服工作,说明中国人历来对"挖祖坟"的事是最不得人心的,我们不能这样做。大多数红卫兵同意不破坏,但少数直接受江青指挥的造反派仍偷偷地搞破坏。后来,周恩来指示浙江省委派人修好,将修好后的墓地照片送北京。他还请章士钊将照片带到香港转交蒋介石。章士钊对蒋介石传话说:"溪口花草无恙,奉化庐墓依然。"

20世纪70年代初,随着中、美关系开始走向正常化,毛泽东提出

"促蒋和谈"的指示，周恩来继续开展对台工作。1972年2月，周恩来和尼克松分别代表中美双方在上海签署《联合公报》，美国承认"只有一个中国"，并确认最终从台湾撤出它的全部军队和军事设施。关于中、美会谈，尼克松访华等信息，中共中央事先都通过有关渠道通知台湾当局，并且晓以民族大义，声明利害关系，争取实现第三次国共合作，完成祖国统一大业。

在这段时间里，周恩来还提出：寄希望于台湾当局，更寄希望于台湾人民。除了继续对台湾上层人士进行工作外，还对台湾人民群众做了很多工作。中美、中日关系正常化后，从美国、日本、台湾来访的台湾同胞增多了，周恩来先后会见过七八批来访的台湾同胞。

有一次，周恩来接见在美国留学的台湾青年时说：台湾是一定会回归祖国的。我们的工作为后人开辟一条道路，不能急。"瓜熟蒂落，水到渠成"。1973年，周恩来在人民大会堂接见台湾同胞，亲切交谈了五六个小时，耐心听取他们谈情况，谈看法。有人问："什么时候解放台湾？"周恩来回答说："台湾是一定要统一的。我可能看不到，希望寄托在你们身上！"

在周恩来的直接关照下，人民大会堂设立了台湾厅。1972年8月，周恩来提出，要邀请在京的台湾同胞参加台湾厅的布置工作。后来，他发现台湾厅太小，又指示换另一个厅改成台湾厅。周恩来对海外归来的台湾同胞说：把那个比较大的厅改成台湾厅，让台湾同胞用，这是有意义的。有些台湾同胞对台湾厅内的陈设布置提出了一些意见，周恩来指示组织一个班子研究修改，直到他病重时，还审定批准修改方案。

周恩来在重病缠身期间，仍然情怀台湾同胞，心系祖国统一。1975年9月4日，他看到9月3日的《参考消息》转载香港《七十年代》编辑部专稿《访蒋经国旧部蔡省三》一文。这篇文章分析了当年4月蒋介石去世后的台湾局势，介绍蒋经国的经历及其他情况。周恩来在这份《参考消息》上批示：请罗青长、钱嘉东找王昆仑、屈武等对有关蔡省三的材料"进行分析"，"弄清真相"。最后，周恩来用颤抖的手写下"托托托托"四个字。这个批示不仅是对这一件事做最后交代，而且是将他毕生致力于而又未竟的祖国统一大业托付给后人。因此，这4个"托"字充分体现了周恩来对台湾回归、和平统一的一片难以忘怀的真情。

1975年12月20日上午，周恩来在弥留之际约见罗青长，谈对台湾工作的问题。他强忍病痛的折磨，对罗青长说：

"我请你来就是要想谈一下台湾的问题，对于过去帮助过我们的朋友后会有期，你们做对台工作的人千万要记住，对于帮助过我们的老朋友，一定要记住他，不要忘记他。"

周恩来谈着谈着，声音渐渐低落下去，眼睛也慢慢闭上了。罗青长急忙劝他休息一会儿，可是他仍顽强地挣扎起来，喝了几口水，又继续谈下去。他嘱咐罗青长，一定要设法关注张学良。他还问道："蒋介石死后，蒋经国会怎样？要深入细致地研究台湾问题。"谈到这里，病魔再次折磨得周恩来说不出话来，他疲倦地闭上双眼。稍歇一会儿，他又强打精神对罗青长说："我休息十分钟，你等一等，我们再继续谈。"可是，这以后，周恩来就昏迷过去了。周恩来在生命的最后时刻说的这番感人至深的话，离他辞世只有19天，而他仍然念念不忘台湾的老朋友，念念不忘祖国统一大业。

1976年1月8日，周恩来与世长辞，举国悲痛。14日晚，邓颖超按照周恩来生前怀念台湾同胞的心情，在他生前所在党支部同志的陪伴下，将周恩来的骨灰盒移送到人民大会堂台湾厅，暂时安放。对这个寓意深长的举动，罗青长在2001年1月31日《人民日报》上发表的《伤心最是一月八》一文中这样写道：

"邓大姐不愧是周总理相濡以沫的知己，她知道总理走时最放心不下的就是台湾问题，她想让总理在这里（指人民大会堂台湾厅——引者注）歇歇脚。我自1952年起即担任中央对台领导小组办公室主任，长期在周总理领导下分管对台工作。我知道人民大会堂台湾厅就是在周总理的亲自提议下设置的，厅内的一切摆设都是按照他的安排摆放的。其中墙壁上那幅郑成功的画像，是他吩咐我到故宫博物院向国家文物管理局局长王冶秋同志调来的，他同时嘱咐我复制一幅，通过关系赠送给蒋介石父子。由此可见，总理用心之良苦。总理在病重期间，最牵挂的也是台湾问题。"

为了实现台湾回归，完成祖国统一大业，周恩来真正做到了鞠躬尽瘁，死而后已。

难以预料的风云变幻

——从"大跃进"到庐山会议的岁月

1958年8月,在北戴河召开的中共中央政治局扩大会议,进一步把中国经济建设推向"左"的误区。会后,在全国范围内掀起了"大跃进"和人民公社化运动的高潮,以高指标、瞎指挥、强迫命令、浮夸风、"共产风"为主要标志的"左"倾错误严重地泛滥开来。

会后两个月,毛泽东和中央其他领导同志开始发现"大跃进"和公社化运动中的某些错误。在高举总路线、"大跃进"和人民公社"三面红旗"的前提下,为纠正已经觉察到的工作中的错误,毛泽东多次主持召开有关会议,制定一系列方针、政策,采取了许多具体措施。但是,"大跃进"和人民公社化运动中的问题越来越严重,如果不及时调整政策,解决高指标等弊端,平衡失调的比例关系,将给国民经济造成更加严重的后果。

面对这种日益严峻的形势,为了进一步总结1958年以来的经验教训,纠正具体工作中"左"的错误,调整和落实工农业生产指标,更好地实现1959年继续跃进,中共中央决定1959年7月初在庐山召开中央政治局扩大会议。这是召开庐山会议的本意和初衷。但是,风云突变,从会议前期纠"左",急转直下为会议后期反右倾,形成了一场极其错误的党内斗争,造成了影响深远的严重后果。这是周恩来始料不及的。

面对全面大跃进已成定局，周恩来感到"指标定得过高，可能在以后出现大的'马鞍形'"。

随着错误批判反冒进的不断升温，在全国范围内兴起的"大跃进"浪潮日益高涨。尽管周恩来遭受反反冒进的不公正对待，但仍然一如既往，全身心投入到各项繁重的国务工作中去。对于这场严重违反客观经济规律的"大跃进"，他同许多怀着善良愿望的人们一样，对它寄予莫大期望，但对它的后果却是没有料到的。

1958年5月25日，周恩来在中共八大二次会议上说："处在这个伟大的时代，只要是一个真正革命者，就不能不为这种共产主义的豪情壮举所激动，也就不能不衷心地承认党中央和毛主席的建设路线的正确。"

7月10日，他在广州省、市直属机关科以上干部会上讲话时，曾经袒露自己当时的心情。他说："人民的力量组织起来、发动起来以后，这个速度、广度、深度，许多都是我们没有料到的。""没有人民的创造性的劳动，没有冲天的干劲，那我们也不可能有这样的思想出现。"

周恩来的这种心情是真实的，也是可以理解的。正如邓小平1980年4月1日所指出的："毛泽东同志头脑发热，我们不发热？刘少奇同志、周恩来同志和我都没有反对，陈云同志没有说话。"

但是，即使在这种情势下，周恩来凭他那丰富的阅历，对"大跃进"中那些不切实际的高指标和浮夸风，从一开始就感到担心。早在1958年3月16日成都会议期间，他曾抽空参观附近的友谊农业社，这个社提出的生产计划指标很高。3月29日，周恩来在会见波兰政府代表团时颇有感触地说："当时，我不敢相信。""计划是经过全体社员讨论通过的,所以我不能泼冷水,而只能向他们表示祝贺,并说,如果在执行中有困难,我们上面帮助解决。"还有一次,周恩来陪同外宾参观了一块挂牌亩产10万斤的"卫星田",田块上空电灯通明,四周旁边用鼓风机通风,实际上是把几十亩快成熟的稻子移到田地里。他看后心情沉重,因有外宾在场,没有直接批评。

周恩来为了全面了解"大跃进"的形势,决心深入农村、工厂调查研究,掌握第一手材料,做到心中有数。从1958年6月30日至7月21日,他先后在广东、上海、河南的农村、工厂生产第一线,实地了解工农业生产的真实情况。

通过这次调查研究,对于"大跃进"出现的一派热气腾腾的景象,周恩来一则以喜,但愿充分调动人民群众的积极性,突破中国经济建设的常规,创造出人间奇迹;又一则以忧,看到"大跃进"中出现的高指标、浮夸风等日益泛滥的情况,心情沉重,担心造成严重的后果。

这时,"大跃进"中出现的日益严重的高指标、浮夸风,使中央领导同志对于我国工农业生产发展的实际状况作出了错误的判断,从而作出了两项错误的决策。一项是,推动农村生产关系的变革,急于向"一大、二公、三纯"的更高级所有制形式过渡。从七月开始,逐渐出现并高级社和转办公社的热潮。对于农村发生的这种变化,毛泽东认为:"就是因为农民苦得不得了。我们有七十万个合作社,地少、人少,不利于搞大规模生产,也不容易搞综合性生产。这样做可以解放生产力。"另一项是,误以为粮食吃不了,中国的农业问题解决了,工作重点要转到工业生产首先是钢铁生产上来,提出"以钢为纲"、大炼钢铁的口号。6月19日,毛泽东根据冶金部报告的1958年钢铁生产预计可能达到900万吨本来就过高的指标,提出:"索性翻一番,可不可以呀?搞一千零七十万吨。"毛泽东是作为问题提出来征求意见的,而冶金部却立刻根据这个要求部署工作。当时已过了半年,钢产量仅完成原订全年生产指标的27%。

为了研究以上两个方面的新情况，部署以上两项新任务，中共中央决定在北戴河召开政治局扩大会议。为准备和参加这次会议，周恩来中断在外地视察，赶回北京。回京后，他起草了一份《汇报提纲》。这是为即将召开的北戴河会议而撰写的文件之一。《汇报提纲》认为，1958年的经济形势很好，整个国民经济的全面大跃进已成定局。同时，《汇报提纲》针对高指标问题强调"应该做适当的调整"。《汇报提纲》指出：

> "我们对于各大协作区提出的指标进行了初步的综合研究，从全局考虑，感到有一些指标定得高了一些，有不少缺口难以解决。有些地区由于时间短促，对综合平衡和具体措施研究得不够。"
> "建议的指标定得过高，可能在以后出现大的'马鞍形'，对国民经济的发展将会带来不利的影响。因此，我们认为对各大区提出的指标应该做适当的调整。"

《汇报提纲》还提出几个需要进一步研究确定的方针性问题：

（一）关于第二个五年计划分作两段安排的问题。"我们必须利用目前有利的时机，苦战三年，争取时间，做到我们经过努力而能做到的事情。""分作两段安排，还因为有许多未知的因素一时难以预料。前三年我们可以边建边看，把情况和问题摸透，以后再安排后两年的计划就较有把握"。

（二）关于工业布局的问题。充分利用沿海工业基地，积极建设内地的工业。"应该同时并举，既要争取高速度，又要合理布局"。

（三）关于重点带一般的问题。"第二个五年计划的前三年，在经济建设上必须抓住重点——三个'元帅'（指钢铁、机械、粮食——引者注）和两个'先行'（指电力、铁路——引者注），这些是整个国民经济的纲。纲举目张，其他方面也就被带动起来了。决不能不分轻重缓急,齐头并进。"

（四）关于体制改革的问题。为了进一步调动各方面的积极性,"必须在计划、财政和基本建设的管理体制方面实行彻底的改革"。

准备工作就绪以后,1958年8月17日至30日,中共中央政治局扩大会议在北戴河举行。这次北戴河会议讨论了1959年的国民经济计划、当前的工农业生产和农村工作等问题。会议指出:

"1958年农业生产的大跃进,将使粮食作物的总产量达到六千亿斤至七千亿斤,比1957年增产60%至90%,全国每人占有粮食的平均数将达到一千斤左右"。会议决定:"号召全党和全国人民用最大的努力,为在1958年生产一千零七十万吨钢,即比1957年的产量五百三十五万吨增加一倍而奋斗。"

"在1959年,要求我国的工业和农业继续用1958年的速度或者比1958年更高的速度前进"。

"会议热烈地讨论了在全国农村建立人民公社的问题,通过了《关于在农村建立人民公社问题的决议》。《决议》认为:'人民公社将是建成社会主义和逐步向共产主义过渡的最好的组织形式,它将发展成为未来共产主义社会的基本单位。''看来,共产主义在我国的实现,已经不是什么遥远将来的事情了,我们应该积极地运用人民公社的形式,摸索出一条过渡到共产主义的具体途径。'"

这次北戴河会议不但没有采纳周恩来在《汇报提纲》中提出的建议,对于高指标"做适当的调整",反而以中央政治局扩大会议的名义正式加以肯定和支持。会议竟然预计1958年粮食产量达到6千亿至7千亿斤,而1957年为3700亿斤;会议要求1959年达到8千亿至1万亿斤。会议决定1958年钢产量要比1957年翻一番,达到1070万吨;1959年达到2700万吨至3000万吨。会议通过的第二个五年计划指标,比三个月前中共八大二次会议通过的指标,大都翻了一番。

这次北戴河会议把"大跃进"和人民公社化运动在全国范围内迅速推向高潮,以高指标、浮夸风、瞎指挥、强迫命令、"共产风"为主要标志的"左"倾错误严重泛滥开来。可以说,这次北戴河会议把中国国民经济进一步引入误区。

周恩来在《汇报提纲》中所说的"可能在以后出现大的'马鞍形',对国民经济的发展将会带来不利的影响",不幸而言中。尽管当时"大跃进"和人民公社化运动造成的严重后果还没有充分暴露出来,周恩来对它也有一个认识过程,况且他因反冒进刚受到严厉的批评。因此,面对"大跃进"和人民公社化运动的浪潮,周恩来处于一种两难的境地中。曾经在他身边工作过的秘书李岩后来回忆说:

"一九五八年'大跃进'年代,周总理处在一种特殊的地位,一方面,他要尊重毛主席和党中央的决定,不能给群众运动'泼冷水';另一方面,他面对一些过头的做法又不能不管,不能看着国家和人民的利益遭受损失。他有自己的想法、看法,又不便于公开表露。我们在他身边工作的同志有些感觉,但总理从来不向我们说这些。总理处在这样的地位,他惟一能够做到的就是根据实际情况,把主席和中央的决定加以变通,尽量减少实际损失,并尽可能地采用灵活方式纠正一些'左'的做法。"

"好像社会主义已经不过瘾,急于向共产主义过渡,这是不好的"。

北戴河会议后,在"以钢为纲""全民炼钢"的口号下,大炼钢铁成为全党全国压倒一切的中心任务。周恩来回到北京后,用很多时间和精力抓钢铁生产,多次召集钢铁生产会议,要求中央各有关部门务必大力支援各省、市和各钢铁厂,采取各种紧急措施,力争完成1070万吨钢的生产任务。

鉴于1958年1月至7月底，全国累计只生产约380万吨钢，9月14日，周恩来召开钢铁生产紧急汇报会，研究解决钢铁生产中的问题。会议商定了17条措施，其中主要的是：增强采矿技术力量；改善铁路运输；抽调万名大、专和中技的学生、教职员，分赴各省、市小高炉和土高炉，帮助建立分析化验室，培训分析化验人员；加紧废钢铁回收工作等等。15日，中共中央办公厅印发了《钢铁生产紧急汇报会商定事项的通知》。

20日，周恩来亲临北京大学，向部分赴各地小高炉、土高炉帮助建立分析化验室的师生作动员报告。后来，调了一万三千多师生分赴全国各地。

28日，周恩来再次召开钢铁生产汇报会。29日凌晨，周恩来致信毛泽东："目前钢铁生产甚为紧张。我已约集有关同志开了两次汇报会，解决了一些急迫的关键性问题。"采取以上这些措施，解决了一些迫在眉睫的紧迫问题，但没有也不可能根本解决问题。

这种脱离实际可能的钢铁生产高指标，给各部门、各地方的领导干部造成很大压力。有一次，周恩来听说河南新乡县放出生产生铁102万吨的"高产卫星"后，问他的曾在鞍钢工作过的秘书顾明，有没有这种可能？顾明回答说："我们在鞍钢，炼一吨生铁，贫矿石要三四吨，炼焦用煤要二三吨，加上石灰石、辅助材料等要十多吨。102万吨生铁，要一千多万吨的运输量，新乡那里的运输能力怎么可能做得到呢？"周恩来听后，立即派顾明赴河南了解钢铁生产情况。顾明把土法炼出的生铁带回来，最好的也只是含铁成分较多的海绵铁。周恩来看了样品后，心情沉重地说："这哪是铁嘛！"后来，这块海绵铁一直摆放在周恩来办公室的书架上，好让大家明白当年放高产"卫星"是怎么一回事，以警示弄虚作假的浮夸风。

当时各地放"卫星"的浮夸风盛吹，有些同志也感到放"卫星"的高指标不可靠，但不敢说，怕别人说自己反对"大跃进"。他们看到周恩来能够虚心听不同意见，敢于在他面前说真话。有一次，周恩来接到某省一位领导同志的电话："总理，让我们也放个卫星吧！""你看人家邻省都在放，我们不放实在压力大呀！"周恩来只好婉言禁放。

还有一次，1958年11月13日，周恩来听取出席全国工业书记会议代表汇报钢铁生产情况。中共四川省分管工业的书记陈刚说，四川省有几百万人在山上炼钢，既无寒衣，又无粮食，钢铁生产任务还没有完成，请示如何处理。周恩来果断地回答说：立即下山。

违背客观经济规律的大炼钢铁运动，耗费了国家大量的人力、财力和资源，但生产出来的合格钢仅有800万吨，只是1070万吨的3/4，而造成的直接经济损失却高达几百亿元，并打乱了综合平衡，给国民经济的发展造成严重的比例失调，数千万农村劳动力被抽调去大炼钢铁，严重妨碍当年秋收，造成农产品"丰产不丰收"。

同时，一哄而起的人民公社化运动，短短几个月，全国74万多个农业生产合作社就改组成2万6千多个人民公社，参加公社的农民有1亿2千多万户，占全国各民族总农户的99%以上。在所有制上盲目追求"一大、二公、三纯"的"穷过渡"，在分配上大刮"一平、二调、三收款"的"共产风"，在生产关系上急于从集体所有制向全民所有制过渡，严重伤害了农民的积极性，破坏了农村生产力。

为研究和解决"大跃进"和人民公社化运动造成的种种问题，纠正已经觉察到的工作中"左"的错误，并落实1959年国民经济计划指标，中共中央决定召开八届六中全会。会前，毛泽东先后在郑州和武昌召开有部分中央和地方领导同志参加的会议，着重研究人民公社问题。

在1958年11月2日至10日召开的第一次郑州会议上，讨论了6个问题：（一）社会主义和共产主义，什么叫建成社会主义；（二）农村公社问题；（三）城市公社问题；（四）要抓农业；（五）工作方法；（六）几个具体政策问题。毛泽东在会上多次讲话，批评急于想使人民公社由集体所有制过渡到全民所有制，由社会主义过渡到共产主义；以及企图废除商品生产等错误主张。他指出：必须划清集体所有制和全民所有制、社会主义和共产主义两种界限；必须发展商品生产和商品交换，废除商品、对农民实行调拨是对农民的剥夺。

11月9日，毛泽东致信中央、省市自治区、地、县四级党委同志："向同志们建议读两本书。一本，斯大林著《苏联社会主义经济问题》；一本，《马恩列斯论共产主义社会》。""要联系中国社会主义经济革命和经济建设去读这两本书，使自己获得一个清醒的头脑，以利指导我们伟大的经济工作。现在很多人有一大堆混乱思想，读这两本书就有可能给以澄清。"

这时，毛泽东对"大跃进"和人民公社化运动中的一些"左"的做法开始觉察出来，对一些问题的认识也开始冷静下来。因此，毛泽东主持召开的第一次郑州会议，帮助一些同志澄清了一些混乱思想，是纠正"左"的错误的起步。

1958年11月21日至27日，中共中央在武昌召开政治局扩大会议，参加会议的有部分中央领导人和各省、市、自治区党委第一书记。会议主要讨论调整高指标和纠正"共产风"等问题。

11月21日和23日，毛泽东先后两次在会上讲话。毛泽东指出："工业任务、水利任务、粮食任务都要适当收缩。""要压缩空气，不是减少空气。物质不灭，空气还是那样多，只不过压缩一下而已，成为液体或者固体状态。""经济事业要越搞越细致，越搞越实际越科学"。"破除迷信，不要把科学当迷信破除了。""凡迷信一定要破除，凡真理一定要保护。"

周恩来因忙于其他工作而没有参加这两次会议，但他同意毛泽东发表的意见。1958年11月29日,他在民主人士座谈会上说:"现在宣传上没有讲清楚,好像社会主义已经不过瘾,急于向共产主义过渡,这是不好的,反映了一种急躁情绪。"周恩来还同刘少奇、邓小平主持在京的中共中央政治局委员、书记处书记开会,认真学习这两个会议的有关文件和毛泽东建议读的两本书,并进行了深入的讨论。

第一次郑州会议和武昌会议为中共八届六中全会作了充分准备;主要是初步统一了纠"左"的思想认识。1958年11月28日至12月10日,中共八届六中全会在武昌举行。全会通过的毛泽东主持起草的《关于人民公社若干问题的决议》,集中反映了这一时期中共中央领导纠正工作中"左"的错误的认识成果。

《关于人民公社若干问题的决议》批评了企图过早地否定集体所有制和按劳分配原则的错误,批评了企图超越社会主义阶段而跳入共产主义的空想,重申了集体所有制和全民所有制之间、社会主义和共产主义之间的界限和区别。尽管《决议》仍然肯定了不少"左"的做法,但它的主要锋芒是对着那些"性急的人",是纠正"左"的倾向的。

全会还通过了《关于一九五九年国民经济计划的决议》。周恩来在会议期间通过充分地征求各方面的意见,认真地修改了这个决议。为稳妥起见,他将决议草案中提出的钢的生产指标2400万吨改为1800万吨至2000万吨,并且注明是"一类钢"。全会还同意毛泽东提出的他不再当国家主席的建议。

1958年的大跃进"打破了客观规律,主观主义大发展"。

中共八届六中全会结束后,周恩来到他在河北省抓的两个点,工业点邯郸,农业点定县,去看看人民公社中究竟存在什么问题。12月24日和25日,他冒着严寒视察安园、定县、徐水等县。在视察过程中,他到农民家里,摸摸炕热不热,看看灶上有没有锅,仔细询问农民的生活。对中共徐水县委介绍成立新村是农民自愿的说法,他提出疑问说:农民是不愿意离开他们居住几百年、几十年的家的,农民原有的好房子为什么就不能住呢?农民住三层楼习惯吗?做饭怎么办?鸡和猪怎么养?他反复说,北方农民不睡热炕,是要得腰腿痛的。他还问几个农民:不睡热炕行不行?在参观敬老院时,他听说许多老人吓得逃回家的情况后,批评中共徐水县委组织部长说:你父母在不在你家?多大年纪了?他们为什么不来?你们这种强制动员的做法是错误的。他强调说:一定要群众真正自愿,先搞好试点,不能匆忙地推广。周恩来在参观定县"大丰收展览"时,对一些展品和数字提出疑问,他说:展室里的麦穗2米多长,是假的。大南瓜、大玉米、大土豆是假的。在视察途中,周恩来同中共河北省委领导同志谈话时指出:

"吃饭不要钱这个口号不确切。有些口号提得过早,不要把一些问题说得简单化了,把共产主义庸俗化了。""公社是集体所有制,不是全民所有制。公社是社会主义性质,不是共产主义性质。""我保守点,产量没有把握时别搞(指当地干部提出准备明年减少耕地——引者注)。要有点余粮,一点底没有不好。对这个问题,不普遍作个决定,不提倡,不禁止,实事求是。不提倡就会谨慎些。""不能浪费,允许吃饱。我对'放开肚皮吃'这个口号有点怀疑。"

中共八届六中全会后,人民公社化运动中的问题暴露得越来越多。为了继续纠正工作中"左"的错误,1959年2月27日至3月5日,中共中央在郑州召开政治局扩大会议,即第二次郑州会议,着重研究人民公社问题。根据毛泽东的意见,会议形成了整顿和建设人民公社的基本方针:"统一领导,队为基础;分级管理,权力下放;三级核算,各计盈亏;分配计划,由社决定;适当积累,合理调剂;物资劳动,等价交换；按劳分配，承认差别。"

3月2日，周恩来飞抵郑州，参与审定关于整顿和建设人民公社的基本方针稿。毛泽东在会上部署，中共中央准备三月底到上海召开八届七中全会，随后开第二届全国人民代表大会。

1959年3月25日至4月5日，中共中央在上海先后召开政治局扩大会议和中共八届七中全会，主要研究落实1959年生产计划指标和检查人民公社整顿工作。会议期间，周恩来特别关心1959年钢铁生产计划指标能否完成。他在4月2日的会上讲了三条经验教训：计划一定要有保险系数，统统打满不好，要留有余地，藏一点，从北戴河会议以后步步退却，就是因为不落实；逐步提高定额，超额完成；实事求是。会议最后核定钢的数字是1640万吨。即使钢的生产指标由1800万吨降为1640万吨，要完成这个调整后的指标，仍然是相当困难的。

4月18日至28日，全国人大二届一次会议在北京召开，周恩来在会上作《政府工作报告》。大会决定周恩来继续担任国务院总理。根据中共中央的建议，大会通过了1959年国民经济计划。会后，周恩来对这个计划特别是对钢铁生产指标能否落实，很担心。4月30日，他在中共中央书记处会议上谈到自己"心情有些苦闷、不安"。他说：

> 从去年北戴河会议以后，大跃进形势很好，但产量指标搞高了，打被动战。总想知道一点，摸不到底，心情有些苦闷、不安。去年订的一九五九年钢的生产指标是不可能完成的。上海会议和人大会议又把指标提出，还是问题。要注意党在国内外的威信，向党提出的东西，自己没有把握，不能泄气，要想办法。情况让大家了解后，大家想办法，共同努力。

为进一步研究落实钢生产指标问题，中共中央决定于6月份召开省、市委书记会议。为了开好这个会议，必须对目前各地钢铁的生产情况和问题有一个全面、深入的了解。为此，周恩来向中共中央书记处建议，国务院总理和8位副总理在5月20日前后分别到9个生铁重点产区去调查研究。

5月17日，他在写给中共中央书记处的《关于总理和八个副总理分别到九个产铁重点地区视察的报告》中说："视察的内容，主要是生铁的质量和数量问题。为此，拟到产铁产煤基地，对矿石、煤炭、洗煤、炼焦、耐火材料、炼铁、炼钢、设备、运输、劳动力分配和成本核算等一系列的问题做具体了解，以求实现中央财经小组的要求，先保质量，后争数量。除此以外，对市场供应、农业生产等问题也就近进行一些了解。"报告还写明了"分工视察的地区。"

5月23日，周恩来离开北京到达天津，开始视察河北省的工作。23日和24日，他听取中共河北省委汇报工作情况，共同研究农业和整社等问题。在谈到农业有可能争取更大跃进时，周恩来说："不要用这个口号了，时间不同，认识也发展了，这个口号就不恰当了"。在谈到调动农民积极性时，周恩来说：应该给农民"一点小自由，让他发挥点个人的积极性，不会妨碍大集体的。这是大公小私，两条腿走路嘛。有个人嘛，没有个人哪有集体呢？三人才为众嘛！'共产风'来了，就把这些忘了。大集体小自由早讲了，就是没有好好执行。"在谈到1959年生产计划时，周恩来强调："农民是顾全大局的。"一定要留足口粮，留够种子，做到收好、留好、用好、征购好、种好。"回想去年搞吃饭不要钱，我说过，千万不可以把这件事作成正式决议。要不，可就被动了。"在谈到干部作风问题时，周恩来指出：要进行分析，要将强迫命令、浮夸和违法乱纪加以区别。同时，要说服教育生产小队、生产队和公社的干部说实话，不要说谎。

5月25日到27日，周恩来同中共河北省委领导同志和其他有关领导同志座谈工农业生产、钢铁生产和煤炭生产等问题。26日，他对河北省的炼铁生产提出要迅速采取5项措施：（一）对现有高炉进行改装和技术改造，可定点三十个至四十个，要把利用系数逐步提高到每立方米容积出铁一吨。（二）一定要对铁矿石和石灰石进行焙烧，对粉矿进行烧结。（三）一定要洗煤，要下决心，不洗就不能炼焦。（四）搞好炼焦生产。（五）抓唐山、邯郸等地的耐火砖生产，提高耐火砖质量。他还强调：重点企业的生铁是搞产量，保证质量；而地方上则是首先保证质量，在这个基础上再提高数量。

5月28日，周恩来视察天津大学、南开大学。他在母校南开大学全体师生员工大会上讲话，在谈到"大跃进"问题时，发表了一段颇富哲理的讲话。他说：

> 在这个前所未有的时代，没有经验，我们要熟悉这个时代，认识它，才能掌握它，处理它。这需要一个过程，需要时间。在这个过程中，要掌握新的规律、新的平衡、新的比例、新的关系。这不是一下子就能处理恰当的。所以，从去年到今年，我们大跃进后就出现了一些不够的现象。我们处在这样一个过渡的时候，跃进的年代，但是还要增产节约。增产节约的精神任何时候都需要，任何时候都是我们社会主义的一个原则。

5月29日，周恩来视察天津第二炼钢厂。30日和31日，他又同中共河北省委领导同志继续座谈钢铁生产和市场等问题。6月1日，他离开天津赴邯郸视察。在火车上，他致信邓小平转中共中央和毛泽东，报告在天津8天的工作情况。根据河北省的经验，他在信中建议：

> "请中央号召各地大力推行增产节约运动，要在干部和群众中大讲特讲增产节约的必要性，明确讲去年确实大丰收，大跃进，但由于一时吃多、用多、花多了，今年才出现一时一部分物资不足的现象，这是一个指头的问题；并且彻底地讲增产节约是大跃进中的两条腿走路，是结合生产和消费、结合局部和全体、结合今天和明天，必不可少的积极的绝非消极的方针。"

6月1日至5日，周恩来在邯郸视察期间，多次分别召集邯郸地委、市委以及安阳市委领导同志开会，了解工农业生产情况，特别是钢铁生产情况，并先后到公社、钢铁厂、煤矿、工厂等单位视察。

4日，他召集邯郸地、市13个炼铁厂党政负责人座谈，听取汇报生铁生产质量情况和存在的困难。他要求省、市委领导同志在矿石、焦炭的分配上要搞好各厂之间的平衡，注意抓重点、保重点。他在座谈中指出：邯郸在河北省说来很好，交通发达，发展前途大，是河北省的钢铁中心，一定要搞好。要提高质量，不要图快，要拿出好生铁来。贪多不好，要多快好省。

5日，他召集中共邯郸地、市委和河南省安阳市委书记等座谈，研究解决六河沟煤矿与岳城水库问题。在谈到农业问题时，他说：去年大跃进，不少地方否定了老农的经验，这就不好。工业是主导，要起带头作用，工业也不只是钢铁，有帅就需有兵。四大指标我们要尽最大努力，争取完成。实在完不成的，政治上要受一点影响，但还可以解释，少搞点工业，还不要紧，农业搞坏了就不安定，对农业必须重视。工业交通方面，指标不当的要压一下子，生产和基建，要先压基建。邯郸是个好地方，有工业发展前途，但不要走得太快，快了农业跟不上。关于岳城镇水库，将来势必要修的，采煤要服从水库，没有粮食人心不稳，要重水利。

6月6日至9日，周恩来在石家庄地区视察，先后深入到井陉煤矿、岗南水库和黄壁庄水库工地、石家庄钢铁厂、华北制药厂等单位，进行调查研究。8日，周恩来同中共河北省委和石家庄地委领导同志座谈钢铁生产问题时，总结"大跃进"的经验教训，强调"不能违背社会主义的经济规律"。他指出的主要内容是：

搞生产必须注意算账，要搞综合平衡。去年由于对农业估产高了，在估高的基础上生产布局多了，消费上吃、用、花多了，基本建设项目多了。公社化未注意到所有制问题，再加上粮食没有收好，城市职工人数的膨胀，造成了市场紧张。现在要落实，要搞质量，只有落实可靠，才能跃进。不能违背社会主义的经济规律。去年搞数量，今年则先搞质量，质中求数。数与质的矛盾，质量应是主导的方面。增产节约是社会主义长期的建设方针，我们要把生产和消费、全部和局部、今天和明天的关系结合起来。消费要少于生产，有了积累才能扩大再生产。全局与局部，全局是主导的。今天和明天，明天是主导的。

我们必须在今年的跃进中，贯彻这个方针。办法是：（一）增产，用各种力量抓农业生产、商品性生产，抓市场。从省委起都要把重点放在农业，中央也要腾出手来抓农业。（二）压缩社会购买力，减少人员，提倡储蓄，减少开支。（三）控制投资贷款。（四）缩小生产指标和基建项目，必须缩短战线，集中力量。我们现在固然还有阶级斗争，但对自然斗争是新的一课，要认真切实地搞建设，要互相学习。农业、市场问题要抓紧。不要盲目乐观，争取好的，准备坏的。

周恩来在视察途中的这篇讲话，比较集中地反映了他对"大跃进"和人民公社化运动中"左"的错误的认识，并且积极采取措施，纠正具体工作中"左"的错误。在他当时的艰难处境下，这样做是难能可贵的。

经过在河北省半个多月深入实地的调查研究，周恩来对"大跃进"和人民公社化运动中造成的种种严重问题，以及对国民经济形势，有了进一步切合实际的认识。6月11日，他出席中共中央书记处会议。在讨论1959年国民经济计划时，谈了自己下去调查研究的感受，指出了错误的实质。他批评说：

1958年的大跃进本来是破除迷信，但否定了时间、空间、条件，打破了客观规律，主观主义大发展。本来是客观可能同主观能动结合的，结果是客观可能无限大，主观能动也无限大，造成一种迷信。打破这种迷信之误，是允许树立对立面，"左"点右点都可以允许，是正常的生活，这种空气不要怕，有些东西是不能一下搞成的。只要在桌面上，允许怀疑，发表不同意见，养成这种听不同意见的习惯。不要造成这是保守、那是右倾的紧张状态。

庐山会议前期，周恩来用主要精力研究解决工作中的各种实际问题。

经过几个月的努力工作，钢铁生产的产量比去年同期有较大增长。从1月至5月，生铁产量达到780万吨，比去年同期增长1.7倍；钢产量达到432万吨，比去年同期增长67%；钢材产量达到295万吨，比去年同期增长29%。但是，仍然没有完成原定的工农业生产计划指标。事实表明，如果对原定的生产计划高指标再不调整，将出现比例失调，给国民经济造成严重的后果。面对这种严峻形势，中共中央决定7月初在庐山召开政治局扩大会议，总结"大跃进"和人民公社化运动以来的经验教训，进一步落实工农业生产计划指标，继续纠正工作中"左"的错误。

为庐山会议作准备。6月13日，毛泽东主持召开中共中央政治局会议，讨论工业、农业、市场等问题。在会上的发言中，毛泽东、周恩来、李富春一致认为，"大跃进"中的主要问题是综合平衡，有计划按比例地发展经济抓得不够。毛泽东强调，今年余下的几个月时间要搞平衡。周恩来指出，工业布局上的毛病是生产资料上的指标定高了。现在要增加生活资料的生产，把生活资料的比重提高一些，比较有利。

周恩来提出：现在要公开讲增产节约，具体办法是，多抓商品性生产、抓食品定量、压缩购买力、减人。周恩来认为，对基本建设的调整，可以采取有的下马不搞、有的休息、有的慢步、有的快步的方式进行。周恩来要求，尽快成立支农小组，先抓机械、化肥、水利。

这次会议没有调整1959年工农业生产计划指标，钢铁生产的产量指标仍然确定为1300万吨。对此，周恩来1959年7月26日在国务院各部部长、副部长座谈会上回忆说：

> 当时也感到里头还有很多虚数和不平衡的情形，但是，由于自己刚刚从外地回来，又不是专门研究这个问题的，所以，尽管感到有问题，又提不出别的数字，只能建议先发下去，然后大家来讨论。不过"对在本本上出现的这种各种关系的比例失调和不平衡的现象是不安的。"

1959年7月2日至8月16日，中共中央在庐山先后召开政治局扩大会议和八届八中全会，通称庐山会议。以7月23日毛泽东在中共中央政治局扩大会议上错误地发动对彭德怀等同志的批判为界，庐山会议可分为前期和后期。庐山会议前期，继续第一次郑州会议的精神，总结"大跃进"和人民公社运动以来的经验教训，纠正具体工作中"左"的错误，研究解决工作中的实际问题。

7月1日，周恩来致信杨尚昆，安排庐山会议的开法。信中写道："主席意见，除全体会议外，仍可采取分组会议的方式。方式分两种，一种以地区分，中央来的同志分在各组中，以便摸清情况；第二种在摸清情况后以问题分，以便讨论和解决问题。"

7月2日，周恩来出席毛泽东召开的会议，讨论确定毛泽东为庐山会议提出的19个议题：（一）读书；（二）形势；（三）今年的任务；（四）明年的任务；（五）四年的任务；（六）宣传任务；（七）综合平衡问题；（八）群众路线问题；（九）建立和加强企业的各项管理制度和搞工业品的质量问题；（十）体制问题；（十一）协作区关系问题；

（十二）公共食堂问题；（十三）学会过日子问题；（十四）三定政策；（十五）农村初级市场的恢复问题；（十六）使生产小队成为半基本核算单位；（十七）农村党团基层组织的领导作用问题；（十八）团结问题；（十九）国际问题。最后这个议题是周恩来提议增加的。

从毛泽东提出的这些议题看，召开庐山会议的初衷，是想通过读书学习，提高认识，统一思想，总结经验教训，认清形势，明确任务，研究解决工作中存在的各种问题。

从7月3日开始，会议按6个大区分组讨论，主要讨论形势和任务。不少人对"大跃进"以来的问题提出了批评，有人认为"得不偿失"，纠"左"的气氛比较浓厚。但是，也有不同的看法。华东组在讨论中有人提出，不能认为"大跃进"破坏了按比例发展的客观规律；认为指标越低越落实，实际上是以落实掩盖保守思想。这一时期的会议，白天学习、开会，晚上看戏、跳舞或看电影，会议开得轻松愉快，气氛比较好，人们称之为"神仙会"。

7月6日，周恩来参加华东组会议，听取汇报生产情况，并在会上发言。他肯定"大跃进"以来的成绩，指出存在的问题。他认为，主要是计划指标偏高，基建规模偏大，造成国民经济比例失调。他指出，1959年下半年的任务是在指标落实后好好地安排，争取完成计划。关于1960年的任务，他提出："在调整比例关系的基础上继续跃进，在保证农业发展的条件下，工业速度可以放慢一点。今后三年农业放在第一位，工业为农业服务。"7日、9日，周恩来先后参加东北组、华南组、华北组的会议。

彭德怀参加西北组会议，从7月3日至10日，他先后7次发言和插话。他直言不讳地说：

"解放以来，一连串的胜利，造成群众头脑发热，因而向毛主席反映情况只讲可能和有利的因素。在大胜利中，容易看不见、听不进反面的东西。""人民公社我认为办早了一些，高级社的优越性刚发挥，还没有充分发挥就公社化，而且没有经过试验。如果试验上一年、半年再搞，就好了。""要找经验教训，不要埋怨，不要追究责任。人人有责，人人有一份，包括毛泽东同志在内。我也有一份，至少当时没有反对。""我们党内总是'左'的难以纠正，右的比较好纠正；'左'的一来，压倒一切，许多人不敢讲话。""现在不管党委集体领导的决定，而是个人决定；第一书记决定的算，第二书记决定的就不算。不建立集体威信，只建立个人威信，是很不正常的，是危险的。""成绩是伟大的，缺点是一个短时间（9月至11月）发生的，而影响不只三个月。换来的经验教训是宝贵的，要把（认识）问题搞一致，就团结了。"

彭德怀当着毛泽东的面也不隐讳自己的观点。有一次，在毛泽东主持的中共中央政治局常委会上，有人说到1958年全国土法炼铁，地方已经补贴20多亿元，国家还要补贴20多亿元。彭德怀插话说："这个数字好大！比一年的国防开支还要多。用这笔钱去买消费物资，把它堆起来，恐怕会有庐山这样高。"毛泽东说："呃，不会有这样高。"彭德怀接着说："那就矮一点吧，总而言之，不少！"显然，毛泽东是不同意彭德怀的看法的。

7月10日，毛泽东召集组长开会，针对前一段会议情况，要求统一思想。他指出："对形势的认识不一致，就不能团结。要党内团结，首先要思想统一。""有些同志缺乏全面分析，要帮助他们认识，得的是什么？失的是什么？""要向他们说明，从具体事实说，确实有些得不偿失的事，但是总的来说，不能说得不偿失。取得经验总是要付学费的。"他最后总结说："成绩是伟大的，问题是不少的，前途是光明的。"周恩来在会上发言说：比起苏联来，"我们发现问题快，也纠正得快。"

前期庐山会议在统一思想认识的同时，力求研究一些切实的措施，解决工作中存在的一些实际问题。会议开始后，周恩来用主要精力弄清情况，摸清问题，研究解决措施。在他发现1959年上半年出现财政赤字的问题后，7月10日至12日，连续3天召开财政金融问题座谈会，组织算账，分析原因，研究措施。

怎样解决财政赤字问题？根据座谈会讨论的意见，周恩来提出7项解决办法：（一）算账。"这里说的算账，不仅是政府财政部长的账，是整个国家的总账。就是说，我们做工作，总要心中有数，要把账算清楚。这不是消极的，是为了解决问题，是积极的态度。"（二）收权。去年权力下放，但有一定的限度，不能什么都下放，要收到中央和省、市两级。不管限额以上、限额以下，都要纳入计划，一盘棋，按计划和中央的方针办事，不能各办各的。（三）归口。哪一件事都要按口子办事，银行贷款要有一定的条文、有一定的规定。向银行贷款，应遵守有任务、有物资和定期归还三条保证。（四）堵口。基本建设限额以下的那一万多个停下来审查，限额以上的也停下来，下命令：所有工厂，不经批准，不许向银行透支。（五）导流。对停办项目要给人员找出路，或者转业，或者回家，总要想积极办法，不能长期借钱养着。（六）增产。这是最重要的一条。要增产商品，使市场活跃起来，货币周转就会快，货币回笼就会多。（七）节约。这是社会主义建设的一个原则，要大大提倡。

从财政金融工作中出现的问题，周恩来联想到其他经济部门存在的问题，在这次座谈会上，还讨论了工业、基建等方面的问题。7月12日，周恩来在座谈会上作总结讲话，着重强调目前要抓综合平衡，即抓财政上的货币平衡、国家物资分配平衡和商品平衡。他说：

差不多半年的时间，我们的综合平衡的工作做得不好。"存在的问题比我们想的还要多"。"今天说一点个人意见，就是没有安排好,一千八也好,一千六百五也好(指1959年的钢产量1800万吨或1650万吨——引者注),总得有个安排,这个安排就是主席说的综合平衡。""旧的平衡打破了,在大跃进的基础上,新的平衡需要逐步建立,一放松就会出失调的现象。"

在讲话中,周恩来还对下一阶段的经济工作做了具体安排。

周恩来对彭德怀说:"今天你代替了我。其实,你有鉴于我,还写了总路线基本正确"。

根据毛泽东的安排,庐山会议原准备在7月15日结束。彭德怀得知这个信息后,感到开了这么多天的会,问题并没有很好解决,难道就这样结束了吗?他心里很焦急。于是,他决心找毛泽东面谈,希望毛泽东能在会上把当前存在的严重问题,再着重讲讲。7月12日上午,他去毛泽东住所"美庐",不巧,毛泽东一夜没睡,刚刚躺下。彭德怀只好怅然而归。

当晚,彭德怀从周恩来处开会回来,向随行参谋王承光谈了给毛泽东写信的想法。他说:"去年大跃进的经验很丰富,发生的问题也不少,本应该认真研究一下,可是在会议上,到现在还没有人讲这个问题。我有些意见又不好在小组会上讲,想给主席写封信,请主席在会上讲一下。只要主席讲一次,就会起很大的作用。"

7月13日,彭德怀拿着拟好的提纲,口述信的内容,让参谋起草初稿。随后,他作了修改,交参谋誊清。7月14日,他又仔细作了修改,交参谋再次誊清后签名。随即,参谋奉彭德怀之命,将信送毛泽东的秘书转交。

彭德怀在信中主要写了两部分内容。第一部分,他列举工农业总产值和国家财政收入的增长指数、人民公社化的意义等方面的情况,认为

"1958年大跃进的成绩是肯定无疑的。"信中写道：

"这样的增长速度，是世界各国从未有过的。突破了社会主义建设速度的成规"。"通过大跃进，基本上证实了多快好省的总路线是正确的。不仅是我国的伟大成就，在社会主义阵营也将长期的起积极作用。""1958年农村公社化，是具有伟大意义的，这不仅使我国农民彻底摆脱穷困，而且是加速建成社会主义走向共产主义的正确途径。虽然在所有制问题上，曾有一段混乱……基本已经得到纠正，混乱情况基本上已经过去，已经逐步的（地）走上按劳分配的正常道路。"

信中的这些内容说明，彭德怀不仅明确地肯定了"大跃进"、人民公社和总路线，而且现在看来，还肯定得过了头。

彭德怀在信中第二部分提出"如何总结工作中的经验教训"。信中写道：

"现在我们在建设工作中所面临的突出矛盾，是由于比例失调而引起各方面的紧张。""过去一个时期工作中所出现的一些缺点错误，其客观因素是，我们对社会主义建设工作不熟悉，没有完整的经验"。"在我们的思想方法和工作作风方面，也暴露出不少值得注意的问题。""浮夸风气较普遍地滋长起来。……浮夸风吹遍各地区各部门，一些不可置信的奇迹也见之于报刊，确使党的威信蒙受重大损失。""小资产阶级的狂热性，使我们容易犯'左'的错误。在1958年大跃进中，我和其他不少同志一样，为大跃进的成绩和群众运动的热情所迷惑，一些'左'的倾向有了相当程度的发展，总想一步跨进共产主义，抢先思想一度占了上风，把党长期以来所形成的群众路线和实事求是作风置诸脑后了。""去年下半年，似乎出现了一种空气，注意了反右倾保守思想，而忽略了主观主义'左'的方面。"

从信中这部分内容来看，彭德怀对"大跃进"和人民公社化运动以来出现的种种严重问题的认识和估计，是比较客观的，也是注意分寸的。

第一，信中对缺点、错误是有分析的，认为有些缺点、错误是难以避免的，有些缺点、错误已经得到纠正，他的用心在于要认真总结和吸取"深刻的经验教训"。他在信中说："据我看，1958年大跃进中所出现的一些缺点错误，有一些是难以避免的。如同我们党三十多年来领导历次革命运动一样，在伟大成绩中总是有缺点的，这是一个问题的两个方面。"对于人民公社化运动中出现的问题，他在信中冷静地指出："虽然在所有制问题上，曾有一段混乱，具体工作中出现了一些缺点错误，这当然是严重的现象。但是经过武昌、郑州、上海等一系列会议，基本已经得到纠正"。即使是对"有失有得"的大炼钢（信中的"有失有得"，是随从参谋将"有得有失"误抄成的。在受到错误批判时，为了保护身边工作人员，彭德怀没有解释和辩驳。）也是作了全面分析的。信中写道："在全民炼钢铁中，多办了一些小土高炉，浪费了一些资源（物力、财力）和人力，当然是一笔较大损失。但是对全国地质作了一次规模巨大的初步普查，培养了不少技术人员，广大干部在这一运动中得到了锻炼和提高。虽然付出了一笔学费（补贴二十余亿），即在这一方面也是有失有得的。"信中还明确指出"经过去年冬郑州会议以后一系列措施，一些'左'的现象基本上纠正过来了，这是一个伟大的胜利。这个胜利既教育了全党同志，又没有损伤同志们的积极性。"

第二，信中指出有些缺点、错误的发生，是由于没有全面地正确领会和贯彻执行毛泽东的意见而造成的，并且把自己摆进去总结经验教训，没有站在局外袖手旁观。信中说："虽然主席去年就已经提示全党要把冲天干劲和科学分析结合起来，和两条腿走路的方针，看来是没有为多数同志所领会,我也是不例外的。""在1958年的大跃进中,我和其他不少同志一样,为大跃进的成绩和群众运动的热情所迷惑,一些'左'的倾向有了相当程度的发展"。信中还说:"如主席提出的'少种、高产、多收','十五年赶上英国'等号召,都是属于战略性、长远性的方针,我们则缺乏研究,不注意研究当前具体情况,把工作安排在积极而又可靠的基础上。""正如主席在这次会议中所指示的:'成绩伟大,问题很多,经验丰富,前途光明。'主动在我,全党团结起来,艰苦奋斗,继续跃进的条件是存在的。"

上面简要介绍了彭德怀致毛泽东信的基本内容,那么,他为什么要写这封信呢?后来,他在自述中是这样说的:

"这些问题是涉及到执行总路线、大跃进和人民公社的一些具体政策问题,以及某些干部的工作方法问题。在这些问题上,我当时认为主要是产生了一些'左'的现象,而右的保守思想也有,但那只是个别的或者是极少数的。我当时对那些'左'的现象是非常忧虑的。我认为当时那些问题得不到纠正,计划工作迎头赶上去,势必要影响国民经济的发展速度。我想,这些问题如果由我在会上提出来,会引起某些人的思想混乱,如果是由主席再重新提一提两条腿走路的方针,这些问题就可以轻而易举地得到纠正。"

彭德怀还曾对人说,只有他来写这封信最合适。1959年8月13日,周小舟致毛泽东信中写道:彭德怀曾对他说过,"中央常委之间,少奇同志当了国家主席之后更不便说话,恩来、陈云犯过错误不能说,朱德同志意见较少,林彪同志身体不好,了解情况不多,不甚说话,小平同志亦不便多说"。这里所说的"恩来、陈云犯过错误",是指周恩来、陈云反冒进,后来被毛泽东多次批评过。

从上述情况中,人们自然可以得出这样的结论:彭德怀作为中共中央政治局委员,开国元帅之一,向自己的党中央主席毛泽东写这封信,无论是写信的动机、内容还是组织程序，都是完全正确的，也是无可指责的。

信送交毛泽东后，彭德怀估计，毛泽东看完信后会找他去谈一谈，或把信提交中央政治局常委会上议一议。但是，毛泽东看完信后，没有找彭德怀谈一谈，也没有立即作出评论。7月16日，毛泽东在彭德怀信上加写《彭德怀同志的意见书》的题目，并批示："印发各同志参考"。毛泽东对中共中央常委同志说："要评论这封信的性质。"当天，毛泽东连续给刘少奇、周恩来、杨尚昆写了两封信，对会议作出新的部署，并且决定延长会期。

毛泽东的这个决定，使彭德怀感到非常意外。后来，他在笔记本中写道："我是给主席个人写的信，是供他参考的，怎么一下子变成了《意见书》，事先也不跟我招呼一声，就印发给大家呢？"

7月17日，《彭德怀同志的意见书》印发到会人员。一石激起千层浪。后期的庐山会议由研究《议定记录（草案）》转向集中评论《彭德怀同志的意见书》。从7月7日至22日，各组评论了6天。

在分组讨论彭德怀的信的过程中，完全赞同或明确反对的人都不多，大多数人基本上赞同但对信中的个别提法有不同意见。在赞同彭德怀的信的发言中，7月21日，张闻天在会上作的近3个小时长篇发言观点最鲜明。他讲了13个问题，系统地阐述了对"大跃进"以来的成绩和缺点、经验和教训的看法，并从理论上加以分析。他在发言的第12部分"关于彭德怀的意见书"中说：

> "这份意见书提出了一些问题，中心内容是希望总结经验，本意是很好的。但是从各方面的反映看，不少同志对彭德怀同志这个出发点研究不多，只注意了他这封信中的一些具体说法。其实他的信是好的，是肯定了成绩的。他说，成绩是基本的。这同大家说的一样。至于个别说法，说得多一点少一点，关系就不大。"

张闻天在发言中，对彭德怀信中的一些引起不同意见的提法逐一作了说明。他说：

"'基本上证实了多快好省的总路线是正确的'，这是对的。毛主席说，总路线正确与否要看十年。彭德怀同志说，一年就基本上证实了总路线是正确的。这估计就很高，没有什么不足。"

"关于得和失的提法，他是就局部问题而言的：在炼钢问题上，有得有失。而且从他讲话的意思看，他强调的是成绩。在这一方面有得有失，考虑一下是可以的。"

"至于各方面关系的紧张具有政治性的说法，我认为要看怎样讲。在刮'共产风'时，各方面的关系确实紧张。……所以，他提出这个问题，我们应该考虑。"

"他讲浮夸风，是从北戴河会议时对粮食估产过高说起，说它吹遍了各地市、各部门。他这样说，是说它的普遍性。……浮夸风确实是严重的，是很大的问题。"

"彭德怀同志说：小资产阶级的狂热性，使我们容易犯'左'的错误。……刮'共产风'恐怕也是小资产阶级狂热性。"

"至于说，'把党长期以来所形成的群众路线和实事求是作风置诸脑后'，我认为，如果讲的是一个时期的事，这样讲问题并不大。"

"关于纠正'左'的偏向是否比纠右的偏向更加困难的问题，有人说容易，有人说困难。……做得好，抓得紧，就容易；做得不好，抓得不紧，就不那么容易。"

张闻天这篇据理据实的发言，反映出他不仅具有深邃的理论功底，而且具有无私无畏的政治勇气。在当时日趋紧张的会议气氛下，真是难能可贵，令人钦佩和敬仰。

在 7 月 23 日毛泽东讲话前，对彭德怀的信持反对态度的也有，但不多，也很少发言。发言中只是笼统地说：彭德怀的信"不是个别词句和分寸的问题"，"是看问题的思想立场有问题"；也有人明确地说：彭德怀的《意见书》"刺"很多，"是影射毛主席的"；还有人任意推论说："既然是'小资产阶级狂热性'，就是路线性质的问题，路线错了，就必须改换领导才能纠正错误"。

在分组评论彭德怀信的过程中，他自己也在小组会上作过几次发言。一方面，针对讨论中提到的信中有些提法需要斟酌，他声明，他的信在文字上、逻辑上有不少缺点，有些提法不够准确、严密，未能充分表达他的本意，欢迎大家对信多提意见。另一方面，他反复说明，他给主席的信，是在听到会议即将结束的消息之后，仓促写成的。自己的信原是写给主席个人参考的。他建议会后把信收回来存档。

对于彭德怀给毛泽东的信，周恩来看后最初并不认为有什么问题。

事实上，周恩来根本没有料到彭德怀的信会引发一场轩然政治风波。因此，从7月16日至23日，周恩来几乎是全力抓经济计划指标的落实工作。16日，他出席协作区主任会议，讨论经济工作中的经验教训问题。18日，他召集国务院各部委领导同志开会，强调要抓财政、物资、现金的平衡，要求略有节余。19日，他出席中共中央书记处会议，讨论粮食问题。20日，他同彭真、李富春、杨尚昆就计划部门的工作交换意见。当晚，他主持有关负责人参加的会议，讨论煤炭供应不足的问题。21日，他召开国务院各部委领导同志汇报会，讨论落实计划指标问题，并且有针对性地指出，落实指标不是泄气。会后，他把国家计委、经委的同志留下来，要求他们讨论当前的经济形势，提出些主张，拿出方案来，以便在大会结束前向大家交代。当天下午，他主持召开中共中央书记处会议，讨论计划安排问题。22日，他继续出席中共中央书记处会议，并在会上就关于基本建设、财政、金融和粮食等工作形成的3个文件的主要内容，作出说明。

上面列举的工作日程，从一个侧面反映了周恩来在毛泽东7月23日讲话前，确实还没有完全意识到问题的严重性。

7月23日上午，毛泽东作了近3个小时的长篇讲话，中心内容是批判彭德怀写给他的那封信。他对信中所写的"比例失调""小资产阶级狂热性"和"有失有得"等，逐一作了批驳。在讲话中，他把问题的性质上纲到惊人的高度。他说：

"有些人在关键时刻是动摇的，在历史大风大浪中就是不坚定的。党的历史上有四条路线：陈独秀路线，立三路线，王明路线，高饶路线。现在又是一条路线。站不稳，扭秧歌。现在又表现了资产阶级的动摇性、悲观性。他们不是右派，但是他们把自己抛到右派的边缘了，距右派还有三十公里，相当危险。"

毛泽东讲话时，虽然没有指名道姓，但锋芒所向，大家都心照不宣。因此，会场气氛异常紧张，谁也没有料想到问题已经严重到如是程度。散会后，大多数与会同志心情沉重，彭德怀更是犹如晴天霹雳，心痛如焚，几乎难以自制。

当天下午，周恩来同几位国务院副总理座谈，继续研究经济建设工作。会前，谈到彭德怀那封信时，对他说："主席说了，基本是好的，方向不大对。当然，他没有指名。要注意，也没有什么了不起。你还没有到反冒进的那个情况，有那么一个趋势。你停止了，认识了就是了。这个批评也很好。"

会上，周恩来讲话中没再谈到彭德怀的那封信，而是谈工农业生产和落实计划指标的问题。他在讲到调整计划指标时说："这样调整的结果，一定有一部分厂血淋淋地下来，那没有办法。如果现在还不下决心，将来赤字一定出现。因为将来工业的欠款都是要转到财政上的。现在已经看出这个情况了，如果还不解决，就有点犯罪的样子。所以，非当机立断不可。"周恩来谈到这里，彭德怀插话说："你这个东西为什

么不到大会上讲一讲呢?"周恩来袒露心怀说:

"你不晓得,开始讲,好像我净是诉苦的事情,误会成为泄气就不好。""这是方法。不是一九五六年犯了反'冒进'的错误吗?冲口而出,没有准备好,跑到二中全会讲那么一通。应该谨慎,吸取教训嘛。今天你代替了我。其实,你有鉴于我,还写了总路线基本正确,没有'冒进'字眼。但我那时说话,也是这样两方面都说了的。"

周恩来的这番肺腑之言表明,在庐山会议后期,他的处境是艰难的。随着会议错误批判彭德怀的不断升级,一些人胡乱上纲上线。柯庆施在发言中攻击彭德怀"历次革命的紧要关头都是动摇的,他总是站在错误路线的方面。这次他为首反对党的总路线,绝不是偶然的,而有其历史根源。"

在这种既要对事又要对人的"左"的气氛下,经过"反冒进"受到过错误的严厉批判的周恩来,也很难发表不同的意见。这时,周恩来坚持两点:在政治上维护总路线,在工作上实事求是。7月26日,他在国务院各部委领导同志座谈会上,特地关照刚从北京来参加会议的同志,向他们打招呼,要他们注意当前这个突然发生的他也没有料到的严峻形势。怎样度过今后的难关?提醒他们既要注意把握好政治方向,又要做好工作。他说:

"一个是政治方向,一个是工作态度。""政治方向是第一位的问题,是思想性、政治性、路线性的问题,工作态度是第二位的问题。当然,我们做工作的人,执行总路线的人,如果对总路线怀疑,他的工作就是另一个态度。工作态度和政治方向又要联系又要区别。""我们一定要注意,我们正是拥护总路线,我们就应该采取积极的态度来解决一些出现的问题,看到将要出现的问题,可能出现的问题,而不是说空话""那次错误(指1956年反冒进的问题——引者注）就是因为急躁，是思想上的问题，认识上的问题，领导的错误，方针的错误。但是有一点我得说，那个时候的确自己是焦心如焚，急得很。第二，我还是把自己放在里头，我还是想解决问题的，所以才跑到全会上讲那么一段。""这次看问题就比较深刻了。"

周恩来这一席良苦用心的讲话，在当时会议已被"左"的气氛笼罩下，是很不容易的。正如李锐在《庐山会议实录》中所说的那样：

"周恩来是当家人，他不能空谈总路线正确，空谈九个指头与一个指头，在庐山自始至终务实。他知道北京来的人的心理，着急的是今年指标如何落实，如何完成。他对此是一直不安的，也可以说是忧心如焚的。这篇讲话，言词之间，可以见到内心的矛盾。值此批判升级、对事又对人之际，他一方面要保卫总路线，遵从毛泽东的指示和意图；另一方面要保证工作正常进行。他已感到即将出现他不愿出现的巨大风暴，要大家把工作做好。"

毛泽东提议召开中共八届八中全会，进一步批判彭德怀等同志，并决定在全党开展反右倾。"左"的错误更加泛滥。

7月29日，毛泽东在大会上提出，是否召开一次中央全会，目的是做两件事：一件是修改指标；第二件事是解决路线问题。为了开好这次中央全会，中共中央在7月31日和8月1日先后两次召开政治局常委会议。会上主要是毛泽东讲话，批评彭德怀。在毛泽东谈到彭德怀一些关键时期的情况时，彭德怀作了解释。周恩来只在插话中批评彭德怀骄傲，不同意彭德怀说的"驯服"就是没有骨头的观点，认为所有领导同志都要驯服，否则如何胜利？8月2日至16日，中共八届八中全会在庐山召开。在分组讨论会上，继续揭发批判以彭德怀为首的，包括张闻天、黄克诚、周小舟在内的所谓"军事俱乐部"。

在这期间，周恩来先后参加东北组和西北组的会议，也对彭德怀进行了错误的批判，并同彭真、胡乔木、陈伯达、王稼祥一起，讨论关于彭德怀所犯"错误"问题的决议草稿。

8月11日，毛泽东在全会上讲话，从世界观、方法论讲起，说历来犯错误的都是唯心主义、极端个人主义。不指名地批评彭德怀等同志，说三十几年，阶级立场没有变过来，总是格格不入。这些同志不是马克思主义，而是以资产阶级民主主义资格参加党的。毛泽东的这次讲话，使得错误批判彭德怀等同志进一步上纲上线。随即由彭德怀、张闻天、黄克诚、周小舟等作检讨。

8月16日，中共八届八中全会通过了《为保卫党的总路线、反对右倾机会主义而斗争》的决议和《关于以彭德怀同志为首的反党集团的错误的决议》。全会还通过了《关于开展增产节约运动的决议》，并根据周恩来等"算账"的结果，调整了1959年国民经济计划指标。随即宣布中共八届八中全会闭幕。

当天，毛泽东为《马克思主义者应当如何正确地对待革命的群众运动》小册子所写的第二个批语，对后期庐山会议开展的这场反右倾斗争，作出了影响深远的错误结论。他写道：

> "庐山出现的这一场斗争，是一场阶级斗争，是过去十年社会主义革命过程中资产阶级与无产阶级两大对抗阶级生死斗争的继续。在中国，在我党，这一类斗争，看来还得斗下去，至少还要斗二十年，可能要斗半个世纪，总之要到阶级完全灭亡，斗争才会止息。旧的社会斗争止息了，新的社会斗争又起来。总之，按照唯物辩证法，矛盾和斗争是永远的，否则不成其为世界。资产阶级的政治家说，共产党的哲学就是斗争哲学。一点也不错。不过，斗争形式，依时代不同而有所不同罢了。""党内斗争，反映了社会上的

阶级斗争。这是毫不足怪的，没有这种斗争，才是不可思议。"

中共八届八中全会后，在全党全军和全国范围内，广泛地开展了反右倾斗争。这场错误的反右倾斗争，在政治上和经济上造成了严重后果。《关于建国以来党的若干历史问题的决议》曾经明确地指出："庐山会议后期，毛泽东同志错误地发动了对彭德怀同志的批判，进而在全党错误地开展了'反右倾'斗争。八届八中全会关于所谓'彭德怀、黄克诚、张闻天、周小舟反党集团'的决议是完全错误的。这场斗争在政治上使党内从中央到基层的民主生活遭到严重损害，在经济上打断了纠正'左'倾错误的进程，使错误延续了更长时间。"

后期的庐山会议陡起政治风波，从纠'左'急转直下反右倾，对于这种结局，周恩来是完全没有料想到的。因此，经受过反反冒进不公正对待的周恩来，心情沉重，处境艰难。

历史已经证明，1958年的反反冒进，反掉了一条经中共八大制定的实事求是、积极稳妥的社会主义经济建设路线。而1959年的反右倾，则打断了纠"左"的进程，加重了并且延续了"左"倾错误。如果说1957年反右派主要是错误的党外斗争，那么，1959年反右倾则主要是错误的党内斗争。这个极其深刻而沉痛的历史教训，值得永远记取。

民以食为天

——在国民经济困难时期抓粮食工作

1958年,席卷中国大地的"大跃进"和人民公社化运动,在"左"倾指导思想的影响下,以高指标、瞎指挥、浮夸风、强迫命令、"共产风"为标志的"五风"严重泛滥,再加上自然灾害,造成1959年至1961年国民经济严重困难。困难最突出、最明显的表现是,粮食生产大幅度减产,城乡粮食供应普遍紧张,出现了前所未有的"粮荒"。民以食为天。当时6亿多人口的大国一旦连吃饭问题都没有基本的保障,后果是不堪设想的。

面对这种严峻的形势,总理国务的周恩来忧心如焚,寝食不安。他呕心沥血,日夜操劳,统筹全国粮食工作的全局,组织调拨粮食,果断决定进口粮食,并且下决心大幅度精简城镇人口,调整农村政策,实行粮食"三定三包"等,终于使我国渡过了"粮荒"的难关。周恩来在国民经济困难时期亲自抓粮食工作,充分体现了他以民为本,执政为民,对人民极端负责的崇高精神,留下了许多可歌可泣的感人事迹。

"产量没有那么多,有虚数。"

当时粮食工作的主要问题是,由于人祸天灾,粮食大幅度减产,而相当多地区却逐级虚报浮夸粮食产量，致使粮食底数不清。周恩来抓粮食工作，首先要求摸清粮食产量的底数。1958 年 8 月，在北戴河举行的中共中央政治局扩大会议，公布当年粮食产量将达到 6 至 7 千亿斤，比上年增产 60%~90%。到年底，各地上报的粮食预计产量进一步夸大到 8 千亿斤，全国人均粮食占有量 1300 斤左右。1959 年，继续浮夸粮食产量将达到 1 万亿斤。这样，就造成我国粮食已经过关的假象。当时，周恩来明确指出："产量没有那么多，有虚数。"果然，正如他所说，1959 年落实的粮食产量仅 3300 多亿斤，为原有估产的三分之一。

高估产造成高征购。1959 年至 1961 年，三年平均征购粮食占粮食总产量的 35.3%，其中 1959 年达 39.7%，而正常年景一般只占 20% 多。高征购所购的过头粮，包括农民的部分口粮、种子和饲料，严重挫伤了农民生产粮食的积极性，进一步导致粮食减产。这是造成粮食供应紧张的主要原因。

1959 年初春，河北、山西、内蒙古、陕西、甘肃、宁夏、青海、山东、江苏、安徽、福建、河南、湖北、湖南、江西 15 省、自治区出现春荒，以及河北、山东等 5 省出现严重缺粮情况。周恩来收阅中央救灾委员会办公室送来的两件灾情报告后，立即转送毛泽东等领导同志传阅。毛泽东于 4 月 17 日晚批复：建议将此两件"在三日内，用飞机送到十五省委第一书记手收，请他们迅速处理，以救二千五百一十七万人的暂时（两个月）紧急危机"。为引起各省领导同志关注，毛泽东还写道："文件可安一个题目，'十五省二千五百一十七万人无饭吃大问题'。"18 日，周恩来致信 15 省、自治区中共第一书记。信中指出：

"这两个文件中反映的情况，有些地方一定已经处理，或者正在处理；可能有些地方的当地领导人还不知道，因而还未处理；也可能有些地方的实际情况与反映的情况不尽符合。请你们收到这两个文件后，迅即核实情况，采取措施调运粮食，以解除两千五百一十七万人暂时缺粮的紧急危机。"

"一位不愿署名的政协委员"来信，反映"饿死人"和"田地荒芜"的情况。

4月19日，周恩来召集15省在京出席全国人大会议的代表，商议解决春荒中的粮食问题。他认为，1959年的灾荒所影响的是农村部分地区，对它的严重程度还没有引起足够注意，而1960年的灾情比1959年严重得多。

1960年3月29日，周恩来收阅一封自称"一位不愿署名的政协委员"的来信，反映安徽省和县铜城闸以及无为县发生"饿死人事件"和"田地荒芜"的情况，立即将这封信批转中共安徽省委第一书记曾希圣，要求他派人前往调查处理。信中写道："转上一信，请阅后派人前往两县一查，也许确有其事，也许夸大其词。但这类个别现象各地都有，尤其去年遭灾的省份，更值得注意。"

到1960年秋后，自然灾害的情况进一步暴露出来。全国受旱面积达6亿多亩，水灾面积1亿多亩，加上风、雹、虫灾面积，共计9亿多亩，占全国耕地面积16亿亩的56.1%多。1960年10月29日，周恩来在中共中央政治局扩大会议上说："这样大的灾荒是我们开国十一年所未有的。拿我们这个年龄的人来说，从二十世纪记事起，也没有听说过。"还值得注意的是，由于"大跃进"和人民公社化运动的折腾，这时农村抵御自然灾害的能力已很虚弱。因此，1960年粮食大幅度减产，原计划3000亿公斤，实际上只有1435亿公斤，比1957年减少26%以上。

农村粮食大幅度减产，势必引起城镇粮食供应紧张。据国务院财贸办1960年6月份的报告统计：入夏以后，北京、天津、上海、辽宁等大城市和工矿区的库存粮食已经很少。北京只能供销 7 天，天津只能供销 10 天，上海几乎没有大米库存，辽宁省 10 个城市只能供销 8 至 9 天。在最紧张的日子里，京、津、沪库存粮食只有几千万斤。粮食形势十分危急，一旦断粮，后果不堪设想。而且当年粮食出口收购计划是 50 亿公斤，到 5 月底仅完成 15 亿多公斤，粮食对外贸易任务也难以完成。

值得注意的是，由于浮夸风的影响，一些放过"卫星"的人不承认粮食减产，致使全国粮食产量的底数不清。1960 年 1 月 26 日，中共中央批转的一个报告认为：国家粮食库存在 1959 年 6 月底 171.5 亿公斤的基础上，1960 年 6 月底将增加到 250 亿公斤。报告设想，今后每年征购和销售各增加 100 亿公斤，购销差额每年在 75 亿至 100 亿公斤左右，到 1963 年底，国家库存可达 500 亿公斤贸易粮。显然，这是浮夸的估计。这年七八月间在北戴河召开的中共中央工作会议上，估计 1960 年 2 月 1 日至 1961 年 6 月 30 日的年度粮食产量仍然偏高，产量为 1750 亿公斤，并决定征购 550 亿公斤。

但是，国家粮食部预计 1960 年全国粮食产量只有 1000 多亿公斤，年底落实为 1435 亿公斤。周恩来得知中共粮食部党组的情况报告后，强调指出：农业生产的情况如何，可以各说各的，但全国粮食收支计划，必须按粮食部门核实过的数字安排，并据此调整粮食购、销、调的指标。为认真核实粮食产量，他还同意粮食部提出的对全国农村生产队的粮食实行过秤入库的办法。

为了进一步摸清粮食产量的真实情况，周恩来把北方各省主管粮食工作的领导同志和部分县、社干部，请到北京召开紧急会议。会上，他认真听取意见，详细了解实际情况，并同中央其他领导同志研究后，提出全党动员，发展生产，控制消费，低标准，瓜菜代，艰苦奋斗，渡过暂时困难的一系列具体措施。他还在会上提出，每月召开一次北方各省粮食厅、局长会议，主管农业的中央领导同志到会听取汇报，亲自部署和精心安排粮食工作。

人们称赞周恩来是"粮食调度的总指挥"。

粮食底数基本摸清后，发现粮食入不敷出，缺口很大。为了保证供应城镇人口最低限度的口粮，中共中央和国务院相继采取了一系列重大措施。首先将为数不多的国家库存粮食和地区间的粮食进行调拨，以应燃眉之急。而要做好全国范围的粮食调运工作，是一项十分繁重而艰巨的任务。如1960年第3季度，据粮食部计划，国家要从有关省、区调运至少60.3亿公斤粮食，用来保证京、津、沪、辽和出口的需要。这样大量的粮食调拨数字，是建国以来历年所没有的。

为了安排好粮食调运工作，通常要经过三道"防线"。当时，任中共粮食部党组书记的陈国栋在《周恩来与粮食工作》的回忆文章中说：

"先念同志老是讲'我们管粮食、管吃饭的分三线'。我在第一线，由我先与各省、市、区协商，能够商量好的，就不找先念同志了。商量不下去，就把先念同志请出来。先念同志跟他们商量不下去，最后就把总理请出来。于是，总理就把我们带上，一个一个省地定。那时候，调动五百万斤粮食都要报告总理。"

在国民经济严重困难的日子里，周恩来亲自抓粮食调运工作，被人们称赞为"粮食调度的总指挥"。据有关文献档案记载，1960年6月至1962年9月的两年四个月中，周恩来关于粮食问题的谈话115次。从总理办公室退粮食部办公厅现存的32张报表中，周恩来改动的笔迹有994处。《一九六二年至一九六三年度粮食包产产量和征购的估算》表格上，周恩来用红蓝铅笔做的标记145处，调整和修改数字40处，在表格旁计算6处、批注数字70处、批注文字7处。这些数字生动体现了周恩来执政为民的精神。

当年参与粮食调运工作的粮食部副部长杨少桥、赵发生在《周恩来与我国的粮食工作》一文中写道:"这些表格现已作为珍贵的文物,由有关部门妥为保存,它生动地记载了总理在困难时期,为了解决全国人民的吃饭问题,所付出的心血。"

为做好全国粮食调运工作,周恩来设计了《中央粮食调拨计划表》,记载各省、市、自治区的粮食收购、库存、销售、调拨的收支等情况。一看这张表格,就能够一目了然地了解各地粮食调拨和中央粮食收支的具体情况。因为这张表格相当长,人们戏称"哈达表"。周恩来通过这张"哈达表",随时掌握全国粮食调运动向,检查粮食政策执行情况,部署粮食工作。他对"哈达表"上的统计数字看得很细,记得很牢。他到各地视察时,对当地的粮食情况有时比当地领导同志了解得还清楚些。可以说,周恩来创制的这张"哈达表",充分体现了他关心人民吃饭问题的深情厚谊。

在调粮工作中,周恩来力求事先对各地粮食情况进行调查研究,做到心中有数。例如,1961年在庐山召开的中共中央工作会议结束后,9月18日,中共江西省委领导同志与周恩来以及中央其他领导同志共进晚餐,同叙国事。中共江西省委领导同志刘俊秀在《总理爱人民,丹心照千秋》一文中回忆说:"我站了起来,向总理举杯:'南昌是总理领导八一起义的英雄城,人民解放军的诞生地,总理离开南昌三十四年了,今天来到南昌视察工作,我们心里格外高兴,为总理敬一杯酒!'"

周恩来也站起来笑着说:"江西对国家贡献是大的,特别是这几年暂时困难时期,又多支援了国家粮食,应该受到人民的表扬。俊秀同志,你要敬我一杯可以,但有一个条件!干一杯酒,要增加外调粮食一亿斤!我们干三杯,增加三亿斤好不好?"刘俊秀说:"总理啊,国务院今年给我们的外调粮任务十二亿斤,怕有困难啊!"周恩来接着说:

"我有调查,江西老表口粮水平比较高,还有储备粮,比严重缺粮的晋、冀、鲁、豫好多了。增加三亿斤虽有困难,还是可以的!"

刘俊秀想:"国家面临这么大的困难,总理是我国八亿(当时6亿多人——引者注)人民的当家人,今天亲自向我们要粮食,再困难也要想办法拿出三亿斤粮食来。"于是,他回答说:"可以!就按总理的意见办。总理的心情我们理解,国家有困难我们应该大力支援,三亿斤就三亿斤!"

这时,周恩来高兴地举起酒杯连干三杯。后来,中共江西省委研究决定,同意增加3亿斤外调粮,作为光荣的政治任务来完成。在江西省完成14.6亿斤外调粮时,中央去电说:现在到了7月,新粮已上市了,另外4000万斤不再调了。这体现了周恩来实事求是和体谅地方政府的精神。

由于当时各地包括一些产粮地区的粮食供应都很紧,外调粮食不仅必须实事求是地摸清实际情况,而且需要做深入细致的思想说服工作。为此,周恩来常常同一些省的领导同志谈话,希望他们顾全大局,支持国家调拨粮食。有一次,中央向黑龙江省下达调拨28亿斤粮食的任务,后又增调2亿斤。中共黑龙江省委主管财贸工作的省委书记杨易辰想不通,并"同总理争了起来",周恩来耐心地说服教育他。后来,杨易辰在《深情的怀念》一文中回忆说:

"周总理为了全国人民的生活安排,日夜操劳,亲自与各省领导同志谈话,做工作。那是在1962年,中央给黑龙江省下达了调拨28亿斤粮食的任务。黑龙江虽说是全国重要的产粮基地,比有些省稍微好过一点,但当时经济状况也十分困难,粮食非常紧张。人吃马料,马代人死,不少人全身浮肿,患肝炎的相当普遍。我主管财贸工作,负责安排全省人民的生活,既感到责任重大,也感到压力很大。1962年3月,总理到辽宁召集东北三省领导同志开会,调粮问题是一个主要议题。黑龙江省是欧阳钦同志和我参加的。会上,当总理向我提出黑龙江省再增拨2亿斤粮食支援外地时,我就有些想不通了。觉得黑龙江已调出了不少粮食,为国家做出很大贡献,再要多调出2亿斤粮食,实在困难太大,如果因为粮食出了问题,也无法向全省人民交代。我是个直性子,想不通的就不容易转弯。因此,我同总理争了起来,表示对再调2亿斤粮食有意见,要求中央考虑黑龙江的实际困难。总理表现出高度民主的作风,他并不打断我的话,也没有强迫我执行命令,而是耐心地听我说完,然后循循善诱地与我谈,要树立全局观念,服从大局。黑龙江有困难,但其他省份更困难,很多省死了不少人,国家要拿粮食去帮助他们。在这种情况下,只有全国上下团结一致,同心同德,才能渡过难关。每一个党员干部,尤其是领导干部,一定要顾全大局,以党和人民的利益为重,坚决支持和执行中央的统一部署。"

听了周恩来这番语重心长的讲话,杨易辰不仅想通了,而且坚决完成了调粮任务。他说:"总理的一席话,使我深受教育。我感到自己确实是考虑本地区的利益多了,想整体利益少了。思想通了,在行动上我坚决执行了中央的调粮计划,想办法做好各方面的工作,与全省人民一道完成了调粮30亿斤的任务。"

在调拨粮食的过程中,对一些重点产粮地区的实际困难,周恩来总是想方设法帮助解决。1961年,周恩来出差到东北,看到当地粮食供应确实困难,便提出向苏联商谈,从苏联远东借20万吨粮食,以应急需,随后从进口粮中归还。又如,四川省号称"天府之国",原是粮食调出大省,60年代初粮食供应也很紧张,周恩来得知后,立即指示:停止外调粮食,由省里内部调剂。1962年初,四川省的粮食供应告急,周恩来知道后,心里很难过,立即提出想办法支援四川。他请李先念、陈国栋、杨少桥到自己办公室,一起核算后,决定在当年第二季度给四川调运 2.5 亿斤粮食，帮助他们度过春荒。

为组织领导好全国范围内的粮食调运工作，中央成立了以李先念为首的调运指挥部，中共中央还发出了一系列有关调运粮食的文件。为了解决调拨中的运输问题，周恩来还同外贸部商量，尽快进口 1200 多辆汽车，交粮食部使用，增加中央的调粮运力。

冲破禁区，周恩来和陈云建议从国外进口粮食。

随着"大跃进"和人民公社化运动后果的日益暴露和受灾范围的继续扩大，粮食收支逆差也不断增加。到 1960 年冬，全国范围内的粮食供应危机更加严重，仅靠地区之间调运粮食不能完全解决问题。关键问题在于各地农村和国库没有多余的粮食可供调出。11 月，国家调运粮食任务只完成 60.4%。12 月头 4 天每天调运粮食比 11 月份平均下降 20%，比中央的要求减少了一半，交通沿线的粮食库存空虚。在这种粮食供应难以为继的严峻形势下，根据周恩来和陈云提出的建议，中共中央决定进口粮食。

在当时的历史条件下，从国外进口粮食是一个重大的决策。新中国成立后，改变了国民党统治时期沿海城市吃饭靠进口粮的局面，并且开始出口粮食，这是个很大的成就。1958 年前，国家每年出口四五十亿斤粮食，1958 年向东欧和港、澳地区出口 80 亿斤粮食，创最高纪录。但是，在"左"的思潮影响下，有些人错误地认为，吃进口粮就是对帝国主义的"依赖"。因此，吃进口粮成了一个禁区。周恩来和陈云提出从国外进口粮食的建议，就是要冲破这个禁区，这是需要有足够的政治勇气的。为了缓解粮食供应危机，他们不顾冒政治风险，1961 年 5 月 30 日，陈云在外贸专业会议上讲话时明确指出："把粮食拿进来，这是关系全局的一个重大问题。""没有粮食是最危险的。"

1962年12月底,周恩来出访缅甸。行前,他在飞机场同陈云、外贸部长叶季壮商讨进口粮食问题,当时确定的进口粮食数量是150万吨。周恩来到昆明后,外贸部给随行外贸部副部长雷任民打来电话,说中央决定进口250万吨粮食。周恩来得知这个情况后,立即打电话问陈云。陈云说:粮食太紧张了,要进口这么多粮食才能渡过难关。周恩来感到,一向精细稳重的陈云都主张增加粮食进口数量,足以说明国内粮食紧张的程度,心里非常着急,很久没有说话。

在访问缅甸结束前一天,周恩来对雷任民说:"访问结束后,你不要回北京,直接去香港,确实搞清三个问题:一是能不能买到粮?二是运输问题能不能解决?三是中国银行能不能解决外汇支付问题?"因为当时台湾海峡局势比较紧张,美、蒋对我实行海上封锁。这样,运输和资金特别重要。雷任民从香港回到北京后,立即向周恩来报告,经过了解和研究,货源、运输、外汇都可以解决。周恩来听后,还从各种角度提出许多问题,直到雷任民一一答复后,他的心才踏实下来。

后来,雷任民在《回忆周总理对外贸工作的关怀和指导》一文中写道:"周总理为解决粮食问题付出了很大的力量,每天晚上都把我叫去向他汇报粮食订购、运输到货情况、船只航行的情况等等。周总理为了解决粮食进口问题,真是日夜操劳,呕心沥血。"

在进口粮食的过程中,周恩来不仅抓得很紧,而且抓得很细。为了严密、周到地计算进口粮食的价格,他常常同外贸部门领导同志一起,对大米和小麦的国际市场价格进行对比计算。当时,一吨小麦价格是60多美元,大米价格是100多美元。这就是说,出口一吨大米,至少可以换回一吨半小麦。我国进口小麦量大于出口大米量,加上出口大豆等粮、油类产品,一进一出,在金额上进与出相差不多。粮食生产形势明显好转后,周恩来主张继续进口粮食。外贸部副部长林海云在《关于周恩来外贸思想的片断回忆》一文中写道:

"他认为,继续进口粮食对我们国家有利。因为进口小麦供应北京、天津、上海、大连、广州等大城市,除有利于农民休养生息外,还可以减少从内地粮区运粮食到大城市的运输量,缓解运输紧张状况,节省大量人力、财力;而且,小麦便于储存,以备急需。当时国际市场麦价比较低,海运费也便宜。相反,靠陆路从我内地运到沿海大城市,运费就比较高了。从这里,我们可以看到,周总理想问题是相当周到和深远的。他是用战略眼光分析、处理这个问题的。"

1961年3月,中共中央决定进口粮食增加到500万吨。每年的进口粮食占京、津、沪等大城市和辽宁省用粮总数的70%至80%。购买这批进口粮食需要5亿美元的外汇,占当时国家拥有外汇总数的1/4。为解决外汇困难,周恩来一面请国家银行进行调剂,一面压缩其他进口物资。每年进口500万吨粮食,在全国粮食总量中所占比重很小,但在全国粮食调节和弥补国家粮食逆差上,却起了相当重大的作用。进口500万吨粮食,不仅减少了产粮区的粮食调出,保证了重灾区的粮食供应,避免了京、津、沪、辽粮食脱销的危险,而且补充了部分国家粮食库存。

为解决粮食供应危机,"从城市压人口下乡"。

大幅度地精简城镇人口,包括城镇职工和居民,是调整工作中的一项关键性措施,也是缓解粮食供应紧张的一项有效措施。在"大跃进"的浪潮中,全国职工人数盲目攀升,1957年为2450万人,到1960年猛增到5000万人。与此相应地减少农村劳动力2300万人,原来生产粮食的人变成了吃商品粮的人。短短两年多全国职工人数成倍增加,大大超越了国民经济发展水平,特别是农业生产水平所能承受的程度。因此,在调整工作中,必须坚决压缩城镇人口,包括把新从农村中招来的职工退回农村去。中共中央决定在进口粮食的同时,下决心精简城镇人口。

1961年3月21日,周恩来在广州召开的中共中央工作会议上,介绍了粮食问题的情况,并提出了解决粮食供应紧张的措施,首次提出压缩城镇人口的意见。他说:

> 在不妨碍生产、而且有利于生产的情况下,要压缩一批城市人口回乡,这项工作应该立即着手准备,而且要有计划有领导有步骤地去做。我们希望从今年麦收开始到明年,争取在一年半的时间内压缩一千万以上的人口回乡,这对于减少城市的粮食压力,促进农业生产的发展,会起很好的作用。

1961年5月21日至6月12日,在北京召开的中共中央工作会议上,研究怎样从根本上解决粮食问题,是这次会议的一个重要议题。5月31日,周恩来在会上作了关于粮食问题和压缩城市人口的报告。他提出,要解决粮食问题,根本的方针是,"从城市压人口下乡"。人如何压下去?"最重要的方针是人从哪里来,回到哪里去。""三年压两千万人,这是一个艰巨的工作。"

当天,陈云在会上讲话,完全赞成周恩来的意见。他说:"现在的问题,实质是这样:城市人口如果不下乡,就只好再挖农民的口粮。""所以,面前摆着两条路要我们选择:一个是继续挖农民的口粮;一个是城市人口下乡。两条路必须选一条,没有什么别的路可走。我认为只能走压缩城市人口这条路。"主持会议的刘少奇强调指出:"农民饿了一两年饭,害了一点浮肿病,死了一些人,城市里面的人也饿饭,全党、全国人民都有切身的经验。""现在就是要下一个很大的决心,减少城市里面的人口。"

中共中央工作会议认真讨论了周恩来的报告。经过综合分析讨论中所提的意见,周恩来连夜主持起草了《关于粮食问题的九条办法》。6月6日,他对这《九条办法》逐一说明。这《九条办法》中直接有关压缩城市人口的主要内容是:"全国城镇只许减人,不许加人,特殊需要加人的必须得到中央和中央局的批准。减少城镇人口,必须同压缩城市粮食销量结合进行。中央要求,在一九六〇年底一点二九亿城镇人口的基数上,三年内减少城镇人口二千万以上。"6月16日,经中共中央批准,下达了这个文件,文件的题目改为《中央工作会议关于减少城镇人口和压缩城镇粮食销量的九条办法》。这《九条办法》至关重要,是调整时期指导城市精简工作和解决粮食问题的纲领性文件。

为了尽快地落实减少城镇人口的任务,周恩来亲自紧抓不放。1961年8月24日,他在庐山召开的中共中央工作会议上,再次作关于粮食问题的报告。在讲到减少城镇人口问题时,他强调指出:为了解决城市问题,必须精简城镇人口。"现在粮食情况很紧张,中央各部要帮助各省、市把厂矿的人员压下去,压人的事情要抓紧。城市长期这样多人是不行的。"

8月30日,会议通过了周恩来改定的《中共中央关于一九六一年到一九六二年度粮食工作的几项规定(草案)》。《规定》强调:加强压缩城镇人口和城市粮食销量,切实安排好城乡人口生活,是摆在全党面前的一项迫切的重大的经济任务和政治任务。

为了总结经验教训,统一思想认识,进一步贯彻执行"调整、巩固、充实、提高"八字方针,1962年1月11日至2月7日,中共中央在北京召开扩大的中央工作会议,又称"七千人大会"。2月7日,周恩来在大会闭幕会上讲话。在讲到克服目前困难的八项主要办法时,他提出的第一项办法就是"坚决精简机构,压缩城镇人口,精减职工人数,减少粮食供应"。他说:

"中央决定,一九六二年上半年要继续压缩城镇人口七百万人,其中职工要减少五百万人。在上半年精减的指标实现以后,下半年还要考虑提出新的精减计划。这是克服当前困难最重要的一着,也是调整工作的一个重要环节。""精兵必先简政。党、政机关和企业、事业单位,首先要裁并机构,要'拆庙子',同时要'搬菩萨'。""我们要认识,如果不坚决把人减下来,困难就会更大。而且从长远来看,我们不仅要减现在的城镇人口,减现在的职工,还要控制人口的增长。"

"七千人大会"后,1962年2月21日至23日,刘少奇在中南海西楼召开中共中央政治局常委扩大会议,讨论1962年国家预算和经济形势问题。2月22日,周恩来在会上强调指出:精简工作的中心问题是安置,要"先减人,再拆庙,以免人心惶惶"。他建议,成立中央精简工作小组,由杨尚昆主持。他还表示,自己要直接过问这项工作。

西楼会议后,周恩来主持起草了《中央财经小组关于讨论一九六二年国民经济调整计划的报告(草稿)》,提出了几项重大措施。其中一项就是继续压缩城镇人口1000万,包括精简职工850万人。随后,在周恩来改定的《中共中央关于批发一九六二年国民经济调整计划的指示》中,强调指出:

"当前最急迫的措施,是要坚决缩短工业生产战线和基本建设战线,关掉、合并、缩小一批工厂,拆掉那些用不着的架子,收起那些用不着的摊子,大力精简职工和压缩城镇人口。这些方面的工作做得愈坚决,愈妥善,我们就能够愈快地改变当前国民经济困难的局面。"

针对当时一些领导干部对大幅度压缩城镇人口和精简职工的重要性认识不足,措施很不得力,为了统一思想和行动,1962年5月7日至11日,中共中央政治局常委在北京召开工作会议,又称五月会议。5月11日,周恩来围绕经济形势和方针、任务等问题作了有针对性的讲话,着重讲了精简工作问题。他说:

"当然,去年已经是下大决心了,一千多万人下乡,八百七十多万职工精简下来,这是一个大决心。但是,去年我们还不能设想关这么多厂,拆这么多'庙',精简这么多人。这件事情,在中国,没有哪个政权能够这样做,只有我们才有这样做的群众基础。""现在下这个决心,目的就是要把我们的经济生活来一个大幅度的调整,使它在新的基础上来一个大改组。这是领导的决心,也是全民族的决心,几乎要震动我们全民的生活,不是一件简单的事情。""这是一个积极方针,是一个经过调整、改组、然后前进的方针。"

根据五月会议精神,周恩来修改审定了几个有关经济调整和减少城镇人口的文件。5月19日,他审改《中共中央批发〈中央财经小组关于讨论一九六二年国民经济调整计划的报告的指示〉》稿。5月21日和22日,周恩来修改审定《关于减少职工和城镇人口的宣传通知》稿、《中共中央、国务院关于进一步精简职工和减少城镇人口的决定》稿等4个文件。《决定》稿强调:"在当前国民经济调整工作中,精简职工和减少城镇人口去农业战线,是一个最基本的环节。"

五月会议后,为了帮助各地落实压缩城镇人口、精简职工和关、停、并、转企业等项调整方案,周恩来和几位副总理分赴一些省、市,去指挥和督促工作。

周恩来主动提出到大型厂矿企业多、困难大的东北三省。中央要求东北地区精简职工200万,压缩城镇人口300万。行前,他派国家计委一位副主任率领工交系统80多人组成的工作组,先到东北三省进行调查,并提出三点调整方针:一是,在整个经济布局上,要缩短工业战线,拉长农业战线;二是,在工业系统,要缩短基本建设战线,拉长生产战线;三是,在机械设备方面,要先辅机,后主机,先维修,后制造。周恩来到达沈阳后,听取了工作组详细汇报。

随后,周恩来同中共中央东北局和三省的领导同志一起,研究在东北地区落实精简职工、减少城镇人口和关、停、并、转一些企业等调整方案，讨论克服困难的办法。他耐心地说服教育，强调东北的调整，必须对照全国的情况进行。他说："除坚决调整外，别无出路。"在东北期间，他先后到东北三省的厂矿企业、农村和学校，广泛、深入地调查研究。他指出：下去不仅要调查，还要解决问题，摸出解决问题的经验。

在调查研究过程中，周恩来反复强调精简职工、减少城镇人口，对克服经济困难的重要性。他说：今年下半年抓住精简职工和减少城镇人口这项工作，是克服困难的一条基本出路。他对一些地区和单位贯彻执行中央调整方针不力和精简职工、减少城镇人口决心不大，提出严厉批评。经过5月28日至6月25日近一个月时间，周恩来在东北地区艰苦细致的工作，落实了各项调整方案，并督促立即付诸行动。

由于情况明，决心大，方法对，在全国范围内大刀阔斧地进行精简职工和减少城镇人口，取得了显著成效。1961年到1963年，共精简职工1940万人，减少城镇人口2600多万人，吃商品粮的人口减少2800多万人，全国非农业人口口粮和食品工业粮食销量共减少69.2亿公斤。因此，不仅稳定了全国特别是重灾区和大中城市的粮食供应，而且调整了工农业严重不协调的现象，对于农业生产的恢复和发展，对于整个国民经济的顺利调整，起了关键性的作用。在短短两年多的时间内，减少这么多城镇人口，是一件了不起的大事。当时有人说："这是一个中等的国家搬家，这是史无前例的，世界上也没有的。"正如周恩来所说："只有我们才有这样的群众基础"。

中央成立以周恩来为首的"瓜菜代"领导小组，并调整粮食政策，实行"三定三包"。

为了从根本上渡过粮食难关，中共中央调整粮食政策，采取了一系列增产节约的措施。1960年8月10日，中共中央发出《关于全党动手,大办农业,大办粮食的指示》。指示强调:"民以食为天,吃饭第一,必须全党动手,全民动手,大办粮食。一手抓生产,一手抓生活。既要尽最大的努力增产粮食,又要切实实行计划用粮,节约用粮。"

9月7日,中共中央发出《关于压低农村和城市的口粮标准的指示》。11月14日,中共中央还发出《关于立即开展大规模采集和制造代食品运动的紧急指示》。指示提出:"立即动员广大群众,开展一个大规模的采集和制造代食品运动,是当前全党全民的一项重要的紧急任务。"中共中央还成立了以周恩来为首,李富春、李先念、谭震林、习仲勋等参加的"瓜菜代"领导小组,并设立专门办公室。各地也成立了相应的工作领导小组和办公室。

为了认真研究粮食问题,周恩来建议在广州召开的中共中央工作会议上讨论粮食工作。1961年3月21日,他在工作会议上介绍粮食的现状,指出在二、三季度存在40亿公斤的粮食缺额。怎样克服粮食供应危机?周恩来提出应该实行"三包三定"政策。"三包三定",即包产、包购、包销、定产、定购、定销。对于"三包三定"的具体办法,周恩来作了解释说明,主要内容是:

(一)包产以后,超产部分可以全部归大队,但是要允许国家买。"没有这一条是不行的,不仅中央有困难,地方上也有困难。在一般地区我们提出四句话:多产多吃多购;少产少吃照购;灾荒少吃少购;重灾可以由社、县、地、市、省调剂,实行救济免购。有了这四条线,才能争取超产。"(二)在目前灾荒基础上进行的包产,一般不能"三年不变",只能一年一变。当然,个别生产稳定、历年丰产的地区,可以考虑几年不变,但是这只是个别的,由地方上控制。(三)地方在"三定"之后出现灾荒,由县、地管小灾,地、省管中灾,省和大区管大灾。中央管两种特大灾荒:一是管三个省到四个省的特大灾荒;二是如果超过三四个省,就要开会,实行

"大平调"。"平调"也是一种不得已的手段,过去刮"共产风"是不对的,但是遇到自然灾害,以东补西,以丰补歉,东调西调,南调北调,也是不得已,并不是愿意这样做。"三包三定"政策,"一定要贯彻,否则不能调动农民的积极性,稳定农民情绪,增加农业生产。"

怎样使我国粮食早日过关,周恩来在会上提出三条措施:(一)在六七年的时间内,还要从各方面来支援农业,大抓经济作物,实行机械化,求得增产。同时,还要实行低标准、瓜菜代,口粮水平不能一下增加太多,这是长期奋斗的方针。(二)在全国来说,仍要继续提倡节衣缩食,特别是在城市,更要大力提倡。(三)在不妨碍生产,而且有利于生产的情况下,要压缩一批城市人口回乡。

经过一系列调整,1961年粮食产量略有回升。1962年秋收后,粮食形势开始好转。1962年粮食产量从1960年的1435亿公斤回升到1600亿公斤,比上一年增产125亿公斤;农业总产值比上一年增长6.2%,结束了三年连续下降的状况。

1962年9月,中共中央提出五年内粮食工作的方针,要求在逐年增产和农民生活逐步改善的基础上,适当增加征购,严格控制销量,逐年增加上调,逐步补充库存。计划到1967年粮食总产量至少达到2000亿公斤,征购数从1962年的314.5亿公斤上升到400亿公斤,库存增加到175亿至180亿公斤,相当于1959年的水平。由于调整时期贯彻执行了正确的粮食政策,1967年粮食总产量达到2175亿多公斤,实现了预期的目标。

"国家经济形势好转了,你家的饭桌上怎么还没体现出大好形势来呀?!"

在困难的日子里,周恩来坚持立党为公、执政为民,以对党对人民极端负责的精神，为克服严重的经济困难，为解决亿万人民吃饭问题，日夜操劳，殚精竭虑，坚韧不拔，周到细致。与此同时，他以身作则，与民同甘共苦，患难与共，共渡难关。

首先，周恩来率先垂范，带头节衣缩食，艰苦奋斗。在家里，他很少吃肉，带头吃薯干和其他杂粮。在家里找人谈工作，常常谈到凌晨，但当时取消了夜餐，只得由邓颖超送来一些点心、糖果等垫补一下。粮食部长陈国栋在《周恩来与粮食工作》一文中回忆说：

"这段时间，我在同周总理的接触中遇到许多动人的事情，我觉得值得特别提一提。""你们刚才谈到总理的工作台历上记录了当时我一个礼拜要去总理那里好几次。去总理处，主要是谈粮食问题。他一般都是晚上找我们去，地点经常是在他的办公室。有时是晚上九、十点钟，或深夜十一、十二点钟去，谈到第二天凌晨三、四点钟，有时是凌晨两三点钟才去。""按过去规定，工作到半夜，就应有夜餐，三年困难时期取消了。但每当我们工作到深夜，邓大姐便送来高级糖或点心、饼干等，有时也端给我们一碗素挂面。那样照顾我们，是总理、邓大姐私人招待，公家并不开销。"

在困难时期，周恩来外出视察工作，都要向工作人员交代注意事项。1962年6月中旬，周恩来在沈阳视察期间，对管生活的有关人员交代：现在，全国人民都在勒紧裤带，毛主席在党中央带头，我在国务院带头，鱼、蛋、肉之类的东西不吃，肉制品也不行。群众有困难，做领导工作的更不能特殊。为了减轻地方的负担，他出差时还让工作人员带上茶叶和饼干，作为工作夜餐。有一次，周恩来赴长春视察工作，他的卫士长成元功在回忆文章中写道：

"后来我们到了长春，找到管理员把总理的这些要求对他讲了。可他们硬是不听，可能以为不过是说说算了，所以还是超了标准。结果邓大姐亲自出面，把管理员找来，……一一交代清楚。那位老厨师激动的不知说什么好。他说：'我当了这么多年厨师，做了这么多年的菜，没少为大官掌勺，只见过点名要山珍海味的，还没有见过像总理这样这不准吃，那不准做的。'"

周恩来不仅严于律己，而且还注意严肃党纪。1960年10月，青海省要求中央给他们调进粮食，同时给中央送来5万斤鱼。周恩来得到报告后十分生气。10月10日，他在中共中央书记处会议上提出了严厉批评。他说："青海送中央五万斤鱼，简直胡闹。为什么要中央调粮又送鱼？请你（指李富春——引者注）起草通知，全国从今以后，不许送中央一针一线一条鱼。要做全国通报，严格禁止。本来禁了多年，自大跃进以来又起来了。这是'走后门'，不拿一个省开刀不行。"会后，周恩来还指定习仲勋等同志起草了《中共中央关于不准请客送礼和停止新建招待所的通知》。10月23日，他还对这个通知作了补充、修改。对于通知中的规定，他以身作则，率先执行。

1961年1月，他的家乡中共淮安县委给他和邓颖超送来一些家乡的土产。他立即嘱咐秘书写信转告县委同志："周总理和邓大姐认为，在中央三令五申不准送礼的情况下，你们这样做是不好的。"他让秘书从工资中拿出100元寄给县委同志，作为价款偿付。他还将上述中央关于不准请客送礼的通知附上，请他们"仔细研究，并望严格执行"。

周恩来严于律己，清正廉洁，艰苦朴素，不仅在困难时期，而且是一以贯之的，即使在经济形势好转以后，也是坚持不懈的。著名科学家朱光亚在《我国爆炸第一颗原子弹前后》一文中所写的一个生动感人事例，就是最好的说明。他写道：

"1962年11月，二机部提出了研制原子航弹的两年规划。这次专委会就是审议这一规划。由于它几乎牵动全国各条战线，许多问题需要在会上商定，会议从上午开到下午，总理便留我们吃饭。餐厅在会议厅背后，摆了两张大圆桌就没有多少空地了。每桌都一大盆肉丸子熬白菜、豆腐。四周摆几碟小菜和烧饼。周总理及其他中央领导同志和我们同桌就餐，吃同样的饭菜。好几年后，余秋里同志曾告诉我们：这种大盆菜是周总理创导的国务院的传统饭菜，既有营养，又很方便。"

"这种传统的饭菜在国家经济好转的年月里一直没有变化。一位在周总理身边工作的同志还给我们讲过一个小故事，1963年的一次晚餐也是这样的饭菜。大家都入席了，后到的贺龙元帅进入餐厅后，望一望每张桌上的食物，风趣地对总理说：'总理呀，国家经济形势好转了，你家的饭桌上怎么还没体现出大好形势来呀?!'""总理笑道：'大好形势是靠大家奋斗得来的。将来，国家富强了，也不能丢掉艰苦朴素的传统啊!'""在总理家里，就是在餐桌上也有警示人的风范。"

一场重大而漫长的国际较量

——为恢复新中国在联合国的合法席位而斗争

恢复中华人民共和国在联合国的合法席位，是新中国外交史上的一件大事，也是一场重大而漫长的国际斗争。周恩来自始至终是这场斗争的直接领导者。

新中国理所当然地应该享有联合国的合法席位。

中国是联合国创始会员国之一，也是联合国安理会常任理事国之一，对联合国的诞生做出过重要贡献，对维护世界和平与安全负有特殊使命。

1945年4月25日，50个国家的代表签署了《联合国宪章》。董必武是中国代表团的代表之一，在《联合国宪章》上签字。10月24日，中、美、苏、英、法5个联合国安全理事会常任理事国和其他多数签字国递交批准书，《联合国宪章》开始生效。至此，联合国宣告正式成立。

新中国成立后，关于恢复中国在联合国的合法席位问题，我国政府的原则立场是：中华人民共和国中央人民政府从1949年10月1日起，就是代表中国人民的唯一合法政府，理所当然地享有中国在联合国的席位。恢复中华人民共和国在联合国的一切合法权利，就必须承认中华人民共和国政府的代表是中国驻联合国的唯一合法代表，承认中华人民共和国是联合国安全理事会 5 个常任理事国之一，并立即把国民党反动残余集团的代表从联合国及其所属一切机构中驱逐出去。中国政府的这个原则立场是明确而坚定的。

由于美国政府竭力阻挠，致使我国为恢复在联合国的合法席位进行了长达 22 年的外交斗争。这场斗争大致经历了 3 个阶段：

第一阶段，1949 年到 1960 年，联合国第六届大会到第十五届大会，在美国政府操纵下，都以"延期审议"或"不审议"，拒不讨论恢复中国在联合国的合法席位问题。

第二阶段，1960 年到 1970 年，美国政府变换手法，操纵联合国第十六届大会到第二十五届大会，通过非法决议，将恢复中国在联合国的合法席位作为必须由 2/3 多数票通过的"重要问题"。

第三阶段，1971 年，这是为恢复中国在联合国的合法席位进行决战的一年，联合国第二十六届大会以压倒多数通过了阿尔巴尼亚等国"驱蒋纳我"的提案，终于恢复了中华人民共和国在联合国的合法席位。

揭开斗争序幕，冲破美国的重重阻挠。

为恢复中国在联合国合法席位的斗争，在新中国成立前夕就拉开了斗争的序幕。1949 年 9 月 30 日，代行全国人民代表大会职能的中国人民政治协商会议第一次会议，就正式通过决议，否认国民党反动残余集团的代表出席第四届联大的资格。新中国成立伊始，11 月 15 日，周恩来致电联合国秘书长赖伊，要求联合国"立即取消'中国国民政府代表'继续代表中国人民参加联合国的一切权利"。电文写道：

"中华人民共和国中央人民政府业于十月一日正式成立。中央人民政府毛泽东主席于政府成立之日,即郑重向全世界宣告:只有中华人民共和国中央人民政府才是代表中华人民共和国全体人民的惟一合法政府。现在,中华人民共和国中央人民政府业已基本上解放了全中国的土地和人民,且已得到全中国人民的热烈拥护。而国民党反动政府已丧失了代表中国人民的任何法律与事实的根据。因此,目前以代表中国人民名义参加联合国组织并出席本届联合国大会的所谓'中国国民政府代表团'……绝对没有代表中国人民的资格。我谨代表中华人民共和国中央人民政府正式要求联合国,根据联合国宪章的原则与精神,立即取消'中国国民政府代表团'继续代表中国人民参加联合国的一切权利,以符合中国人民的愿望。"

同一天,周恩来还致电第四届联大主席罗慕洛,电报内容与致赖伊电报基本相同,只是结尾提出:"我谨代表中华人民共和国中央人民政府正式通知阁下:中华人民共和国中央人民政府否认目前正出席本届联合国大会之所谓'中国国民政府'派遣的蒋廷黻所领导的代表团的合法地位,认为他们已经不能代表中国,并也无权代表中国人民在联合国组织中发言。"

周恩来的这两份电报,全面阐明了中国政府对恢复中国在联合国合法席位的原则立场,得到苏联政府的支持。11月25日,苏联出席第四届联大代表团团长维辛斯基在联大政治与安全委员会(即第一委员会)上说:"苏联政府已经通知联合国,苏联代表团支持中华人民共和国中央人民政府外交部部长周恩来(11月15日)致大会主席的声明。该声明拒绝承认由蒋廷黻率领及由所谓'中国国民政府'派到本届大会的代表团的合法地位,拒绝承认这个代表中国及代表中国人民在联合国大会上发言的权利。"

当时，毛泽东正在苏联访问，仍然关注着恢复我国在联合国合法席位的斗争。1950年1月7日，毛泽东从莫斯科致电周恩来并中共中央说：苏联外交部长维辛斯基"建议我外交部给联合国安全理事会去一个声明，否认前国民党政府代表蒋廷黻继续为安理会中国代表的合法地位"。当天下午，毛泽东致电刘少奇、周恩来，并附上他以周恩来名义拟定的致联合国大会主席罗慕洛、联合国秘书长赖伊并转安理会会员国苏联、美国、法国、英国、厄瓜多尔、印度、古巴、埃及、挪威政府的电报。电文是：

"中华人民共和国中央人民政府认为，中国国民党反动残余集团的代表留在联合国安全理事会是非法的，并主张将其从安全理事会开除出去，特此电达，希予采纳照办为荷。中华人民共和国中央人民政府外交部部长周恩来。一九五〇年一月八日于北京。"

1月10日，苏联代表马立克在安理会宣读了周恩来的这份电报，并说："苏联代表团奉苏联政府训令特此知照安理会：苏联代表团支持中华人民共和国中央人民政府的声明，并且坚持将国民党集团的代表从安理会开除出去。"接着，马立克提出将国民党集团的代表从安理会开除出去的提案。1月13日，安理会对苏联提案进行表决，在美国操纵下，结果被否决。马立克随即宣告："苏联代表团将不参加安理会的工作，直至国民党集团的代表被开除为止。苏联将不承认安理会在国民党集团的代表参与之下所通过的任何决议，并将不理会这种决议。"

同一天，毛泽东从莫斯科致电刘少奇说：维辛斯基"建议我国向联合国去电派遣自己的代表出席联合国，以代替国民党代表"。"我同意他的建议。代表团首席人选请中央考虑电告，待恩来到此商决"。刘少奇复电，提名章汉夫。1月18日，毛泽东与抵达苏联境内但仍在旅途中的周恩来通电话商量后，致电刘少奇说："章汉夫资望方面有不够之处"。"首席代表以洛甫担任为适宜。现起草了一个致联合国的电报，如中央同意，请于明十九日发出，并公开发表。"

毛泽东起草的致联合国大会主席罗慕洛先生、秘书长赖伊先生、并请转达联合国及安全理事会各会员国代表团的电报，发出时署名周恩来。这份电报的主要内容（括号内的字是发表前改动或添加的）是：

"中华人民共和国中央人民政府业已任命张闻天为中华人民共和国出席联合国会议和参加联合国工作包括安全理事会的会议及其工作的代表团的首席代表。""请主席先生和秘书长先生回答我的下列两项（个）问题，即（一）何时开除中国国民党反动残余集团的非法代表出席联合国及（其）安全理事会，我认为这样的反动残余集团的非法代表到现在还（这样）留在联合国及（其）安全理事会，是完全不合理的，应当立即开除出去；（二）以张闻天为首席代表的合法的中华人民共和国的代表团何时可以出席联合国及（其）安（全）理（事）会的会议并参加工作，我认为应当迅速出席会议并参加工作。以上各项，请予速复为盼。"

赖伊收到这份电报后，将它作为正式文件分送联合国各会员国，并复电周恩来。对所询的第一个问题，答称："联合国每一机构皆有依据会员国之资格证书采取行动之权"。对所询第二个问题，答称："参加联合国各个机构的工作问题，系由各该机构之决议来决定"。答非所问，显然是故意推脱，敷衍了事。

不仅如此，在美国政府的操纵下，联合国不但不接受中国政府的合理要求，而且违背联合国宪章，恣意干涉中国内政。1950年3月8日，联合国秘书长赖伊公布了一份备忘录称："中国问题在联合国的历史上是独特的，这并非因为牵涉一个政府的革命变递，而是因为第一次有两个敌对的政府并存着"。"当前争执的问题应该是，究竟这两个政府中哪一个在事实上具有使用国家资源及指导人民以履行会员国义务的地位。"赖伊的这些说法，实际上否定了中国人民的革命及其成果，否定了中华人民共和国中央人民政府是代表全中国人民的唯一合法政府。赖伊的这份备忘录违背了联合国宪章的规定，明显干涉中国内政，是非法的，也是无效的。

美国政府阻挠新中国恢复联合国合法席位，中国政府坚持不懈斗争。

尽管遭到美国操纵下的联合国竭力阻挠，但为了争取早日恢复我国在联合国的合法席位，我国政府对派出代表团参加联合国的准备工作仍在认真进行。4月9日，周恩来召集专门会议，研究代表团的组成问题。会议决定代表团由50人组成，确定了代表团主要成员，并拟定了《派往联合国代表团办事机构编制、任务及干部配备草案》等具体规定。后来，由于朝鲜战争爆发，国际局势急剧变化，我国派往联合国的代表团的准备工作不得不暂时中断。不过，恢复我国在联合国合法席位的斗争仍在继续。

1950年8月26日，周恩来致电联合国秘书长赖伊，重申对恢复中国在联合国合法席位的一贯原则立场，并通知我国出席第五届联大代表团的名单。电文写道：

"中华人民共和国中央人民政府是代表中国人民的惟一合法政府，中国国民党反动残余集团的所谓'代表'完全没有参加联合国一切会议及其机构的资格，故必须将他们从联合国一切会议及其机构中驱逐出去。为此，我代表中华人民共和国中央人民政府在一九四九年十一月十日曾向阁下及联合国第四届大会主席罗慕洛先生发出照会，声明以蒋廷黻为首的所谓'中国国民政府代表团'已绝对无权代表中国；在一九五〇年一月八日，一月十九日，二月二日，五月三十日，我又一再向阁下及罗慕洛先生发出照会，要求联合国立即将中国国民党反动残余集团的非法代表从联合国及其安全理事会、经济暨社会理事会、托管理事会等机构中开除出去……现在联合国第五届大会将于九月十五日召开，我代表中华人民共和国中央人民政府正式通知阁下，中华人民共和国中央人民政府业已任命张闻天为中华人民共和国出席联合国第五届大会的首席代表，李一氓、周士第、冀朝鼎、孟用潜为代表。请即转达有关各方，并即办理中华人民共和国代表出席联合国第五届大会之一切手续。专此奉达，请速电复。"

9月7日，赖伊复电周恩来称，如果联合国大会接受中华人民共和国代表团，他将代为申请美国入境许可，并安排接待。

9月9日，周恩来会见印度驻华大使潘尼迦，就他通报印度政府为恢复新中国在联合国的合法席位问题，曾经同包括美国在内的一些国家交换意见一事，指出：关于中国参加联合国的问题，是很简单的。其中一个决定性的因素，就是美国阻挠。所以，问题的焦点在美国政府。至于中华人民共和国应该参加联合国，这是一件无可争辩的事情。其所以不能通过，唯一的原因就是美国的阻挠。美国现在能操纵联合国的多数，如果它不加阻挠，中国就能进入联合国。印度政府把这个问题提到美国面前，的确找到了对象。

周恩来的这番谈话，真可谓一语中的。9月17日，周恩来再次致电赖伊，重申8月26日电中的主要内容，并说："联合国第五届大会如无中华人民共和国代表团参加，或竟容留中国国民党反动残余集团的非法代表在内，则其所做的一切与中国有关的决议，均将是非法的，因而也将是无效的。"

9月19日，第五届联大开幕，当天即表决有关"中国代表权"的3项提案。印度提案主张邀请中华人民共和国代表出席联合国大会；苏联提案主张，"国民党集团代表不能参加大会及其机构的工作"，"邀请中华人民共和国中央人民政府所指派的代表参加大会及其所属机构的工作";加拿大提案主张"成立特别委员会来考虑中国代表权问题"。在美国操纵下,联大否决了印度、苏联的提案,通过了加拿大提案。

为此,9月25日,我国外交部发言人郑重声明:"中华人民共和国热烈欢迎印度与苏联两国代表在联合国大会所作的努力。印度和苏联两国代表向联合国大会提出的提案是完全正当的、合法的。"声明就国民党反动残余集团的代表仍然留在联合国内的问题,明确指出:"联合国大会仍然让这一非法的'代表'坐在联合国内",是"中国人民所不能忍受的"。美国政府"百般操纵和蓄意破坏","应负这一非法决议的主要责任"。声明虽然没有直接点明加拿大提案,但我国反对这个提案的原则立场是很明确的。

1951年,在联合国第六届大会上,苏联提议,"要求把'中国在联合国的代表权'问题列入大会议程"。泰国提案主张,"延期审议从大会排除中国国民政府的代表,或让中华人民共和国中央人民政府的代表取得席位在大会内代表中国的任何其他提案"。在美国的控制下,大会通过了泰国提案,苏联提案未付表决。

1952年第七届联大,苏联提案主张,"对所谓'国民党政府派至联合国第七届会议的代表的全权证书'视为无效,因为这些全权证书不符合大会议事规则第三十条的规定。"联合国大会议事规则第30条规定,只有一国的元首或政府首脑或外交部长才有权任命出席联合国大会的代表。据此,苏联代表指出:已被中国人民所唾弃的政权的残余分子无此权力。

从1953年的第八届联大到1955年第十届联大,苏联的提案都是"中华人民共和国中央人民政府所委派的代表应在大会及联合国其他机构中取得中国的合法地位。"1956年第十一届联大到1959年第十四届联大上印度的提议和1960年第十五届联大上苏联的提议,都是要求把

"中国在联合国的代表权问题"列入联合国大会的议程。但是，从1952年第七届联大到1960年第十五届联大，都通过了美国提案，苏联提案、提议和印度提议都未付表决。

从1952年第七届联大起，关于"中国代表权问题"，美国不再指使其他国家提出议案，而由它自己单独提出议案。1952年第七届联大到1955年第十届联大，美国提案的主要内容是："延期审议所有关于排除中华民国政府的代表出席和让中华人民共和国中央人民政府的代表取得席位的提议。"1956年第十一届联大到1960年第十五届联大，美国提案的主要内容是："不审议关于排除中华民国政府的代表或让中华人民共和国中央人民政府的代表取得席位的任何提议。"由于美国严加控制，它提出的"延期审议"和"不审议"的提案，在这9年中，都以多数票获得联合国大会通过。

1952年到1960年的9年中，联合国会员国由60个增加到99个。美国提案虽然都以多数票通过，但赞成票呈下降趋势，1952年为42票，1957年为48票，1960年降到42票；反对票1952年为7票，此后逐年上升，1960年为34票；弃权票1960年为22票。由此可见，美国操纵联合国的指挥棒逐渐失灵，反对恢复中国在联合国的合法席位日益困难。

对于国际局势的这种发展变化，周恩来敏锐地洞察到了。早在1955年10月22日，在全国政协二届常委会第七次扩大会议上，他作题为《关于目前时局问题》的报告时，在讲到我国参加联合国的问题，他深刻剖析了北大西洋公约集团对华关系上的三种类型。第一类是北欧国家，如挪威、丹麦，它们在自己国内赶走了蒋介石集团的代表，在联合国投我国的赞成票，因而我国同它们建交，互派大使。第二类如英国、荷兰，它们在自己国内赶走了蒋介石集团的代表，但在联合国仍然投票支持蒋介石集团的代表，对于这类国家，只能建立半外交关系。第三类如法国、比利时，它们在本国不赶走蒋介石集团的代表，在联合国又跟着美国走，投蒋介石集团的赞成票，我们则不同它们建立外交关系。

周恩来在报告中强调指出：要谈判建交，就要赶走蒋介石集团的代表，在联合国投我们的赞成票。之所以这样做，就是防止美国搞"两个中国"。在这里，周恩来重申了毛泽东于1950年2月为中国政府与外国政府建立外交关系补充的一条重要原则，就是凡愿与中国建交的国家，如果是联合国会员国，必须赞成中华人民共和国的代表是中国在联合国组织中的唯一合法代表，必须赞成立即把蒋介石集团的代表从联合国及其一切机构中驱逐出去。以此来鉴别是否真正尊重中国的领土主权。为了维护国家的领土主权，周恩来在领导恢复我国在联合国合法席位的斗争中，始终不渝地坚持这条重要原则。

为反对美国武装侵略台湾和朝鲜，中美两国代表在联合国内进行了一场面对面的斗争。

周恩来在领导恢复中国在联合国合法席位的斗争过程中，围绕美国武装侵略我国领土台湾和朝鲜人民民主共和国的问题，在联合国内同美国开展了一场面对面的尖锐斗争。

1950年6月25日，朝鲜战争爆发。6月27日，美国政府派遣第七舰队侵入我国领土台湾海峡。当天，美国总统杜鲁门发表声明称："我已命令第七舰队阻止对台湾的攻击。台湾地位的决定，必须等待太平洋安全的恢复，对日和约的签订，或经由联合国的考虑。"

6月28日，周恩来发表声明，严厉谴责美国政府武装侵略的罪行。声明指出："杜鲁门二十七日的声明和美国海军的行动，乃是对于中国领土的武装侵略，对于联合国宪章的彻底破坏。美国政府这种暴力掠夺的行为，并未出乎中国人民的意料，只更增加了中国人民的愤慨。"

6月27日，在苏联代表不参加联合国安理会会议的情况下，美国操纵联合国安理会通过决议，要求联合国会员国协助南朝鲜当局，提供军队和其他援助。联合国秘书长赖伊竟通知各会员国执行。7月7日，美国又操纵联合国安理会通过决议，授权美国组成"联合国军"司令部，统一指挥参加侵朝战争的16国的军队。

7月6日，周恩来致电联合国秘书长赖伊，并转安理会各会员国，代表中国政府严正声明：

"在美国政府指使和操纵下所通过的关于要求联合国会员国协助南朝鲜当局的决议，是支持美国武装侵略、干涉朝鲜内政和破坏世界和平的，并且这一决议是在没有中华人民共和国和苏联两个常任理事国参加下通过的，显然是非法的。联合国宪章规定不得授权联合国干涉本质上属于任何国家内管辖之事件"。安理会"关于朝鲜问题的决议，不仅毫无法律效力，并且大大破坏了联合国宪章。而联合国秘书长赖伊先生的行动，正加深了这一破坏性。"

"美国总统杜鲁门在六月二十七日关于以武力阻止中华人民共和国解放台湾的声明和美国海军侵入台湾沿海的行动，是彻底破坏联合国宪章关于任何会员国不得使用武力侵害任何其他国家之领土完整或政治独立的原则的公开侵略行为。"

"联合国安全理事会和联合国秘书长对于美国政府这一公然侵略行动却又一声不响，放弃自己维护世界和平的职责，并成为顺从美国政府政策的工具。不管美国政府采取任何军事阻挠，中国人民抱定决心，必将要解放台湾。"

周恩来的这个重要声明，据理据实，义正词严，不仅严厉谴责了美国政府武装侵略台湾和武装侵略朝鲜的罪行，而且首次严肃批评了联合国安理会和联合国秘书长追随美国、"成为顺从美国政府政策的工具"

的行径。

为恢复中国在联合国的合法席位，1950年8月1日，苏联代表马立克重返安理会，并任轮值主席。他以主席身份裁定，国民党政府代表以中国名义出席联合国大会是非法的。经表决，未通过。接着，马立克又提出初步议程：第一项是，承认中华人民共和国代表问题；第二项是，和平解决朝鲜问题。仍然被美国政府操纵的多数所否决，美国代表反而提出了"控诉对大韩民国侵略案"。8月4日，苏联代表再次提出"和平解决朝鲜问题"的提案，主张安理会"讨论朝鲜问题时，必须邀请中华人民共和国的代表参加，并听取朝鲜人民代表的意见"。

8月20日，周恩来致电安理会主席马立克和联合国秘书长赖伊，支持苏联8月4日的提案，坚决主张安理会讨论朝鲜问题时，必须有中华人民共和国的代表参加，必须邀请朝鲜人民民主共和国代表出席陈述意见，在朝鲜停止军事行动，从朝鲜撤出外国军队。

9月1日，美国操纵联合国安理会否决了苏联8月4日提案，苏联则否决了美国提出的"控诉对大韩民国侵略案"。

为谴责美国政府武装侵略中国领土台湾的罪行，周恩来于8月24日致电马立克和赖伊，代表中国政府向联合国安理会提出"控诉和建议"："为了维护国际和平和安全，为了维护联合国宪章的尊严，联合国安全理事会有义不容辞的责任，来制止美国政府武装侵略中国领土的罪行，并应立即采取措施，使美国政府自台湾及其他已属于中国的领土完全撤出它的武装侵略部队。"

为了谴责美国侵朝空军侵入我国领空轰炸扫射的罪行，周恩来于8月27日致电马立克和赖伊，指出美国侵略朝鲜军队的军用飞机侵入中国领空，扫射我国建筑、车辆，使中国人民多人伤亡，要求安理会制裁美国军队，并使美国军队撤出朝鲜。

8月29日，马立克根据周恩来8月24日电报，以"中华人民共和国中央人民政府关于美国武装侵略中国领土以及违反联合国宪章的声明"为题,作为安理会的临时议程。美国代表不同意马立克的提议,但提出如果改为"关于台湾问题的控诉案"为题,美国将同意这项议程。印度代表认为,议题不应含有"预先判断",建议改为"控诉武装侵略台湾(福摩萨)案"。经表决通过,列入议程。接着,马立克提议,讨论这项提案时,邀请中华人民共和国中央人民政府的代表出席安理会,并提议将周恩来8月27日电报所提问题也列入议程。由于美国阻挠,未获通过。

9月10日,周恩来致电马立克和赖伊,要求安理会讨论上述问题时,必须有中华人民共和国的代表参加。但是,又被美国操纵的安理会多数否决。

1950年9月15日,侵朝美军在仁川登陆,把战火烧向中国边境。9月22日,我国外交部发言人声明:"坚决地反对美帝国主义侵略朝鲜的罪行,坚决地反对美帝国主义扩大战争的阴谋。"

为向联合国控诉美国政府的侵略罪行,9月24日和27日,周恩来先后致电联合国秘书长赖伊、第五届联大主席安迪让、安理会主席杰伯,要求联合国大会将控诉美军飞机侵入我国领空,杀伤我国人民并损害我国财产的提案,以及美国侵朝军舰炮击和非法盘查我国商船一案,列入大会议事日程,并接纳中国代表出席会议讨论。

9月27日,苏联代表马立克在安理会提出,苏联坚决主张立即邀请中华人民共和国派代表参加安理会有关台湾问题的会议。9月29日,安理会接受厄瓜多尔的提议,邀请中华人民共和国政府代表参加"控诉武装侵略台湾(福摩萨)案"。同时,安理会又接受美国的提议,讨论"控诉武装侵略台湾(福摩萨)案"的时间应在11月15日以后。10月2日,赖伊将安理会的这项决议电告周恩来。

10月23日,中华人民共和国政府任命伍修权为大使衔特派代表、乔冠华为顾问、其他7人为特派代表,出席安理会讨论"控诉武装侵略台湾(福摩萨)案",并电告联合国秘书长赖伊。随后,周恩来召集伍修权、乔冠华等代表团主要成员开会,研究确定赴联合国之行的方针、出国前的准备工作和出国后的任务。

为了"抗美援朝,保家卫国",1950年10月19日夜,中国人民志愿军秘密渡过鸭绿江,入朝作战。11月6日,"联合国军"总司令麦克阿瑟发现后,向安理会作了报告,诬蔑中国干涉朝鲜问题。11月8日,在美国的指使下,安理会通过讨论"联合国军"司令部的报告的决议,并决定邀请中国派代表参加会议。

对此,周恩来于11月11日致电联合国秘书长赖伊和本届安理会主席贝勒指出:"所谓联合国军司令部,是在安全理事会没有苏联和中华人民共和国两个常任理事国参加,并在美国操纵之下非法产生的。因之它的报告不仅是片面的和别有用心的,而且是非法的,绝不能作为讨论的根据。"电报还提出,中国不能接受安理会所决定的邀请。周恩来在电报中再次要求安理会,将中国控诉美国武装侵略台湾案与美国武装干涉朝鲜问题合并讨论,以便中国代表出席安理会讨论前一个议案时,同时提出控诉美国武装干涉朝鲜问题。

11月24日,联合国大会第一委员会通过决议,邀请中华人民共和国的代表出席这个委员会,参加讨论苏联提出的"对美国侵略中国的控诉案"。当天,伍修权率领的中国代表团到达纽约。

11月26日,周恩来电告赖伊,中国政府任命伍修权兼任出席第一委员会的代表、乔冠华为顾问。同时,他还致电伍修权、乔冠华:"中国代表的一切发言和要求,应将反对美国政府侵略朝鲜、侵略台湾、侵略整个中国和重新武装日本,与要求美军从朝鲜、台湾撤退,让朝鲜人民自己解决朝鲜问题,并迅速缔结共同对日和约,以保证太平洋和亚洲的和平安全联系在一起。"

11月28日，联合国安理会决定，将美国提的"控诉侵略大韩民国案"和中国提的"控诉武装侵略台湾（福摩萨）案"合并讨论。伍修权在会上作了近两个小时、共有两万多字的长篇发言。他首先说："我奉中华人民共和国中央人民政府之命，代表全中国人民，来这里控诉美国政府武装侵略中国领土台湾（包括澎湖列岛）非法的和犯罪的行为。"接着，他列举了一系列历史的和现实的事实后，强调指出："台湾是中国领土不可分割的一部分，美国政府武装力量侵占了台湾，这就构成了美国政府对中国政府公开直接的武装侵略行为"。伍修权着重驳斥了"台湾地位未定论"，并对联合国将所谓的"福摩萨问题"列入大会议程，提出强烈抗议。

伍修权还代表中国政府向安理会建议："严厉制裁美国政府武装侵略中国领土台湾和武装干涉朝鲜人民的罪行。""联合国安全理事会立即采取有效措施，使美国及其他外国军队一律撤出朝鲜，朝鲜内政由南北朝鲜人民自己来解决，以和平处理朝鲜问题。"

最后这句话是周恩来在审定伍修权的发言稿时加写的。周恩来的这个思想观点，后来成为中国外交政策中的一项重要原则。这就是：在解决地区冲突问题时，应当首先撤出外国军队，各国内政由本国人民自己处理。

伍修权的这篇发言理直气壮，慷慨陈词，是一篇声讨美帝国主义侵略罪行的檄文。他发言时，正值中朝人民军把侵朝的"联合国军"驱赶到清川江以南，格外引人关注。发言一结束，许多与会代表前来同他握手致意，在国际上产生了巨大影响。

有的新闻媒体评论说："联合国中第一次响彻着中国人民代表的声音，这个声音所代表的政府，其稳固与人民对它的拥护在中国历史上是无比的。"还有的作家把伍修权的发言列入1950年世界10大新闻之一。他写道："第二条大新闻，无疑地应该是伍修权将军在联大对美帝侵略台湾的控诉。那控诉的义正词严，理直气壮，自不用谈，最重要的却是指着帝国主义的鼻子直斥他的罪行，不但在中国是第一次，在世界上也该是第一次。"

中国代表在联合国"采取攻势，给美帝代表一个反击"。

联合国安理会会议还在继续，中国代表还将在会上发言。为指导中国代表在联合国进行这场面对面的尖锐斗争，周恩来多次致电伍修权、乔冠华。12月2日，他致电说："我们如不争取时间准备好发言稿，抢着发言，他们是不会让我们讲话的。""发言稿不要长，凡伍的发言已说过的不再重复，凡杜（勒斯）、奥（斯汀）等带挑拨性的话不要正面回答，要从侧面或反面反击。"12月3日，周恩来致电伍修权、乔冠华，要他们"给美帝代表一个反击"。电报指出：

> 美军在朝鲜东西两线均惨败，现在美国想骗取停战，好稳住阵线，调整兵力，以便再行进攻。目前你们应集中力量准备在政治委员会的发言，以便在本周采取攻势，给美帝代表一个反击。你们要理直气壮地谈朝鲜与台湾问题。凡遇以朝鲜停战为言者，你们都不要拒绝谈判，你们应答以只要美军从朝鲜撤退，朝战自停，并且愿将他们的意见向北京作报告；凡言台湾问题目前不能解决者，你们应抓住这点证明美帝侵朝侵台是一回事，并反问美帝可以在侵朝同时侵台，为什么中国人民在反对美国侵台同时不能志愿援朝！任何与中国有关的问题，没有中国代表参加讨论，不得到中国代表同意是不能解决的，因此而生的决议和办法都将是无效的和非法的。

随后，伍修权在联合国安理会作过几次简短发言。但是，由于美国政府阻挠，联大第一委员会迟迟不就"对美国侵略中国的控诉案"进行讨论。周恩来一直关注着事态的发展。1950年12月12日，周恩来会见印度驻华大使潘尼迦，谈有关朝鲜停战问题。他说：中国一向坚持和平解决朝鲜问题，现在更希望朝鲜的军事行动能迅速停止。但是，现在迅速结束战争的关键在美国。我们愿意知道美国对中、苏所提停战条件的意见。

13日，周恩来即将谈话情况电告伍修权、乔冠华，并指示："你们对提出十三国提案的国家应表明的立场是：停战不是骗局，是要真正结束朝鲜战争。这样就必须要美国表明它对停战条件的意见，看它是继续战争、扩大战争，还是想结束战争。各国代表如果真想和平调处朝鲜战争，就应该像苏联代表那样，提出一切外国军队从朝鲜撤退，而不是其他。"

同一天，周恩来还复电伍修权、乔冠华："同意你们于事毕后准备回国，但动身日期可预定于开完会后第三日，第二日则举行一次记者招待会。届时如发现有需要留的情况，尚可多留几天。"14日，周恩来又复电伍修权、乔冠华，说记者招待会上的讲话稿可用，但应加一段话：

"我们历来主张和平解决朝鲜问题并使朝鲜问题局部化，故我们坚持一切外国军队撤离朝鲜，朝鲜人民自己解决朝鲜问题的主张。但美国统治集团却在武装干涉朝鲜的同时，实行武装侵略台湾，轰炸中国本地，并扩大在东亚的侵略。""奥斯汀先生所赞成的朝鲜首先停战的真正意图，就是要求朝鲜人民军和中国人民志愿部队束手让美国侵略军在朝鲜继续侵略，就是要求台湾仍然被美国武装侵占，就是要求日本军国主义可以被麦克阿瑟重新恢复起来，就是要求美国人民可以被美国统治集团为所欲为地驱入到战争深渊。"

12月16日，伍修权在纽约举行记者招待会，对联大第一委员会迟迟不就"美国侵略中国的控诉案"进行讨论，表示愤慨。他说："我们是为争取和平来的，我们向联合国安理会提出了种种合理建议。""但不幸的，也并非出乎意料的是，联合国安理会在美国集团的操纵下，拒绝了我国政府这个合理的和平的建议。对此，我们表示坚决的反对和抗议。"他还说："志愿援助朝鲜人民反抗美国侵略的中国人民的行动是义举，只要美国干涉和侵略的暴行不停止，中朝两国人民反干涉、反侵略的斗争是不会停止的。"

伍修权还向记者分发了原准备在第一委员会的发言稿，主要内容是：（一）美国政府积极援助蒋介石集团，供应武器及其他物资，指使它封锁中国海岸，轰炸中国沿海城市。（二）美国政府百般阻挠中华人民共和国恢复在联合国的合法席位。（三）美国把日本变为矛头指向中国的侵略战争的军事基地。（四）美国在太平洋区域建立庞大的军事基地网，对中国形成包围形势。

同一天，周恩来复电伍修权、乔冠华说："对赖伊所提两项问题的回答甚好。""今后，你们同有关人士谈话，除按以前指示精神和回答赖伊所持立场办理外，还要注意：着重说明我们亟愿努力使朝鲜战争早日得到结束，但只有在我们提案的基础上进行商谈，才能实现真正停战"。"联大十四日决议，不仅因为没有中国代表参加和同意，因而是非法的、无效的，还因为它提出首先要停战，并在这一基础上进行商谈，只能是适合美英集团的要求，继续侵略朝鲜，侵略台湾，轰炸中国，并威胁亚洲和世界和平"。"这种虚伪的停战，是我们绝对不能同意的，也请真正希望和平的代表先生们及世界爱好和平的人们要善于在这种地方区别真假，分清是非"。

12月19日，伍修权代表启程回国。伍修权在联合国安理会的发言，在联合国第一次响起了新中国的声音，揭露了美国政府的侵略暴行，伸张了正义，大长了中国人民的志气，增强了中华民族的自豪感，扩大了新中国的国际威望。有位工人读了伍修权的发言后说："伍修权同志真是我们的好代表，他的话就像是我要说的话一样，读完后，心中就像出了一口恶气,痛揍了美帝一顿似的。"有的教授说:中国"在国际会议上的叩头外交一去不复返了,中国人民的真正意志已从自己代表的言语中充分表达出来了。"当时,青年团中央还发表声明指出,伍修权的发言"是近百年外交史上表现了中国人民正气和民族尊严的文献,使得美国帝国主义万分狼狈,除了使用表决机器作无耻的否决外,更无词答辩"。

周恩来自始至终领导了这场在联合国进行的外交斗争,不仅起草了一系列有关文电,向代表团及时作出了具有高度战略性策略性的指示,而且对他们在这场斗争中的重大步骤和有关细节,都作出了周密的部署。正如伍修权在《回忆与怀念》一文中所写的那样:

"出国前我们遵照周总理的指示,起草好了在安理会的发言稿,整理好了有关文件和材料。这些文稿都由他一一审定批准。行前他又找我和乔冠华等同志谈了话,从此次行动的方针大计到出国后的注意事项都作了进一步的具体交代,规定了哪些事必须向国内请示报告,哪些事可以由我们在国外相机处理。当一切都安排停当并交代清楚后,我们才动身赴美。"

伍修权回国后,联大第一委员会才讨论"对美国侵略中国的控诉案"。周恩来致电这个委员会主席指出:这是美国政府操纵联合国的又一诡计。应周恩来的要求,这个委员会才不得不将伍修权的发言稿作为正式文件印发。12月22日,周恩来就第五届联大在中国代表未参加的情况下,于14日非法通过成立"朝鲜停战三人委员会"的决议一事发表声明,揭露美国政府在其侵略军遭到失败的今天,提出先停战后谈判,显然"是为着美国可以取得喘息时间,准备再战,至少可以保持现有侵略阵地,准备再进"。"因此,在没有一切外国军队撤出朝鲜及朝鲜内政由朝鲜人民自己解决作基础,来讨论停战谈判,都将是虚伪的,都将适合美国政府的意图,而不可能达到世界爱好和平人民的愿望。"

为恢复新中国在联合国的合法席位，要作持久斗争。

在 20 世纪 50 年代中期，对于恢复中国在联合国合法席位的斗争形势，周恩来作过冷静的分析，既看到形势正在发生有利于我国的变化，又预见到这场斗争的长期性，要确立持久战的思想。1957 年 11 月 15 日，他会见一些国家的驻华使节，在讲到当时印度代表提出恢复中国在联合国合法席位的提案时指出：

> 我们很感兴趣的是，每次表决印度提案时，支持印度梅农先生提案的国家越来越多，有社会主义国家以及其他友好国家。当然，在一个短时期内，我们可以预料到，像印度这样正义、友好的主张是不会在联合国通过的。过去苏联存在十六年后才为美国承认。如果照同样的公式，我们还有八年。但是，每年表决一次印度的提案，是值得做的正义的事情。为什么呢？因为每次表决，赞成的国家越来越多，总有一天会由少数变成多数。世界上真理总是这样由少数变成多数的。事物发展规律就是这样，正义的东西总会取得多数的支持。这真叫做不懈的、不疲倦的斗争。

从 1961 年的第十六届联大到 1970 年的第二十五届联大，是恢复中国在联合国合法席位斗争的第二阶段，斗争形势进一步出现了有利于我国的发展趋向。第十六届联大总务委员会通过了讨论中国在联合国席位问题的议题。这是对美国为阻挠中国恢复在联合国合法席位而设置的重重障碍的第一次突破。

美国政府眼看着操纵联合表决机器，阻挠恢复我国合法席位的做法日益不得人心。于是，变换手法，改以简单多数通过为 2/3 多数通过，妄图将恢复我国的合法席位无限期拖延下去。同时，关于"中国在联合国的席位问题"的提案，开始由一国提出向多国提出发展，支持我国的提案的措施也更加明确。

第十六届联大开幕时，新西兰适应美国政策的需要，就"中国代表权问题"提出，主张根据联合国宪章第18条规定，把"中国代表权问题"作为"重要问题"，必须有2/3多数赞成通过。针对美国违反联合国宪章，玩弄程序上的花招，1961年9月20日，周恩来召集国务院外事办公室和外交部的有关人员开会研究。根据这次会议研究的精神，9月22日，《人民日报》发表题为《坚决反对美国的新阴谋》的社论，揭露美国政府违反联合国宪章的行为。21日，周恩来在会见蒙哥马利元帅时指出，新西兰提案的目的是把这个问题继续挂起来，这是适合美国的需要的。他说：

> 我们认为，中国代表权是个程序问题。谁能代表中国六亿五千万人民？只能如你所说的北京的政府，而不是台湾的蒋介石。如果接受美国、新西兰的设想，当作"重要问题"来讨论，那就是讨论中国存在与否，这是干涉内政，是违反联合国宪章的。联大讨论的"重要问题"，只能是国际问题，而不是一国的内政。

第十六届联大关于"中国代表权问题"的提案有两个。一个是苏联提案，主张"必须恢复中华人民共和国在联合国的合法权利。""中华人民共和国政府的代表才有权占有中国在联合国及其他所有机构中的席位。""立即把非法占据中国在联合国的席位的蒋介石集团代表从联合国的一切机构中驱逐出去。""邀请中华人民共和国政府派遣自己的代表参加联合国及其所有机构的工作。"另一个是美国等5国的提案，主张"根据联合国宪章第十八条，任何主张改变中国代表权的建议都是一个重要问题"。这就是说，需由"到会及投票之会员国三分之二多数决定"。

美国提案是对联合国宪章第18条的公然歪曲和篡改。联合国宪章第18条第2项规定的"重要问题"共有9个，其中属于会员国的共有

3个,即"对于新会员国加入联合国之准许","会员国权利及特权之停止","会员国之除名"。这3个都与在联合国中改变一个会员国的代表权无关。

1961年12月15日,在美国政府操纵下,第十六届联大就"中国代表权问题",通过了美国等5国的提案,否决了苏联的提案。根据这种情况,周恩来指示外交部进行研究。经周恩来和陈毅修改审定的外交部声明着重指出:美国玩弄"重要问题"的花招表明,它已无把握在联合国控制多数,因而企图以三分之二的多数来继续把中华人民共和国排斥在联合国之外,以便维护蒋介石集团在台湾的统治并永远霸占中国的领土台湾。声明对联大就所谓"中国代表权问题"和"西藏问题"通过的决议,表示了严厉的谴责和强烈的抗议。

根据对当时斗争形势的分析,周恩来对恢复我国在联合国合法席位的前景,既有"持久战"的思想准备,又满怀信心。在他看来,中国留在联合国外面,对美国等国家是一种政治的道义的压力。6亿5千万人民的国家被排挤在外,联合国就什么问题也解决不了。他曾在一次座谈会上说过:

>美帝国主义随时都为此担心,他们从今年春天起就开始伤脑筋了,而我们除了谈话以外,并没有为此睡不着觉。当然,我们也不是永远不进去,如果要我们进去,就必须改变形势。我们再等它3年、5年、7年、8年乃至10年,等我们的力量更强大了,再进去不迟。总有一天要请我们进去。

从1961年第十六届联大到1970年第二十五届联大,除1964年第十九届联大外(因财政危机,联大瘫痪,这届联大未讨论"中国代表权问题"),共9届联大关于恢复中国在联合国合法席位斗争的概况是:

支持方面,在20世纪60年代,共有9届联大9次提出"恢复中华人民共和国在联合国的合法权利"提案。提案国在1961年和1962年为苏联；1963年起由阿尔巴尼亚牵头，提案国数1963年到1969年分别为2、12、11、12、16、17个；1970年为18个。提案国和所提次数是：阿尔巴尼亚7次；阿尔及利亚、柬埔寨、古巴、巴基斯坦、罗马尼亚、刚果（布）、几内亚、马里、叙利亚各6次；毛里塔尼亚5次；坦桑尼亚、赞比亚、也门、南也门各3次；苏联、伊拉克、索马里各2次；南斯拉夫、加纳各1次。柬埔寨1970年发生美国策动的推翻西哈努克亲王的朗诺政变，在联合国中转变了态度。

反对方面，在20世纪60年代，美国联合其他国家共有9届联大9次提出"任何改变中国代表权的建议都是一个重要问题"提案。提案国数，1961年为5个，1965年到1969年分别为11、15、14、18、19个。提案国和所提次数：美国、日本、澳大利亚各7次；菲律宾、泰国、巴西、加蓬、马尔加什、尼加拉瓜各6次；意大利、新西兰、哥伦比亚、多哥各5次；玻利维亚3次；比利时、西班牙、哥斯达黎加、海地、莱索托、马拉维、巴拉圭各2次；荷兰、冈比亚、斯威士兰各1次。意大利1970年与我国建交，在联合国中转变了态度。

1970年第二十五届联大，阿尔巴尼亚等18国提出"恢复中华人民共和国在联合国的合法权利"的提案，以51票赞成对49票反对，25票弃权、2票未参加，首次获得多数票赞成。但美国玩弄"重要问题"手法，不够2/3的多数票赞成，阿尔巴尼亚等18国提案仍未通过。不过，这种情况表明，恢复中国在联合国合法席位的斗争已经接近胜利。

恢复新中国在联合国合法席位进行决战的1971年。

进入20世纪70年代后，美国政府着手调整对华政策，中美关系开始有所松动，恢复中国在联合国合法席位斗争的力量对比进一步发生了新的变化。尽管美国政府仍然横生枝节，设法阻挠，但形势已经不可逆转地朝着有利于我国方面发展。1971年，是恢复新中国在联合国合法席位斗争进行决战的一年。

1971年7月9日到11日，美国总统尼克松的国家安全事务助理基辛格秘密访华。周恩来同基辛格举行了6次会谈。关于台湾问题和恢复中国在联合国合法席位的问题，基辛格表示：

> "承认台湾属于中国，不再说'台湾地位未定'，不支持'台湾独立运动'，也不支持台湾当局'反攻'大陆，希望台湾问题和平解决；美国不再与中国为敌，不再孤立中国，在联合国内将支持恢复中国的席位，但不支持驱逐蒋介石政权的代表；美国承认中华人民共和国为惟一合法政府的问题，留待尼克松总统第二届任期内去解决。"

双方于7月16日发表《公告》："周恩来总理代表中华人民共和国邀请尼克松总统于1972年5月以前的适当时间访问中国。"这个震惊世界的公告表明，随着国际局势的发展变化和中国的日益强大，美国不得不调整对华政策，谋求打开中美关系的大门。

但是，在恢复中国在联合国合法席位的问题上，美国仍然坚持"两个中国"的政策。它既表示"在联合国内将支持恢复中国的席位"，又"不支持驱逐蒋介石政权的代表"。1971年8月2日，美国国务卿罗杰斯发表《关于中国在联合国的代表权问题的声明》，指出美国将支持今年秋天联合国大会上要求使中华人民共和国取得席位的行动。同时，美国将反对任何驱逐"中华民国"的行动，或者以其他方式剥夺它在联合国的代表权的行动。

8月17日，美国常驻联合国首席代表乔治·布什向联合国秘书长吴丹递交了一封信和备忘录，提出一个"双重代表权"的提案，要求把"中国在联合国的代表权问题"的议题列入第26届联大议程。美国政府承认"中华人民共和国应当有代表权"，同时又主张"应当不剥夺中华民国的代表权"。这种在联合国内制造"两个中国"的图谋，理所当然地受到中国政府的严厉谴责和坚决拒绝。

为了批驳美国政府制造"两个中国"的图谋，周恩来指示外交部、新华社和《人民日报》社等部门负责人，研究起草外交部声明稿和新华社两篇报道，即《阿尔巴尼亚、阿尔及利亚等十八国向联合国提出决议案，要求恢复我在联合国的一切合法权利，并立即驱逐蒋帮》和《美国政府向联合国递交信件和备忘录，公然推行"两个中国"的阴谋》。8月20日，周恩来主持中共中央政治局会议，讨论通过了上述两个稿件。当天，发表《中华人民共和国外交部声明》，对美国政府在联合国内制造"两个中国"的图谋，义正词严地进行了批驳：

"美国政府说，'在处理中国代表权问题时，联合国应当认识到中华人民共和国和中华民国都是存在的，并且应当在规定中国代表权的方式中反映出这一不容争议的现实。'这真是荒谬绝伦。世界上根本不存在'两个中国'，只有一个中国，就是中华人民共和国；台湾是中国领土不可分割的一部分，是中国的一个省，在二次大战后就已归还祖国。这才是不容争议的现实……。"

"美国政府明目张胆地要在联合国制造'两个中国'，说什么'联合国不应被要求对中华人民共和国或中华民国各自提出的彼此冲突的主张表明立场，以待按照联合国宪章的要求和平解决此事'。这是对联合国宪章的肆意歪曲。"

"必须指出：中华人民共和国在联合国的合法权利之所以被剥夺，是美国政府一手造成的……恢复中华人民共和国在联合国的合法权利，本来是一个简单的程序问题。而美国却玩弄种种手法，横加阻挠。""不管任何人，在任何时候，用任何形式推行'两个中国'、'一中一台'之类的阴谋，都永远不可能得逞。必须把蒋介石集团从联合国及其一切机构中驱逐出去，中华人民共和国在联合国的一切合法权利必须完全恢复。"

1971年7月15日，阿尔巴尼亚、阿尔及利亚等18国（后增加到23国）驻联合国的代表致函联合国秘书长吴丹说："我们奉本国政府之命，谨要求阁下将题为'恢复中华人民共和国在联合国组织的合法权利'的问题作为紧急问题列入第二十六届大会的议程。按照大会议事规则第二十条，随函附去解释性备忘录和决议草案。""决议草案"指出：

> "考虑到，恢复中华人民共和国的合法权利对于维护联合国宪章和联合国组织根据宪章所必须从事的事业都是必不可少的，承认中华人民共和国政府的代表是中国在联合国组织的惟一合法代表，中华人民共和国是安全理事会的五个常任理事国之一，决定：恢复中华人民共和国的一切权利，承认她的政府的代表为中国在联合国组织的惟一合法代表，并立即把蒋介石的代表从它在联合国组织及其所属一切机构中所非法占据的席位上驱逐出去。"

"解释性备忘录"共有10条，充分表达了提议赞成这个提案的国家对中华人民共和国的高度评价和坚决支持。

为对抗阿尔巴尼亚等23国提案，美国百般进行阻挠。据说，美国驻联合国大使和美国官员，同100多个国家的代表谈话200多次，以许诺提供援助或停止援助的办法进行利诱和威胁。1971年9月22日，美国、日本等19国（后增加到21国）向联合国提出同"中国代表权问题"有关的两项决议草案。一项是"关于重要问题的决议草案"："决定在大会提出的结果将导致中华民国在联合国的代表权的任何建议都是宪章第十八条所规定的重要问题"。这里所说的"重要问题"，是指"驱逐蒋介石集团的代表出联合国"提案，需由大会2/3的多数票通过。因为"驱蒋"是否定性决议，也有"逆重要问题"之说。无论是"纳我"的"重要问题"，还是"驱蒋"的"逆重要问题"，都是美国

一场重大而漫长的国际较量 | 233

政府悍然违反联合国宪章，为了自己的政治需要而捏造出来的。

另一项是"关于代表权的决议草案"（又称"双重代表权"决议草案），主要内容是："（一）兹确认中华人民共和国的代表权，并且建议它得到安全理事会常任理事国之一的席位；（二）确认中华民国继续拥有代表权；（三）建议联合国一切组织和专门机构在决定中国代表权时考虑本决议的条款。"这项决议草案是美国政府公然违反联合国宪章，明目张胆地在联合国内制造"两个中国"，因而是非法的、无效的。

第二十六届联大从10月17日起，开始进行"恢复中华人民共和国在联合国组织中的合法权利"的专题辩论，10月24日结束辩论。10月25日晚，本届联大主席马立克主持进行表决。秉承美国政府的旨意，沙特阿拉伯代表巴鲁迪提出新提案："北京回到联大和安理会的席位，台湾保留联合国的席位，直到台湾居民举行公民投票来决定究竟是与大陆中国结成联邦还是成为一个独立国为止。"他还提议，这些新提案需要各国代表考虑，所有关于中国代表权的提案都推迟表决。经唱名表决，大会否决了推迟表决的提议。"美国受到程序上的严重挫折"。

接着，美国代表乔治·布什要求首先表决他们提出的"重要问题案"。大会表决以61票赞成、53票反对、15票弃权，美国等国提案获得先议权。美国代表"兴奋起来"。随后，有17个国家的代表要求发言，解释对行将表决的3项议案的态度。在场的新闻媒体报道称："支持中国派魄力非常巨大，一个一个地登台，彻底谴责了将中国排斥在联合国之外的不合理和不正当。比起企图用手续方式取胜的美、日派，这一方是单纯明快，以理取胜。"

最后，大会主席马立克将美国等国的"重要问题案"唱名表决，结果以59票反对、55票赞成、15票弃权被否决。报道称："当电子统计牌上出现表决结果，表明美国的建议被击败时，大厅里沸腾起来。"而美、日代表则"沉默不语"，"表情坚若石头"。"这是联合国成立以来，美国遭到的最惨重的失败"。这时，蒋介石集团的代表、"外交部长"周书楷走上讲台，宣布"中华民国"决定退出联合国。接着，他率领他手下的一帮人悻悻地离开会场。

最后，大会主席马立克将阿尔巴尼亚等23国提案交付大会唱名表决。这时，美国代表匆忙跑上讲台，要求删去这个提案中"立即把蒋介石的代表从它在联合国组织及其所属一切机构中所非法占据的席位上驱逐出去"一句。在许多代表的反对声中，马立克裁决，美国代表的这个要求不符合议事规则，不予采纳，表决继续进行。

报道称："在会场正面上方两侧，有表示投票颜色的镭光显示板（即电子统计牌）。灯光按照大会副主席斯塔夫罗波尔斯的点名而按次闪亮，赞成为蓝、反对为红、弃权为黄的灯光。""代表们在点名过程中应答时，大厅里气氛紧张，当蓝色的灯光频频出现，表明23国提案将被通过时，气氛活跃。""25日晚11时20分，电子统计牌显示，23国提案有76票赞成、35票反对、11票弃权（马尔代夫、阿曼缺席。周书楷已离开会场）。"

据新闻媒体报道，在以压倒多数的表决，第二十六届联大通过第2758号决议，恢复中华人民共和国在联合国的一切合法权利，并立即把台湾当局的代表从联合国一切机构中驱逐出去时，支持中国的代表们全部起立，高举双手用各国语言向会场四周欢呼："'我们胜利了！''中国万岁！'""马立克主席宣布表决结果，并说他将立即通知中华人民共和国，又响起了一阵波涛般的掌声。"有的新闻媒体评论说："中国是在自己不在场的情况下，受到联大三分之二以上的国家的祝福，被赋予挥动巨手进入联合国的权利，使联合国发生根本变化。"

持续 23 年的这场国际斗争，终于以美国政府的失败和中国人民的胜利而告终。

联大表决一结束，美国首席代表布什不得不说："任何人都不能回避这样一个事实——虽然这可能是令人不快的：刚刚投票的结果实际上确实代表了大多数联合国会员国的看法。"第二天，12 月 26 日，美国国务卿罗杰斯在记者招待会上说："我们和我们的提案的共同发起国曾全力进行努力，以防止中华民国被驱逐"。"美国认识到大多数会员国的意见已表达出来，我们当然接受这个决定。"

在恢复中华人民共和国在联合国的合法席位、蒋介石集团的代表被驱逐出联合国 29 周年之际，1999 年 10 月 25 日，台湾《中国时报》发表了当年蒋介石集团驻联合国代表团顾问陆以正撰写的题为《回忆 1971 年联合国席位的最后一战——写在我退出联合国 29 周年》一文。他写道："布什大使的分段表决提议，虽然获得 51 票赞成，却有 61 票反对、16 票弃权，（这里的投票数字，与笔者在前面所写的数字有出入——引者注）也被打消。""到此时，所有可能补救的途径都用完了。中华民国代表团于是以程序问题要求发言，周部长步上讲台，以沉重的心情宣布我国退出联合国。"这位顾问还感慨地写道："从这次经验里，我们学到了什么呢？首先，联合国是议会式的外交，强如美国也无法完全控制所有大小国家投票的趋向。今日虽然台湾大多数民意希望重返联合国，那只是遥远的愿望。我国要想恢复联合国会籍，恐怕难以如愿。但政府要把现实状况说清楚，不能给人民制造不切实际的幻想。"

时至今日，台湾当局除了假借民意、制造幻想之外，只能是无可奈何花落去。历史的潮流是不可抗拒的，顺之者昌，逆之者亡。这才是应该吸取的教训。

第二十六届联大通过恢复中华人民共和国的一切合法权利，出乎美国政府的意料之外。当时，基辛格正在中国访问会谈，在谈到中国在联合国的席位问题时，他向周恩来透露的意思是，尼克松总统1972年初春访华后，给中国进入联合国开绿灯，当年秋天中国可望恢复在联合国的合法席位。具有讽刺意味的是，正是基辛格访华结束将要离开中国的那一天，联大通过了第2758号决议。周恩来到钓鱼台送行告别时告诉了基辛格这个信息，当时基辛格非常尴尬。

1971年10月26日，联合国秘书长吴丹致电中华人民共和国外交部代理部长姬鹏飞，告以"在10月25日举行的联合国大会第1976次会议上"通过的决议全文，称已将这个决议"通知了联合国所属的一切机构，并且相信上述决议将迅速得到全面实现。"

同一天，周恩来听取有关恢复中国在联合国合法席位的情况汇报，并立即召集外交部领导成员紧急会议，研究派代表团出席联大的准备工作。随后，他到毛泽东处开会，商定立即组团的问题。

会后，外交部成立参加联合国工作筹备小组。当时，正值"文化大革命"时期，"四人帮"仍很猖狂，对中国派不派代表团出席联大竟然引起争议。最后，经毛泽东决断，尽快派代表团参加。经毛泽东、周恩来批准，组成出席第二十六届联大中国代表团。

10月29日和11月2日，姬鹏飞代理外交部长致电联合国秘书长吴丹，通知中国政府将于近期派团出席本届联大，并告中国代表团主要成员名单。10月29日，发表《中华人民共和国政府声明》指出：

"联合国大会第二十六届会议以压倒多数通过了阿尔巴尼亚、阿尔及利亚等二十三国提出的要求恢复我国在联合国一切合法权利、并立即把蒋介石集团的代表从联合国及其所属一切机构中驱逐出去的提案。这是美帝国主义二十多年来顽固坚持剥夺我国在联合国合法权利的政策和在联合国内制造'两个中国'阴谋的破产，这是毛主席无产阶级革命外交路线的胜利,这是全世界人民和一切主持正义的国家的胜利。"

11月初以来,周恩来多次约请外交部领导人和出席联大会议的代表团成员开会,研究在联大的工作方针和斗争策略。代表团出国前,毛泽东多次接见并作指示。11月6日晚,周恩来同毛泽东等商定为代表团送行的计划。8日,他陪同毛泽东接见代表团全体成员。毛泽东鼓励代表团去联合国这个地方,利用这个阵地,并且风趣地说:"不入虎穴,焉得虎子。"

11月9日,周恩来、叶剑英以及在京的其他中共中央政治局委员,前往机场为代表团送行。代表团团长乔冠华在飞赴纽约的飞机上,依照毛泽东的那句临别赠言,吟唱了几句颇富激情的词:"一九七一,十一月十一,万里大江横渡,一望长空尽碧。此去欲可为?擒虎子,入虎穴。"

11月15日,中华人民共和国代表团出席联合国大会第二十六届会议的全体会议,受到与会许多国家代表的热烈欢迎。会议在当地时间10点半钟开始,当乔冠华团长、黄华副团长和代表符浩、熊向晖、陈楚进入会场并在中国的席位就座时,许多友好国家的代表立即前来向他们表示祝贺和欢迎。首先,大会主席马立克致欢迎词。随后,57个国家的代表相继上台致欢迎词。中午稍事休息后,继续开会,直到当地时间下午6时40分,历时约6小时。还有些国家代表已准备了发言稿,因时间不够未能发言。

据新华社驻联合国记者报道:"许多代表的欢迎词热情洋溢,表达了对中国人民的信任、鼓励和兄弟般的情谊。不少代表在发言中赞扬了毛泽东对中国人民的革命和事业的领导。有的代表热情地朗诵了毛主席的诗词。在各国代表致欢迎词以后,乔冠华团长在经久不息的掌声和欢呼声中,登上联合国大会讲坛,发表了重要讲话。""在整个会议过程中，始终洋溢着一片对中国友好的气氛。"

恢复我国在联合国合法席位斗争的胜利，是国际局势发展的历史必然。正所谓"大势所趋，人心所向"。对恢复我国在联合国的合法席位，毛泽东一直很重视。他曾经对身边工作人员说过："联合国，我们总有一天，可以进去。""世界不能始终让美、苏两国霸占下去，中国人在世界上说话也得算数。"当他得知第二十六届联大通过恢复中国在联合国的合法席位时，高兴地说："主要是第三世界兄弟把我们抬进去的。"不过，事态的进展如此迅速，不仅出乎美国政府的意料，也出乎中国领导人的意料。10月27日，周恩来会见美国朋友谢伟思和夫人，在谈到两天前恢复中国在联合国合法席位的问题时说："那天联合国的表决完全出乎意外，不但出乎我们的意外，也出乎美国的意外。我们没有派一个人去联大活动，而且提案是由地中海两岸的两个国家带头的。这么多的国家对我们寄予希望，我们感谢他们。"

10月28日，周恩来在会见日本《朝日新闻》东京总社编辑局长后滕基夫时说：

> 这么一件大事，全世界都在注意，我们没有准备好是事实。它说明一个问题，就是在联合国美国的指挥棒不灵了。这次表决的结果是违反美国的意愿的，也是违反一向追随美国的日本政府佐藤的意愿的。我们不能不重视这一表决的精神，因为它代表了世界大多数国家和人民的愿望。

在周恩来的直接领导下，恢复中华人民共和国在联合国合法席位的斗争，以中国人民的胜利而告终。从此，中国在联合国内为实现联合国宪章和原则、维护世界和平、加强各国友好合作、伸张正义和促进人类进步而努力奋斗。

被动卷入，很不理解

——面对"文化大革命"狂飙的兴起

当史无前例的"文化大革命"狂飙袭来时，周恩来没有思想准备，对"文化大革命"很不理解，是被动卷入的。但是，出于长期以来由衷地对毛泽东的信赖和尊重，周恩来当时对"文化大革命"是力求"加深理解，跟上形势"。

综观在十年"文化大革命"中的周恩来，他大致经历了这样一个过程，即在没有思想准备中力求理解，在力求理解中争取跟进，在争取跟进中加以限制，在加以限制中进行各种形式的抗争。由于"文化大革命"的复杂性和残酷性，在这个过程中，是互相交错进行的。这就是说，周恩来在总体上对毛泽东的意见是表示遵从的，而在实际工作中，则采取力所能及的措施，去纠正在"文化大革命"中"左"倾指导思想造成的种种错误，以减少党和国家的损失；同时，对林彪、江青两个反革命集团倒行逆施的罪恶行径，则进行多种形式的斗争。

周恩来的这种选择是艰难而痛苦的。这种选择不可避免地要说一些违心的错话，做一些违心的错事，也难免被一些同志误解，甚至积怨。正如邓小平所说："因为他不做这些事，不说这些话，他自己也保不住，也不能在其中起中和作用，起减少损失的作用。"为了顾全大局，相忍为党，相忍为国，相忍为民，周恩来毅然决然作出了这种委曲求全、忍辱负重的选择。

为防止"修正主义"和"资本主义复辟"而发动"文化大革命",却把中央领导人之间的不同意见,误认为"修正主义""走资本主义道路"。

从1958年年底开始,为纠正"大跃进"和人民公社化运动中的"左"倾错误,中共中央和毛泽东采取了一系列措施。1958年11月,毛泽东率先开始着手纠正"大跃进"和人民公社化运动工作中已经觉察的具体错误。1959年7、8月,中共中央召开庐山会议,从纠"左"开始,以反右倾告终,中央领导层中开始出现严重意见分歧。1960年继续在全党范围内开展反右倾运动,"左"的错误进一步蔓延,国民经济陷入了严重困境。为克服日益严重的经济困难,1961年起,中共中央决定实行"调整、巩固、充实、提高"八字方针,采取一系列切合实际的纠"左"措施。当时,毛泽东虽然同意对国民经济进行调整,但对经济困难的原因和严重程度有不同看法。

1962年1月,中共中央召开扩大工作会议,又称七千人大会,认真研讨、总结"大跃进"和人民公社化运动以来的经验教训。在会上,刘少奇等同志关于造成严重经济困难原因的讲话,认为是"三分天灾,七分人祸"。对于国民经济困难严重程度的估计和对造成严重困难原因的分析,毛泽东当时虽然没有提出不同意见,实际上他是不满意的,因而引起了他的警觉。后来,1967年2月3日,毛泽东在会见阿尔巴尼亚劳动党的希斯尼·卡博和贝基尔·巴卢库时说:1962年1月召开的七千人大会,"在那个时候已经看出问题来了"。

因此,在国民经济严重困难开始有所好转后,1962年8、9月,在北戴河中央工作会议和随后召开的中共八届十中全会上,毛泽东大讲

"阶级、形势、矛盾"问题,严厉批评"黑暗风""单干风""翻案风",重提阶级斗争,强调"千万不要忘记阶级斗争",并且认为"在整个社会主义历史阶段,资产阶级都将存在和企图复辟,并成为党内产生修正主义的根源"。可以说,1962年毛泽东重提阶级斗争,是他酝酿发动"文化大革命"的动因之一。

这个指导思想的矛头日益明显地指向各级领导人,特别是中央领导人。从而使阶级斗争扩大化的"左"倾思想进一步发展,为后来发动"文化大革命"做了思想上的准备。围绕社教问题,毛泽东同刘少奇等同志的意见分歧明显地表面化了。

在此之后,1964年8月1日,刘少奇在中共中央召集的在京党、政、军和群众团体主要负责干部参加的大会上,作关于社会主义教育运动、两种教育制度问题的报告,强调干部蹲点的重要性,说自己不去蹲点取得直接经验,就不能领导这个革命。没有经过蹲点调查的人,没有资格当地委书记、省委书记。对于刘少奇的这个说法,毛泽东认为贬低了他一贯倡导的调查研究的重要性,因而很不满意。这年的12月26日,他说:"我没有蹲点,没有发言权也要说,错了,大家批评。"后来,1966年8月4日,他还说:"我是没有下去蹲点的。有人越蹲越站在资产阶级方面反对无产阶级。"

1964年8月19日,刘少奇就中共中央批准下发王光美7月5日在中共河北省委工作会议上作的《关于一个大队的社会主义教育运动的经验总结》报告(简称《桃园经验报告》),致信毛泽东和中共中央。信中写道:"王光美同志的这个报告,陈伯达同志极力主张发给各地党委和所有工作队的同志们。"在为中共中央起草的批语中,刘少奇认为,这个报告"是在农村进行社会主义教育的一个比较完全、比较细致的典型经验总结","是有普遍意义的"。8月27日,毛泽东批示:"此件先印发此次到会同志(指参加8月29日至9月1日召开的中共各中央局第一书记会议的同志——引者注）讨论一下，如果大家同意，再发到全国去。我是同意陈伯达和少奇同志意见的。"

刘少奇关于"四清"运动的讲话和王光美的《桃园经验报告》，引发江青强烈反感。据《王力遗稿·王力反思录》一书披露："江青到毛泽东那里哭了一场。""她哭着对毛泽东说，人家是斯大林死了，赫鲁晓夫才作了一个秘密报告，反对斯大林。现在你毛泽东还没有死，刘少奇已作公开报告，反对你毛泽东了。"王力认为，"这是毛泽东第一次接受江青最重大的政治性的意见。第一次让江青正式干预最高领导层的事情，得到了成功。"

1964年12月至1965年1月，中共中央召开工作会议，其间还召开过两次中央政治局常委扩大会议，毛泽东主持会议，讨论制定《农村社会主义教育运动中目前提出的一些问题》，简称《二十三条》。会议对1964年下半年社教运动中的一些"左"的偏差，作了部分纠正。但是，《二十三条》强调：社教运动的性质是"社会主义和资本主义的矛盾"，运动的重点是"整党内走资本主义道路的当权派"。

现在看来，制定《二十三条》时发生的分歧和争论，是毛泽东准备发动"文化大革命"的又一个动因。1966年10月25日，他在中央工作会议上回顾说："引起警觉，还是《二十三条》那个时候。"1970年12月18日，斯诺问毛泽东：从什么时候明显感到必须把刘少奇从政治上搞掉？毛泽东回答：是制定《二十三条》那个时候。

终于找出"一种形式"，即通过"文化大革命"，达到"天下大治。"

当时，毛泽东对国内外阶级斗争形势的估计极其严重。国外，第一个社会主义国家苏联已经"变修"。国内，各级领导干部严重脱离群众,"官僚主义者阶级与工人阶级和贫下中农是两个尖锐对立的阶级","最后必然要被工人阶级把他们当作资产阶级打倒"。而从1959年以来,党内高层领导对形势估计等重大问题的意见分歧,更使毛泽东认定问题首先出在党的上层领导。他的这种担心曾经对身边工作人员流露过。2002年1月18日,毛泽东的护士长吴旭君回忆,毛泽东对她说过:"我多次提出主要问题,他们接受不了,阻力很大。我的话他们可以不听,这不是为我个人,是为将来这个国家、这个党,将来改不改变颜色、走不走社会主义道路的问题。我很担心,这个班交给谁我能放心。我现在还活着呢,他们就这样!要是按照他们的做法,我以及许多先烈们毕生付出的精力就付诸东流了。"

1965年10月10日,毛泽东同大区第一书记谈话时,进一步明确提出:

"如果中央出了修正主义,应该造反。英国革命、巴黎公社都是在中央搞起的。""现在也要提倡破除迷信,不管是中央的、中央局的、省的都要看对不对,小的迷信要破,大的更要破,比如修正主义。"

在制定《二十三条》后,毛泽东对中国形势的发展作出了错误的判断,认为面对的不是个别人的问题,而是一个阶级反对另一个阶级的一场大斗争,强调要形成"整个阶级斗争",甚至要开展"全国全面的阶级斗争"。1966年12月21日,毛泽东同波兰客人杨力谈话时说:

"单反赫鲁晓夫的修正主义是不够的,还要反我们党内的修正主义,不然的话,再过多少年,中国的颜色就会变了,到那时候就会晚了。过去做了一些,只是修修补补,没有当作整个阶级斗争去做。"

"先从学校的学生和机关的干部做起,再到工厂、农村中去,把工人、农民组织起来。这不是个别人的问题,这是一个阶级反对另一个阶级。有些人不很理解，说我们太过分了。"

这年的12月26日，是毛泽东73岁生日。当晚，他请陈伯达、张春桥、王力、关锋、戚本禹、姚文元吃饭，江青也在座。他举杯祝酒说："祝全国全面的阶级斗争！"这是上述"当作整个阶级斗争去做"的思想，合乎逻辑的发展。于是，1967年1月1日，《人民日报》《红旗》杂志联合发表题为《把无产阶级文化大革命进行到底》的元旦社论，发出号召："一九六七年，将是全国全面开展阶级斗争的一年。"

在酝酿准备期间，毛泽东认为单靠城乡"四清"运动不足以全面解决问题，开始思考和酝酿全面解决问题的新途径和新方式。后来，1967年2月3日，他接见阿尔巴尼亚代表团的卡博、巴卢库时，回顾过发动"文化大革命"的构想。他说：

"多少年来，我们党内的斗争没有公开化。比如，一九六二年一月，我们召开了七千人的县委书记以上干部大会，那个时候我讲了一篇话。我说：修正主义要推翻我们，如果我们现在不注意，不进行斗争，少则几年、十几年，多则几十年，中国会要变成法西斯专政的。"

"一九六二、六三、六四、六五、六六，五年的时间，为什么说我们有不少工作没有做好？不是跟你们讲客气的，是跟你们讲真话，就是过去我们只抓了一些个别的问题，个别的人物。"

"此外，还搞了一些在文化界的斗争，在农村的斗争，在工厂的斗争，就是社会主义教育运动，有些情况你们也知道。这些都不能解决问题，就没有找出一种形式、一种方式，公开地、全面地、由下而上地来揭发我们的黑暗面。"

到1965年下半年，毛泽东终于找到了"一种形式、一种方式"，这就是"文化大革命"。于是，他下定决心发动"文化大革命"，并且坚决进行到底。他力求通过"文化大革命"这种方式，从"天下大乱"

来达到"天下大治",用"夺权"来重新组织干部队伍,以便最终实现防止"修正主义"和"资本主义复辟",巩固党的领导和社会主义制度。

但是,毛泽东对当时中国社会存在的"黑暗面"作了不切实的过分严重估计,从而把领导层不同意见分歧,无限上纲为"修正主义""走资本主义道路";把不属于阶级斗争的问题,无限上纲为阶级斗争;把党内矛盾、人民内部矛盾,无限上纲为敌我矛盾,并且采取"文化大革命"这种残酷斗争、无情打击的错误做法,严重伤害了大批无辜的干部和群众,造成一场长达十年的内乱和浩劫。

"文化大革命"的酝酿准备,是背着中央"一线"工作的刘少奇、周恩来、邓小平等同志进行的。

对于毛泽东同刘少奇等同志从 1962 年以来发生的意见分歧,在中共中央领导层中暴露得日益明显,周恩来自然有所觉察。然而,他怎么也没有料想到,会由此引发一场长达 10 年的政治大动乱。从 1965 年下半年起,毛泽东开始进行发动"文化大革命"的酝酿准备工作,他依靠的是林彪、康生、陈伯达、江青、张春桥等人,而是背着中央"一线"工作的刘少奇、周恩来、邓小平等同志。显然,这时毛泽东对中央"一线"工作的领导同志,已经存有看法,不大信任了。1966 年 10 月 25 日,在中共中央工作会议上,毛泽东就这样说过:"我处在第二线,别的同志处在第一线,结果很分散。一进城就不那么集中了,搞了一线、二线,出了相当多的独立王国。"

在毛泽东亲自发动和领导"文化大革命"的酝酿准备期间,许多事情是背着中央"一线"工作的领导同志的。对于这种情况,当时同周恩来接触较多的老同志,都是知道的。国务院原值班室主任、国务院

办公厅副主任吴庆彤,在《周恩来在"文化大革命"中》一书里,就反映了周恩来当时这种处境:

> "在'文化大革命'酝酿准备阶段,毛主席找的是林彪、康生、陈伯达、江青、张春桥等人,没有找周总理商议。当时,周总理正在集中精力调查研究冀、鲁、豫、晋、陕、辽、京、蒙北方八省、市、自治区抗旱防涝工作,并把它作为农业上的主攻方向,长期抓下去,扭转'南粮北调'的问题;同时处理河北省邢台大地震所造成的严重自然灾害问题。因此,周总理对'文化大革命'缺乏思想准备,对毛主席发动这场'革命'的深层想法不大清楚。"

下面举几个具体事例,说明发动"文化大革命"的酝酿准备工作,是怎样背着中央"一线"工作的领导同志的,他们确实是不知情的。

《评新编历史剧〈海瑞罢官〉》在诡秘情况下炮制出笼,成为发动"文化大革命"的导火索。

从1962年起,江青多次向毛泽东进言,说吴晗的《海瑞罢官》有问题,要批判。1964年,康生对毛泽东说,吴晗的《海瑞罢官》与庐山会议有关,是替彭德怀翻案。毛泽东当时并不同意这种说法,但是后来还是被"说服"了。1965年11月10日,姚文元的《评新编历史剧〈海瑞罢官〉》在上海《文汇报》上发表后,毛泽东改变了他原来的意见。12月21日,毛泽东在杭州同陈伯达等人谈话时说:"姚文元的文章很好,点了名,对戏剧界、历史界、哲学界震动很大,但是没有打中要害。要害问题是'罢官'。嘉靖皇帝罢了海瑞的官,1959年我们罢了彭德怀的官。彭德怀也是海瑞。"

对于姚文元这篇以笔杀人的文章如何秘密策划的情况,后来江青曾经得意地表功过。1967年4月12日，江青在《为人民立新功》的讲话中说："张春桥、姚文元同志为了这个担了很大的风险啊，还搞了保密。""当时彭真拼命保护吴晗，主席心里是很清楚的，但是不明说。因为主席允许，我才敢于去组织这篇文章。对外保密，保密了七八个月，改了不知多少遍。"

姚文元炮制的这篇文章发表后，广大读者或著文或写信予以驳斥，仅上海《文汇报》就收到来稿来信3000多件。当时，史学界反应强烈。11月14日，吴晗说："姚文元说我的《海瑞罢官》作品产生于1961年'刮风'的时候，这是错了。我的《论海瑞》发表于1959年9月21日的《人民日报》上。《海瑞罢官》是1960年写的，我没有那么大的本领预见到1961年要'刮风'。""姚文元这样批评我，我也不怕。不过，我觉得这样牵强附会的批评，乱扣帽子，这种风气很不好，谁还敢写东西？谁还敢写历史？"

著名史学家翦伯赞认为："现在学术界的顾虑并未解除，姚文元乱来一通，不利于百家争鸣。"他还说："吴晗和我是朋友，我了解他。""如果整吴晗，所有知识分子是会寒心的。"著名史学家周谷城斥责姚文元"陷人于罪"。元史学家翁独健认为："姚文元给吴晗下'反党反社会主义'的结论，这是莫须有的罪名，和秦桧害岳飞的理由一样。"

后来，1967年2月3日，毛泽东接见阿尔巴尼亚的卡博、巴卢库，谈到发动"文化大革命"时说过：

"这场斗争也准备了一个时期。前年十一月，对一个历史学家吴晗发表了一篇批判文章。这篇文章在北京写不行，不能组织班子，只好到上海找姚文元他们搞了一个班子，写出这篇文章。开头写我也不知道，是江青他们搞的。先告诉我要批评。他们在北京组织不了，到上海去组织，我都不知道。文章写好了交给我看，说这篇文章只给你一个人看"。

由此可见，对于上海《文汇报》发表姚文元的这篇文章，当时中央"一线"工作的刘少奇、周恩来、邓小平等同志是不知情的。中共中央政治局委员、书记处书记和刚成立的"文化革命五人小组"组长彭真也一无所知。因此，当有些地方转载这篇批判北京市一位副市长的文章时，彭真下令北京各报刊一律不转载。他还曾对《红旗》杂志一位负责同志说过："《红旗》更不要着急，《红旗》现在不要发表文章，也不要转载。"1965年11月26日，彭真还明确指出："吴晗的性质，不属于敌我。对姚文元文章错误的地方也要批判。"

江青等人对北京的报刊拒不转载姚文元的文章，非常恼怒，立即向毛泽东报告。毛泽东要上海市将姚文元文章印成小册子，在全国新华书店发行。但是，北京新华书店没有立即表示订购。由于江青挑拨离间，毛泽东对北京市委的不满迅速加深。后来，1967年2月3日，他对卡博、巴卢库说："（姚文元的）文章发表以后，各省都转载，北京不转载。我那个时候在上海，后头我说印小册子。各省都答应发行，就是北京的发行机关不答应，因为有些人靠不住嘛！北京市委就是针插不进，水泼不进的市委。"

随后不久，周恩来得知姚文元的文章是毛泽东审阅批发的，并告知彭真，认为北京的报刊不能不转载了。1965年11月28日，彭真在主持讨论北京报刊转载姚文元的文章时，邓拓说："吴晗很紧张，因为这次批判有来头。"彭真听后仍然说："什么来头不来头，不用管，只问真理如何。真理面前人人平等！"他布置写一个转载的编者按语，要在历史唯物主义上下功夫，凡提到吴晗名字都加同志二字。

29日，《北京日报》转载姚文元的文章，编者按指出："有不同意见应该展开讨论，运用历史唯物主义和阶级分析的观点，实事求是地弄清是非，解决问题。"

30日，《人民日报》转载姚文元的文章，并且加了经周恩来、彭真修改定稿的编者按。编者按强调中共中央关于科学和文艺工作实行的"百家争鸣、百花齐放"方针,指出:"我们通过这次辩论,能够进一步发展各种意见的相互争论和相互批评。我们的方针是:既容许批评的自由,也容许反批评的自由;对于错误的意见,我们也采取说理的方法,实事求是,以理服人。"

由于当时并不了解毛泽东审阅批发姚文元这篇文章的真实意图,彭真、周恩来先后审定的《北京日报》和《人民日报》编者按,都力图将吴晗著《海瑞罢官》由政治批判引导为学术讨论,以免把学术问题上纲上线为政治问题。为此,12月14日,彭真对吴晗说:"你错的就检讨,对的就坚持。坚持真理,修正错误。"22日,彭真当面对毛泽东说:"我们经过调查,没有发现吴晗同彭德怀有什么组织联系。"

27日的《北京日报》还发表了吴晗《关于〈海瑞罢官〉的自我批评》一文,对学术讨论和批评表示欢迎,还列出无可辩驳的历史事实,说明研究海瑞并非影射庐山会议,并对一些学术问题作了说明。

对于《海瑞罢官》的批判,尽管受到广大读者的批驳和许多报刊的抵制,以及吴晗著文辩诬和彭真等人抗争,但是,因为姚文元的这篇文章得到毛泽东的支持,终于成为引发"文化大革命"的导火索。1966年6月10日,毛泽东在谈到发动"文化大革命"问题时说过:"最初,姚文元发难。"1967年,毛泽东还说过:"姚文元的文章不过是无产阶级文化大革命的信号。"

江青秘密策划的《部队文艺工作座谈会纪要》提出"黑线专政",为发动"文化大革命"制造"理论依据"。

1966年2月,江青受林彪委托,背着中共中央"一线"工作的刘少奇、周恩来、邓小平等同志,在上海召开部队文艺工作座谈会,炮制

《林彪同志委托江青同志召开的部队文艺工作座谈会纪要》。这个座谈会是江青一手策划的,为何要冠以"林彪同志委托",其中的奥秘江青披露过。她说:"我的话更没有人听。"要请"无产阶级专政的'尊神'来攻他们"。于是,1966年1月21日,江青从上海到苏州找林彪,以"文艺革命"为名,要求林彪支持她召开部队文艺工作座谈会。为了互相利用,两人一拍即合,林彪立即让叶群为江青召开座谈会做好安排。

为了互相吹捧、互相利用,第二天,叶群托人将林彪的一段话转告江青:"江青同志昨天到苏州来,和我谈了话。她对文艺工作方面在政治上很强,在艺术上也是内行。她有很多宝贵的意见,你们要很好重视,并且要把江青同志的意见在思想上、组织上认真落实。"

对于林彪的这种被动委托,江青后来对参加座谈会的人员说过:"我没有办法呀,困难呀,春节期间去苏州向林总谈了我的意见,我要请尊神,请解放军这个尊神支持我。林总完全同意我的意见,同意我找你们几位谈一谈。"

这个座谈会是很神秘的。1966年2月2日,座谈会开场,江青首先宣布三不准:"不准记录,不准外传","不准让北京知道"。她还查问与会人员带窃听器没有。"不准让北京知道",很明显,就是要对在中央"一线"工作的领导同志保密。

接着,江青讲话为座谈会和纪要定调。她说:"我们的文艺界不像样,让帝王将相、才子佳人、洋人死人统治舞台。""有一条与毛主席思想相对立的反党反社会主义的黑线专了我们的政。""现在是我们专他们的政的时候了。"

座谈会于2月20日结束,名为大家座谈实为江青一人谈。江青所谈的主要内容是:一方面,诬蔑文艺战线"有一条反党反社会主义的黑线",并诬陷周恩来等中央领导同志和文艺界的周扬、林默涵、夏衍等领导同志;另一方面,吹捧林彪,并抬高自己。在一次谈话时,江青竟提出周恩来应作检讨。她说:"周总理又开了民族音乐座谈会,又讲了要先分后合,要洋的就是洋的,中的就是中的。搞纯粹的民族乐队,不许混杂。这是错误的,不符合毛主席思想。他是应该作检讨的。"对周恩来亲自抓的大型音乐舞蹈史诗《东方红》,江青也认为"问题不少"。江青的这些说法致使参加座谈会的刘志坚等同志当时就感觉到,"江青对周总理,对中央文化部太不尊重,批评得过多"。

座谈会结束后,形成了"座谈会纪要"。这个"纪要"最初是"汇报提纲",江青对这个初稿很不满意,交张春桥修改,后陈伯达也参与修改,先后改写了8稿,反复修改了30多次。其中,毛泽东先后作了3次重要修改。他在一些地方删去了"纪要"中颂扬自己的话,保留了江青提出、陈伯达和张春桥阐述的"文艺黑线专政"的内容。他不仅同意建国以来"有一条黑线专了我们的政",要"坚决进行一场文化战线上的社会主义革命,彻底搞掉这条黑线",而且还加写了:"搞掉这条黑线之后,还会有将来的黑线,还得再斗争。""过去十几年的教训是:我们抓迟了。毛主席说,他只抓过一些个别问题,没有全盘地系统地抓起来,而只要我们不抓,很多阵地就只好听任黑线去占领,这是一条严重的教训。"

显而易见,毛泽东认真审阅、修改过的这个"纪要",所肯定的"黑线专政论"成为他发动"文化大革命"的一个重要理论依据,也反映了当时他对文化领域阶级斗争形势的错误估计,以及他酝酿发动"文化大革命"的决心。

这个纪要最初没有下发,但在党内高层领导中已经传开。1966年4月10日,中共中央转发了经毛泽东审阅修改的这个"座谈会纪要",并在批语中指出:"它不仅适合于军队,也适合于地方,适合于整个文艺战线。"要求各级党委"认真研究,贯彻执行"。

由于林彪、江青组织召开这个座谈会是背着中央"一线"工作领导同志的，长期关注文艺工作的周恩来并不知情。因此，正在江青、陈伯达、张春桥等人炮制"座谈会纪要"期间，3月12日、14日、15日，周恩来3次观看天津歌舞剧院的演出，并同有关同志谈话，强调文艺工作者要深入生活，深入群众，改造思想，提高艺术水平。他充分肯定北京一些文艺单位组织小分队去基层演出的做法。他说："你们不能只在上面自己搞运动，要下去。""要赶快下去，到农村去，一方面锻炼自己，一方面普及提高农村文化。""舞剧和歌剧不要太分家，要互相结合，要有歌有舞。"16日，在中共中央华北局的会上，谈到《王杰赞歌》时，他说：《王杰赞歌》写王杰有个发展过程，这是正确的。事物总是逐步提高的，哪里有从小什么事都懂得的人呢？显然，周恩来的上述说法，是同江青等炮制的"黑线专政论"相抵牾的。

康生授意聂元梓等人炮制的大字报，点燃了"文化大革命"的熊熊烈火。

聂元梓等7人炮制的题为《宋硕、陆平、彭珮云在文化大革命中干了些什么?》的大字报，被称为"全国第一张马列主义大字报"，是康生背着中央"一线"工作的刘少奇、周恩来、邓小平等领导同志，派他的妻子曹轶欧率调查组到北大，在他们夫妻俩授意下炮制出笼的。在中共中央《五·一六通知》通过前几天，康生急忙组成以曹轶欧为组长、教育部副部长刘仰桥为副组长的调查组。曹告诉刘："调查组是在康生直接领导下工作的。"

随后，康生召集调查组成员在钓鱼台国宾馆开会，向他们提前透露了《五·一六通知》内容，并讲了北大问题、北京市委大学部宋硕的问题、北京市委的问题。曹轶欧则说：这次调查，"重点是北京大学"。"从搞北大开始，往上揭"。后来，1967年1月22日，康生还表功说：

派这个调查组的目的是,"调查彭真在学校搞了哪些阴谋"。

1966年5月14日,曹轶欧率调查组到北大。北大校长、党委书记陆平提出向调查组作一次汇报,曹轶欧拒绝。学校为调查组准备了住处,他们没去住,却住在西颐宾馆。调查组背着北大党委,进行了一系列诡秘活动。据刘仰桥后来说:曹轶欧找过聂元梓等人到西颐宾馆个别谈话,"动员他们往上揭,明确要他们揭发陆平、宋硕、市委"。他证实:"大字报主谋是康生、曹轶欧,串连是张恩慈,执笔是杨克明,聂元梓搞成第一名是因为聂是总支书记。"

在康生、曹轶欧的指使下,1966年5月25日下午,贴出了聂元梓等7人炮制的大字报。随后,北大师生自发地贴出1500多张大字报,其中绝大多数是批驳聂元梓等人的大字报。

由于康生派调查组到北大发难的举措是背着中央"一线"工作的领导同志的,在聂元梓等人的大字报贴出之前,周恩来曾指示:北京大学有几十个国家的留学生,搞运动一定要慎重,一定要注意内外有别。

聂元梓等人的大字报贴出之后,周恩来连夜派中共中央华北局、国务院外办、高等教育部的负责同志到北大。他们先向北大党委常委会了解情况,接着向全校党员干部传达周恩来的指示。他们讲话时,严肃批评聂元梓等人的做法不符合中央"内外有别"的规定,是破坏纪律的行为。李雪峰说:是党中央让我们来的,是周总理让我们来的。他批评大字报的内容有点泄露党的机密。他还说,对于贴大字报,中央只要求一条,党有党纪,国有国法。随后,张彦传达中央批转的外办文件,并传达周恩来交代他补充的4点通知。他说:"总理特别强调,作为党和国家的纪律,就是要严格执行内外有别。"

当晚,中共华北局来人还找聂元梓谈话。聂元梓交代说:"大字报并不是我们自己搞的,是曹轶欧要我们搞的。"

这时,正在杭州的毛泽东,6月1日从《红旗》杂志社和《光明日报》总编室合编的《文化革命简报》第13期上,看到了聂元梓等7人的大字报,觉得如果公开发表这张大字报,可以公开地、自下而上地广泛动员群众,成为发动"文化大革命"的一个突破口。于是,他当即批示给康生、陈伯达:"此文可以由新华社全文广播,在全国各报刊发表,十分必要。北京大学这个反动堡垒,从此可以开始打破。"当晚,中央人民广播电台在"新闻联播"节目中播发了聂元梓等人的这张大字报。

由于不知内情,听到广播聂元梓等人的大字报后,北京大学许多师生很不理解,愤愤不平,校园里还贴出了一些批驳聂元梓等人的大字报。有人高喊"不要盲从",有人说"在3小时内把中央人民广播电台的气焰压下去"。到当晚23时45分,中央人民广播电台新闻部就接到询问和质问的电话59次。

对于在全国广播聂元梓等人的大字报,在主持中央"一线"工作的刘少奇、周恩来、邓小平等同志,事前也一无所知。陈毅曾就此事询问周恩来:"这么大的事情,为什么连招呼也不打一个?"周恩来回答说:"我也是在临近广播前才接到康生的电话,说要发表这篇大字报。"

第二天,《人民日报》全文刊载了这张大字报,并配发了王力、关锋、曹轶欧执笔的评论员文章《欢呼北大的一张大字报》,攻击北大党委和校长、党委书记陆平和党委副书记彭珮云说:"你们的'党'不是真共产党,而是假共产党,是修正主义的'党'。你们的'组织',就是反党集团。你们的纪律就是对无产阶级革命派实行残酷无情的打击。"后来,8月5日,毛泽东对这篇评论员文章加了一个注:"危害革命的错误领导,不应当无条件接受,而应该坚决抵制。"同时,他在《炮打司令部——我的一张大字报》中赞扬说:"全国第一张马列主义的大字报和人民日报评论员的评论,写得何等好啊!"

这样,正如毛泽东所预料的,6月1日后,一下子就轰开了发动

"文化大革命"的局面。首先是北京各大中学校的学生，紧接着是全国各地的学生，纷纷起来"造修正主义的反"，大字报、大标语铺天盖地，矛头直指学校领导干部和教师，学校党组织旋即陷于瘫痪状态，出现了乱批、乱斗、打、骂、查、抄等违法乱纪现象。

对周恩来曾经批评聂元梓等人贴大字报的做法，康生耿耿于怀，发泄不满。大字报广播后，康生得意地"感到解放了"。8月4日，他在北京大学万人大会上说："6月1日下午4点，我接到通知（指毛泽东要广播大字报的指示——引者注），我感到聂元梓同志解放了，我与曹轶欧、张恩慈、杨克明也感到解放了，因为我们当时也支持这张大字报，我们也受到压力。"在另一次会议上，康生当着周恩来等人的面说："如何对待这张大字报，当时我在北京中央是孤立的。"康生的这句话，一则说明当时在中央"一线"工作的领导同志是不同意这张大字报的，二则是明显发泄对周恩来的不满情绪，三则是给自己表功。

就便说一下，为了证实聂元梓等人炮制的这张大字报千真万确是康生派曹轶欧组织炮制的，笔者当时在北京大学亚非研究所从事研究工作，对聂元梓等人大字报出笼前后的一些情况曾亲见亲闻。1966年4月15日，笔者被校党委临时借调去负责主编《北京大学》校刊。有几次列席中共北大党委常委会，见到曹轶欧在座，一副颐指气使的样子。有一天深夜，校刊编辑室接到曹轶欧调查组来电话，要送去4、5两个月的北大校刊。6月1日，聂元梓等人的大字报广播后，校党委一位负责同志让我去新华社取大字报广播稿，连夜编发一期校刊，第二天见报。6月3日上午，工作组派一个大字报作者和几个红卫兵来接管北大校刊，宣布"北大校刊是陆平党委的喉舌"，"对两报一刊（指《北京日报》、《北京晚报》和《前线》杂志——引者注）是假批判，真包庇"，勒令停刊，并责令我检查交代问题，接受审查、批判，不准参加群众组织，不准外出串连。

对《五·一六通知》中的"资产阶级代表人物""赫鲁晓夫那样的人物",刘少奇、周恩来、邓小平都不知道指的是谁。

1966年5月16日,中共中央政治局扩大会议通过的《中国共产党中央委员会的通知》,简称《五·一六通知》,是全面发动"文化大革命"的一个纲领性文件。对这个《通知》的真正含义,对毛泽东在《通知》中加写的一段话,特别是对其中所说的"资产阶级代表人物""赫鲁晓夫那样的人物"的矛头所指,周恩来当时也是不清楚的。

1967年5月21日,周恩来在接见陆、海、空三军文工团部分文艺工作者时,袒露过他的心态。他说:当时虽然有些猜测,却未曾想到是指刘少奇。事实上,不仅周恩来没有理解到,就连主持这次会议的刘少奇也没有想到是指自己。

5月18日,即在《五·一六通知》通过的第3天,刘少奇、周恩来、邓小平会见胡志明时,都认为:"中国党内的赫鲁晓夫修正主义者已经挖出来了"。这种情况真实地反映了当时中央领导层的党内生活很不正常。

在这次中共中央政治局扩大会议上,还有一件令人啼笑皆非的事。林彪提出,要求中共中央政治局通过决议,说明叶群在同林彪结婚前是处女。在会场主席台前的桌子上放着林彪手书的一张纸,大意是说他证明:(一)叶群和我结婚时是纯洁的处女。婚后一贯正派。(二)叶群与王实味、×××根本没有恋爱过。(三)老虎、豆豆(指林立果、林立衡——引者注)是我与叶群亲生的子女。(四)严慰冰的反革命信所谈的一切全系造谣。聂荣臻看到后,拿着林彪的这个手书,气愤地说:"发这个做啥?收回!"随即主席台上的人就让把林彪的这个手书收回了。

1971年"九·一三事件"后,刘西尧听周恩来说起过这件事。他在《"文化大革命"中我给周恩来当联络员》的回忆文章中写道:"'九·一三事件'后,我听周总理说,在1966年通过《五·一六通知》的政治局会议上,针对陆定一的妻子严慰冰对叶群的指责,林彪竟提出要政治局通过决议,说叶群在和林彪结婚前是处女,被政治局多数成员否决。林彪叛逃后,周总理提起此事讲,一个共产党员提出这样的问题,简直是荒唐。当时他感到很惊讶!"

1966年8月1日至12日,中共八届十一中全会在北京召开。全会通过的《关于无产阶级文化大革命的决定》,简称《十六条》,是全面开展"文化大革命"的又一个纲领性文件。毛泽东主持全会,邓小平宣布全会议程,刘少奇做工作报告。报告后半部分着重讲"文化大革命"发动以来的工作,对派工作组问题作自我批评。毛泽东插话批评说:"工作组不管怎么样是做了坏事","起了一个镇压群众、阻碍群众的作用,起了个坏作用"。8月2日,周恩来在全会讲话,对派工作组问题主动承担责任。他说:"对于工作组问题,我认为常委,特别是在北京主持中央工作的,我们几个都要对派遣工作组负责任。""一直到主席回来,我们汇报的时候,还主张工作组不撤,这就是更大的错误。"

8月4日,在中共中央政治局常委扩大会上,毛泽东严厉批评主持中央"一线"工作的同志。他说:"现在共产党也镇压学生运动。""说得轻一些是方向性的问题,实际上是方向问题,是路线错误,是违反马克思列宁主义的。这次会议要解决问题,否则很危险。"他还不指名地批评刘少奇说:"我是没有下去蹲点的,有人越蹲点越站在资产阶级方面反对无产阶级。"刘少奇承担责任说:"这段时间,主席不在京,我在北京主持工作,我负主要责任。"毛泽东接着说:"你在北京专政嘛,专得好！"

在叶剑英讲到我们有几百万人民解放军，不怕什么牛鬼蛇神时，毛泽东声色俱厉地说："牛鬼蛇神，在座的就有！"由此可见，会议气氛紧张到了何等程度。

周恩来说过："文化大革命这种前进的速度、广度和深度"，"包括我自己在内，都没有足够的精神准备"。

8月5日，毛泽东写了《炮打司令部——我的一张大字报》，措辞严厉地指出："站在反动的资产阶级立场，实行资产阶级专政，将无产阶级轰轰烈烈的文化大革命运动打下去。""联系到1962年的右倾和1964年形'左'而实右的错误倾向，岂不是可以发人深省的吗？"毛泽东这张不指名指责刘少奇等同志的大字报，第一次把中共中央核心领导层的分歧公之于众，并且上纲到吓人的高度。

根据毛泽东的提议，全会决定改组中共中央政治局常委会，刘少奇由常委会第二名降为第七名。直到这时，周恩来才明白毛泽东在《五·一六通知》中加写的"资产阶级代表人物""赫鲁晓夫那样的人物"所指的是谁。在会议期间，他两次对廖汉生说，"现在毛主席已下了决心"。后来，1984年2月18日，廖汉生回忆说：

"周总理说：毛主席下了决心，写了《我的一张大字报》，晚上把我叫去，交给我，让我向大会传达，后又收回去了。第二天晚上，又把我找去，再把《我的一张大字报》交给我。现在毛主席已下了决心，要改组政治局常委。"

毛泽东《炮打司令部——我的一张大字报》发表后，在中共中央政治局生活会上，批判刘少奇、邓小平，周恩来和陶铸"很不理解"，始终没有发言。据陶铸的女儿陶斯亮的回忆文章披露："八届十一中全会后，父亲即将担任中央政治局常委之前，江青亲自出马，找我父亲密谈，要我父亲打头阵，放炮攻击刘少奇、邓小平。但父亲却以'不了解情况'为由，断然拒绝了江青。毛主席发表《炮打司令部》后，在批判刘、邓的政治局生活会上，父亲仍然一言不发。那几次生活会，始终不发言的，只有我父亲和周总理。"

中共八届十一中全会后，"红卫兵运动"迅猛兴起，"革命造反"的狂潮一浪高过一浪。周恩来讲到他当时对"文化大革命"的认识时，多次表示自己的思想"跟不上形势的发展"。他说过：自己虽然干了几十年革命工作，但就文化大革命这个新生事物来说，在许多地方还不如年轻人那样思想解放，那样敢说敢闯，没有条条框框。1966年8月18日，周恩来会见越南总理范文同时，袒露过这种"跟不上，但要争取跟进"的心态。他说：

"新的革命运动，我们这些老革命就不熟悉了，变成'保守派'。我们跟主席一道工作，有时毛泽东思想红旗举得不高，错误是经常要犯的，当然不是站在对立的立场上。我们要保持晚节，就要紧跟毛主席不掉队，在文化大革命中经受住考验。"

周恩来的这番话并非客套，而是他当时的真实思想和态度。后来，在许多讲话中还谈到对"文化大革命"的认识问题。1966年10月28日，他在中共中央工作会议上说过："说老实话，做梦也没有想到这样的一个大局面。"在谈到"文化大革命"运动的时间安排时，反映了他希望"文化大革命"早日结束。他提出："可不可以设想一个时间表，大区、省、市、自治区一级能不能在春节以前使机关的运动告一段落，中央各部、各口子在春节以前告一段落。"这个时间表反映了周恩来当时对"文化大革命"确实还"很不理解"。

后来，12月19日，周恩来在中央负责人集体接见外地来京师生和红卫兵的大会上，还谈到自己对"文化大革命"没有"精神准备"。

他说：

> "文化大革命这种前进的速度、广度和深度，都不是我们原来所能料到的。我们大家，包括我自己在内，都没有足够的精神准备。就是说，没有能够完全预料到。"

直到1968年9月14日，接见首都工人、解放军毛泽东思想宣传队，在谈到对"文化大革命"的认识时，周恩来还说过他对"文化大革命"不理解。他坦诚地说："说老实话，我对无产阶级文化大革命，初期也不是很理解，没有想到今天这样的局面。"

对于周恩来在"文化大革命"期间的处境和心境，当时同周恩来接触较多的谷牧深有体会。他在《回忆敬爱的周总理》的文章中写道：

> "对于'文化大革命'，在运动初期，党内绝大多数高级领导干部都处于一种'很不理解'、'很不得力'的状态，我们这些人都是如此。我体会，包括周总理和少奇同志几位中央主要领导同志，他们也是在一种很不自觉的情况下被卷入这场政治风暴中去的，他们也是在凭着自己的认识看问题，凭着自己的经验干事情，凭着自己的责任感做工作。他们的思想和肩上的担子都是沉重的。周总理作为当时中央的主要领导人之一，对于毛主席为首的党中央作出的决定，是必须贯彻执行的。所以，无论是同我们这些人谈话，或公开对群众谈话，他总是讲要'加深理解'、'跟上形势'。但是，'文革'究竟要干什么？怎么搞法？将来的发展是个什么结局？他也搞不太清楚。"

力求理解、跟进，加以约束、限制

——主持制定有关"文化大革命"的限制性政策和措施

"文化大革命"狂飙兴起时，虽然周恩来是在没有思想准备的情况下被动卷入的，但他对毛泽东亲自发动和领导的这场"革命"，力求理解，争取跟进，并对"文化大革命"中出现的种种违法乱纪行为，制定一些相关的政策、措施，加以约束和限制。当时，极左思潮和极左行为泛滥，林彪、江青一伙为了乱中篡权，唯恐天下不乱。在这种极度动乱的局势下，对"文化大革命"加以约束和限制往往阻力重重，但周恩来为此倾注了大量心血和智慧，以尽可能减少"文化大革命"造成的破坏和损失。

对毛泽东亲自发动和领导的"文化大革命"，力求"加深理解，跟上形势"。

周恩来没有参与毛泽东亲自发动和领导的"文化大革命"的酝酿准备工作，对许多事情并不知情，因而缺乏思想准备。但是，当时他没有怀疑毛泽东发动"文化大革命"的初衷是"反修防修，防止资本主义复辟"。现在看来，当时，毛泽东、周恩来等中央领导同志对"修正主义"和"资本主义复辟"的理解是含混不清、不准确的；而且他们对当时中国国情的估计也是不切实际的。长期以来，周恩来对毛泽东是尊重和信赖的，认为毛泽东总是站得高、看得远、想得深，即使在一些问题上出现不同意见，总是要求自己从积极方面去理解，去跟进。因此，他对毛泽东亲自发动和领导的"文化大革命"，总体上表示拥护，并力求"加深理解，跟上形势"。

"文化大革命"初期，周恩来根据当时对毛泽东亲自发动和领导"文化大革命"的初衷的理解和认识，总体上是拥护和支持的，在国内外讲话中多次表示过。1966年6月27日，他在阿尔巴尼亚地拉那群众大会上说：

> "在社会主义国家里，如何防止修正主义篡夺党和国家的领导权，如何防止资本主义复辟，不断巩固和发展社会主义，还没有一个完整的经验。这几年来，我们党根据毛泽东同志的教导，采取一系列根本性的措施，来避免修正主义篡夺领导，防止资本主义复辟。最近几个月来，我国轰轰烈烈展开的文化大革命，是意识形态领域内的一场十分激烈的阶级斗争，归根到底，是一场复辟与反复辟的斗争。这一场挖修正主义根子的斗争，将进一步巩固我国的无产阶级专政。"

对迅猛兴起的"文化大革命"，主张"加以约束、限制"。

如果说，《五·一六通知》是从理论上全面发动"文化大革命"的一个重要标志，那么，中共八届十一中全会通过的《关于无产阶级文化大革命的决定》（简称《十六条》），以及毛泽东《炮打司令部——我的一张大字报》和他《给清华大学附属中学红卫兵的信》，则是在实践上全面发动"文化大革命"的重要标志。中共八届十一中全会公报一发表，从北京到全国各地立即掀起"文化大革命"狂飙。

随后，8月18日，毛泽东在天安门接见北京市大中学校的红卫兵，同首都百万群众共庆"文化大革命"的开展，进一步震动了全国。刘少奇、邓小平和其他中央政治局常委都出席了这次群众大会，并在大会主席台上按中共八届十一中全会改组的结果排列顺序，刘少奇降为常委中的第七位，公布了中共中央高层的重大人事变动。

"八·一八"大会使广大红卫兵受到极大鼓舞，成为"文化大革命"的急先锋。"红卫兵运动"的兴起，大批以"红五类"出身为主体的大中学生，冲出校园，走向社会，把"文化大革命"狂飙进一步刮向全国各地。他们以破"四旧"为名，到处抄家，捣毁文物，更改街名，揪斗老师、领导干部、爱国民主人士和高级知识分子，肆无忌惮地进行侮辱、打骂，甚至任意诬蔑一些领导干部是"黑帮"，诬蔑一些专家学者是"反动学术权威"，诬蔑一些教师是"牛鬼蛇神"，诬蔑一些群众是"黑五类"，致使许多人或被打致伤、致死，或被"扫地出门"。

对于"红卫兵运动"中出现的种种违反党和国家政策、法律、制度的恶劣行为，及其造成的骇人听闻的罪恶事件，周恩来忧心忡忡，困惑不解。1966年8月22日，他在清华大学全校师生员工大会上讲话时，就表露过当时的这种心情。他不解地说："八月八日的《决定》（指《十六条》——引者注）现在公布十四天了，你们正在学习。为什么还有隔阂呢？就是因为有许多问题不清楚。有许多问题我们也不清楚。拿我来说，就很不清楚。"

周恩来说"很不清楚"，是实话实说。对于"文化大革命"要不要有领导、有步骤地进行；要不要遵守党和国家的政策、法律、制度；建国以来17年党的路线是不是基本正确的；各级领导干部大多数是不是好的和比较好的等等问题，他时常萦系脑际。他的回答当然是肯定的。面对"文化大革命"的严酷现实，他内心感到困惑和苦闷。但是，对"红卫兵运动"中的种种违法乱纪行径，他不能熟视无睹，不能置之不理。12月19日,他在接见外地来京师生和红卫兵大会上讲话时,针对打人、体罚等现象屡禁不止,主张"加以约束、限制"。他严肃指出:

> "这是应该制裁的,要给这种违法乱纪现象以打击。如果我们让这样违法乱纪、严重打人现象流传下去,就要造成一种白色恐怖。"

> "就是在十一中全会以后,我们对这个运动的发展也常常估计不足,对于这样波澜壮阔的局面的来到,精神准备不够,总是要想方法,把它分步骤,或分期分批,加以约束、限制。"

周恩来是这样说的,也是这样做的。事实上,在"文化大革命"期间,他自始至终对一些过激言行和违法乱纪现象,总是想方设法"加以约束、限制"。就是对林彪颂扬毛泽东的一些不科学的说法,周恩来也当面劝林彪"应当力求科学、准确、恰当"。

1966年7月11日、12日,周恩来在武汉会见毛泽东。毛泽东让他看7月8日写给江青的信,并建议他同林彪谈谈。毛泽东在这封信中讲到林彪5月18日关于政变问题的讲话时写道:"这个问题,像他这样讲法过去还没有过。""他的一些提法,我总感不安。""他到五月会议上还是那样讲,报上更是讲得更凶,简直吹得神乎其神。这样我就只好上梁山了。我猜想他的本意,为了打鬼,借助钟馗。我就在二十世纪六十年代当了共产党的钟馗了。"

7月14日,周恩来从上海飞抵大连,同林彪谈话,转达毛泽东的意见,并劝林彪对毛泽东的颂扬应该注意实事求是,"用词应当力求科学、准确、恰当"。当时,林彪表示接受,答应回京后修改他5月18日的讲话。但是,过后林彪根本不予理睬,仍然我行我素。

7月15日,周恩来回到北京,即向刘少奇汇报了上述情况。7月26日,周恩来在中共中央政治局扩大会议上讲到这件事时说:"对林彪提出的'顶峰'、'最高最活'、'最高指示'等类言辞,我曾同毛主席谈过，也同林彪交换过意见，用词应当力求科学、准确、恰当。"

为了约束和限制"文化大革命"中的过激行为，在中共八届十一中全会讨论制定《中共中央关于无产阶级文化大革命的决定（草案）》时，周恩来同陶铸商量，删去了原稿中的"黑帮""黑线"一类用词，并增加了一些限制性政策规定。诸如：必须严格区分人民内部和敌我两类不同性质的矛盾；对干部要区别对待，好的和比较好的是大多数，要团结百分之九十五以上的干部和群众；不要把运动和生产对立起来；要文斗，不要武斗；对于有贡献的科学家和科学技术人员应该加以保护；等等。他们的这些修改意见经毛泽东同意后，写进了《十六条》。

主持制定一些限制性政策和措施，但大多得不到贯彻执行。

中共八届十一中全会后，周恩来实际上开始主持中共中央的日常工作。为了约束和限制"文化大革命"中出现的种种违法乱纪行径，他同陶铸等同志制定和采取了一系列具体的政策和措施。

（一）为了加强对国务院有关部委"文化大革命"的领导，周恩来授意李富春同李先念、谭震林、薄一波、余秋里、姚依林等同志，拟定国务院8个口（外交、文教、科学三个口除外）机关文化大革命的十条意见稿。意见稿的主要内容是：要加强对"文化大革命"的领导；要保护国家机密；对一部分领导干部"烧"到一定程度后，要注意保护；既要放手发动群众敢于革命，又要让群众学会善于革命，善于掌握党的政策；等等。

1966年8月23日，周恩来审定意见稿时批注："这十条意见同样适用于外事、文教、科学三口。"他批告陈伯达："这件很好，我注了几条意见，如蒙同意，请送主席、林彪同志核阅，并请主席批示，可否印发政治局、书记处、文革小组各同志。"然而，毛泽东不同意批发这十条意见。8月29日，他在中共中央政治局扩大会议上说："一条也不要，何必十条？来一个放任自流。有《十六条》嘛，都不听。让他去搞。"

（二）针对"红卫兵运动"的冲击，全国许多地方和单位出现混乱局面，对党和国家的要害和机密部门、单位造成很大威胁，为加以约束和限制，周恩来商请陶铸组织人起草《中共中央、国务院关于文化大革命中一些具体问题的通知》，准备发至县、团级。《通知》稿要求各省、市、自治区、中央各部门，"在运动中，对于党和国家的要害、机密部门和单位，必须坚决进行保护"；对这些部门的文化大革命运动，必须加强领导；各级党组织和有关部门负责人应当主动地向广大革命群众和革命师生进行教育，使他们自觉协助党和国家对要害、机密部门做好保护工作。《通知》稿详细列出了要害、机密部门和单位的名单。

1966年8月31日，周恩来在审定《通知》稿时，增加了人民日报社、解放军报社、红旗杂志社，并写了批语："提议照发，请主席、林彪、康生、富春、江青核阅，退汪东兴办。"当天，江青提出："建议中央常委讨论一下，至少应请主席和林彪同志仔细阅读和批改。"9月1日，毛泽东批示："此件不发。"

（三）为了对"红卫兵运动"中出现的打、砸、抢、抄、抓等日益严重的违法乱纪行径，加以约束和限制，1966年9月1日，周恩来亲自起草了《有关红卫兵的几点意见》。主要内容有：红卫兵要大学解放军，"把红卫兵建设成为一支具有社会主义觉悟和严格组织性、纪律性的战斗队伍"；"目前最急迫的任务是组织起来，学习和掌握政策"，"分清敌友我，团结大多数"；"对于在国家和统一战线中具有合法地位的民主人士和对于有贡献的科学家和科学技术人员，只要没有发现现行反革命活动，应该加以保护"；"要文斗，不要武斗，不要动手打人"；

"红卫兵搜捕人,必须与中共北京市委、北京卫戍区和公安部商定;红卫兵串连要保障党和国家的首脑部门、要害部门和宣传部门的工作不受影响","革命串连不在这些机关内部进行";"要保障厂矿的生产和基本建设不受影响,科研机关的科学实验和中间性生产不致停顿,尖端技术的厂区不被闯入,尖端技术资料不受损失,服务、医疗事业不致中断";等等。《意见》稿还对红卫兵的组织形式、工作方法等作出具体规定。

9月3日凌晨,周恩来对《意见》稿最后修改定稿,并嘱告秘书通知陶铸、李富春、陈毅、王任重、康生、江青、张春桥等,上午开会讨论《意见》稿。会上,陶铸、陈毅、王任重等同志明确表示同意,而康生等人则持否定态度。康生认为《意见》稿将代替《十六条》,说"十个问题需要讲吗?我看有代替的危险"。姚文元则别有用心地说:"应该用阶级分析讲政策。"由于中央文革小组成员反对,周恩来亲自起草的这个《意见》稿也没能发出。

这个《意见》稿虽然没能发出,但是,周恩来在"文化大革命"期间自始至终坚持对红卫兵进行说服教育工作,耐心地宣传、解释党和国家的政策和法制。仅1966年9月,他就接见在京和来京的红卫兵20多次。在整个"红卫兵运动"期间,他共接见红卫兵和群众组织代表达160多次。

9月10日,在首都大专院校红卫兵司令部(一司)全体"出征人员"大会上,周恩来提出:红卫兵应是一支战斗队、学习队、宣传队。"战斗",指的是进行文斗,而不是武斗;"学习",就是要做调查研究,要进行科学分析,要有冷静的头脑;"宣传",就是讲政策,讲实际,讲界限,不盲目行动,不强加于人。在这次讲话中,他特别强调"文化大革命"的重点是文教机关,要遵守对外政策、民族政策和宗教政策,注意团结一切可以团结的人们。他是这样说的:

"当前，无产阶级文化大革命的重点是文教机关，而工厂、农村、服务性行业应由那里的干部、群众自己进行文化大革命，你们可以去进行必要的革命串连，但不能像在学校里一样，冲进去，要到哪里就到哪里。我们是无产阶级专政的国家，要有革命的秩序、建设的秩序。""边疆的省份，靠边境的城市、集镇和边防点，你们不要去。这些地方的每一个行动都关系到很多政策，如对外政策、民族政策等。那里宗教信仰常常和民族问题结合在一起，人们有自己的风俗习惯，即使改变也需要时间。""总之，你们要团结一切可以团结的人们，包括爱国的剥削阶级出身的知识分子，剥削阶级家庭出身的其他人士，甚至剥削阶级分子本身。"

（四）为争取把开展"文化大革命"限制在文教部门和党政机关的范围内，周恩来主持制定了关于农村、工矿企业开展"文化大革命"的两个文件。《十六条》规定，"文化大革命"的重点是："大中城市的文化教育单位和党政领导机关"，并且要求"抓革命，促生产"。为落实《十六条》的这项规定，1966 年 9 月 8 日，他召集中央碰头会，讨论通过《中共中央关于县以下农村文化大革命的规定》。《规定》指出：县以下各级的文化大革命仍按原"四清"的部署结合进行。北京和外地的学生、红卫兵不要到县以下各级机关和社队去串连，县以下各级干部和社员也不要外出串连。

当天，周恩来还审定了《中共中央关于抓革命、促生产的通知》。《通知》要求：工业、农业、交通、财政部门应当立即加强或组成各级指挥机构，保证生产、建设、科学研究单位的职工应坚守岗位，外出串连的应迅速返回原单位，学生和红卫兵不要进入厂矿企业、科研单位去串连；凡已开展文化大革命的生产和科研单位，应在党委领导下，迅速组成抓革命和抓生产业务两个班子；职工参加文化大革命应放在业余时间搞；等等。

同一天，周恩来将这两个文件及其附件报送毛泽东，并附信说："看了江苏文革小组九月八日来电和上饶红卫兵总部筹委会九月七日来电，我认为有关农村和工矿企业文化大革命问题，需要政治局讨论一次，然后才好批发这两方面的通知。"9月14日，毛泽东批示："可照发，不要讨论了。"

尽管周恩来主持制定和采取了一系列约束和限制的政策和措施，并对红卫兵和群众组织代表耐心地进行说服教育，但在林彪、江青一伙的策动和纵容下，"文化大革命"狂飙却越刮越猛，中共中央原定分期分批串连的计划已经完全失控，造反派们为所欲为，无法无天。

"不能说犯了路线错误就是反革命，路线错误还是人民内部矛盾。"

"红卫兵运动"造成的混乱局面，首当其冲的是中央和地方的各级领导干部，因为派遣或参加工作组，被红卫兵和造反派攻击为犯了"路线错误"，不断揪斗、批判。周恩来为了限制对领导干部的打击面，保护各级领导干部，反对这种揪住不放、上纲上线的敌对行径。1966年9月21日，他在接见哈尔滨军事工程学院"八八红旗战斗团""红色造反团"和"东方红造反团"的代表时，强调指出：

"不能说犯了路线错误就是反革命，路线错误还是人民内部矛盾。我就犯过路线错误，但愿意改正错误，跟毛主席学习。""对每一个干部都要一分为二，'黑帮'、'黑线'，现在中央不讲这个话了。绝对化的思想，不是毛泽东思想，不是马克思主义。"

"路线错误还是人民内部矛盾"，这是周恩来一贯坚持的观点。1966年10月1日凌晨，他在审改陈伯达修改过的、为庆祝中华人民共和国成立17周年发表的《人民日报》社论稿清样《用毛泽东思想武装七亿人民》时，不同意社论稿中所写的"无产阶级的敌人，继续在用各种方式同以毛泽东同志为代表的无产阶级革命路线相对抗"的说法，也就是不同意把犯了"路线错误"的人等同于"无产阶级的敌人"。他在这段话旁批注："这是两类矛盾，既要区别，又要指明如果坚持不改，就有转化的危险。原文这两段没写清楚，我和陶铸同志的看法相同，所以试改了一下，但文字较长。"为严格区分和正确处理两类不同性质的矛盾，周恩来把这段话改为："无产阶级的敌人，继续在用各种方式对抗无产阶级文化大革命，他们甚至打着'红旗'反'红旗'"。"另有一些人，他们对以毛泽东同志为代表的无产阶级革命路线至今还不理解，对群众运动仍然是'怕'字当头。"

随后，周恩来将修改稿报送毛泽东，并附信说："这篇社论写得很好。只是在第三页有两段将两类矛盾没写清楚。这对当前运动的领导会发生影响。我试改了一下，请主席看原则上是否对。如对，文字的斟酌可交唐平铸同志办。"毛泽东圈阅了。

正是基于上述思想认识，周恩来不赞成"资产阶级反动路线"的提法。1966年10月1日，林彪在国庆17周年庆祝大会上讲话宣称："以毛主席为代表的无产阶级革命路线，同资产阶级反对革命路线的斗争还在继续。"陈伯达、张春桥为林彪起草的这篇讲话稿，本来写的是"资产阶级反革命路线"。在快要讲话时，陶铸、王任重对毛泽东说："反革命路线"的提法太重了，中国人最怕"反革命"三个字。毛泽东说：那就加个"对"字，成为"资产阶级反对革命路线"。林彪就按照这样讲了。当天晚上，在天安门城楼上，张春桥提出："资产阶级反对革命路线"概念不清，容易误解，文字不通，表达不清。毛泽东说：那就用"资产阶级反动路线"，要彻底批判"资产阶级反动路线"。据王力说，当时周恩来不在毛泽东身边，不知道改动的情况。

陈伯达、关锋、王力为《红旗》杂志第13期起草的社论《在毛泽东思想的大路上前进》，原来用的是"右倾机会主义路线"。毛泽东对林彪讲话稿改用"资产阶级反动路线"后，《红旗》第13期社论也照改了。为此，这篇社论10月2日才广播，3日才见报。

江青为了影射攻击周恩来，要求在社论中写上批判"和稀泥""折中主义"的内容。这篇社论宣称："有极少数人采取新的形式欺骗群众，对抗《十六条》，顽固地坚持资产阶级反动路线。""对资产阶级反动路线，必须彻底批判。""要不要批判资产阶级反动路线，是能不能执行文化大革命的《十六条》，能不能正确进行广泛的斗批改的关键。在这里，不能采取折中主义。"

对这篇事关"文化大革命"全局的重要社论，竟然没有报送主持中共中央日常工作的周恩来审阅。这篇社论发表后，周恩来曾明确表示不赞成"资产阶级反动路线"的提法。他曾对他派往中国科学院的联络员刘西尧说过。刘西尧在《中华儿女》第177期题为《"文革"中我给周恩来当联络员》的文章中回忆说："陈伯达在《人民日报》发表了批判资产阶级反动路线的社论。当天我见到周总理时，他忧心忡忡地对我说，陈伯达不经中央讨论就发表这样一篇社论，干部思想毫无准备，又要有一大批干部下不了台。当时周总理主持中央政治局和中央文革的碰头会，而陈伯达却绕开了总理和中央政治局。"

周恩来的这种担忧不幸被言中。"彻底批判资产阶级反动路线"，矛头所向是对着那些派出或参与工作组的各级领导干部的，是对着一大批对"文化大革命""很不理解""很不得力"的各级领导干部的。而在周恩来看来，这个"五十天"中的"错误路线"问题已经在中共八届十一中全会上解决了。

周恩来对"资产阶级反动路线"的提法不理解、不赞成，实际上是他对"文化大革命"这种混淆人民内部矛盾和敌我矛盾这两类不同性质矛盾的做法的一种抗争。为了当面陈述自己的意见，他向毛泽东提出:"资产阶级反动路线"这个提法合适吗?党内历来提路线问题,都是"左"倾、右倾,没有"资产阶级反动路线"这个提法。这样提合适吗?毛泽东用英文做了回答,说原来用 Counterrevolutionary Line(反革命路线),后来改成 Antirevolutionary Line(反对革命路线),最后还是用 Reactionary Line(反动路线)好。

至此,周恩来才知道"资产阶级反动路线"的提法,是毛泽东改定的。尽管他没能说服毛泽东改变或放弃这个提法,而且嗣后他也不得不跟着这么说,但他仍保留不同意见。《王力遗稿·王力反思录》中写道:"《红旗》杂志出来后,周总理找了我。他不同意'资产阶级反动路线'的提法,说他要去问毛主席。事后他告诉我说……总理知道这是毛主席的主张,就说'我懂了'。总理以后就照着毛主席的口径讲了,实际上总理是保留自己的不同意见。"

在《红旗》杂志第 13 期社论中,根据江青的意见,加写了批判"折中主义"的内容,影射攻击周恩来。事情的原委是:1966 年 9 月,张春桥以中央文革名义主持召开北京大专院校红卫兵负责人座谈会。会上,除攻击刘少奇、邓小平外,还把攻击的矛头指向周恩来,说周恩来"和稀泥""折中主义"。会后,张春桥向江青作了汇报。江青诬称:"总理就是和稀泥、折中主义。"

"在十一中全会后,我努力紧跟主席和林彪同志,向文革小组密切联系,有时仍有掉队之虞。"

中共八届十一中全会后,"文化大革命"迅猛发展,各地相继"踢开党委闹革命",各级党委几乎全部瘫痪。但是,从中央到地方各级领导干部对"文化大革命"仍然"很不理解,很不得力,很不认真",相当多的领导干部消极应付,甚至用各种方式进行抵制。

为排除阻力，进一步广泛而深入地开展"文化大革命"，1966年10月4日，毛泽东提议召开中共中央工作会议。在他看来，中共八届十一中全会后，两条路线的斗争仍在继续，工作组虽然撤走了，但工作组的影响并没解决，采取了"资产阶级反动路线"的新形式。因此，他认为，当时的两条路线斗争，已经不是指"五十天"（即派出工作组期间——引者注），而是指中共八届十一中全会后的"两个月"。

10月9日至28日，毛泽东主持召开中共中央工作会议。参加会议的有各省、市、自治区和中央各部委的主要负责同志。会议的中心议题是，"彻底批判资产阶级反动路线"。会上，林彪、陈伯达在讲话中，都指名道姓地攻击刘少奇、邓小平，诬蔑他们是"资产阶级反动路线"的提出者和代表人物。

10月16日，陈伯达在会上讲话，以莫须有的罪名攻击说："工作组虽然撤走了，但是，那些不赞成毛主席路线的人，仍然可以利用职权，用其他形式来代替。""压制群众，打击革命积极分子的错误路线，是资产阶级反动路线。"他声称："刘、邓的错误路线有它的社会基础，这个社会基础主要是资产阶级。""两条路线的斗争还在继续，而且还会经过多次的反复。""不肯彻底批判错误路线，就不可能认真执行党中央的正确路线，即毛主席的路线。"

10月25日，林彪在会上讲话，点名批判说："中央有几个同志，就是刘少奇、邓小平同志，他们搞了一条路线，同毛主席的路线相反。""这次文化大革命的错误路线，主要是刘、邓发起的。"他认为，对待"文化大革命"，两头的劲很大，中间劲头不足，甚至顶牛。林彪所说的"两头"，一头是指和毛泽东、中央文革小组站在一起的人；另一头是指发动起来的红卫兵和造反派。他所说的"中间"，是指中央和国家机关各部委和省、市、自治区的各级领导干部。

林彪、陈伯达的讲话表明：所谓"彻底批判资产阶级反动路线"，不仅把早已在中共八届十一中全会上已经解决了的"五十天"路线问题，又在更大范围内重新提了出来，要继续解决，矛头主要针对刘少奇、邓小平等同志；而且还要进一步解决十一中全会后"两个月"的路线问题，矛头主要针对当时仍然居于领导地位的各级干部，在中央主要针对周恩来、陶铸等同志。

10 月 23 日，在中央工作会议上，刘少奇、邓小平被迫作了检讨。刘少奇在检讨前，把他写的《检讨提纲》送毛泽东审阅。9 月 14 日，毛泽东在批示中写道："基本上写得很好，很严肃，特别后半段更好。"当天，刘少奇致信周恩来："我的检讨提纲，毛主席已经看过，并批了一段话，退还给我。""关于印发事，请你批办，请各同志在几天内提出意见告我，给我以帮助。"

周恩来除了按照刘少奇来信中所说的毛泽东的建议，印发有关同志外，还对《检讨提纲》写了一千多字的批注意见。10 月 22 日，他致信说："少奇同志：粗粗看了一遍，注了几点意见，并没经过深思熟虑，因而不能说是成熟意见，送上只供参考。""方才将我注的意见，同陶铸、富春两同志谈了，他们表示同意我的意见。"

在刘少奇、邓小平作检讨的当天上午，周恩来特地召集国务院副总理、各口负责人、各部委党组书记、中直机关和中央军委机关负责人以及部分中央文革小组成员开会，就工作组问题向大家打招呼。他说：今天下午会上有两位负责同志作检讨，他们把责任负起来。会前召集这么一个紧急小会，先给你们打个招呼。他劝告与会同志，必须从现在起，采取主动。他还说：看来，运动还要有个新的高潮，你们要做好迎接高潮的准备。周恩来的这番话虽然说得含蓄，但他的用心是为了保护刘少奇、邓小平和各级领导干部。

在这次中央工作会议期间，尽管林彪、陈伯达一伙点名攻击刘少奇、邓小平，但毛泽东却为刘、邓说了一些保护的好话。

10月24日晚，毛泽东在听取工作会议各小组召集人汇报会议情况时，作了一些插话。他说："我没有料到聂元梓一张大字报，一个红卫兵，一个全国大串连，搞成这么大的事。"当有人谈到他们向群众检讨犯了严重错误仍不能通过时，毛泽东说："反党反社会主义决不能承认，承认了还能工作吗？""你们回去要振作精神，好好搞一下，万万不能承认反党反社会主义。"在讲到刘少奇、邓小平的问题时，他说："把刘、邓的大字报贴到街上去不好，要准人家革命，不要不准人家革命，叫学生们把鲁迅的《阿Q正传》看一看。""对少奇同志不能一笔抹杀。""刘、邓二人是搞公开的，不搞秘密的。""刘、邓要准许革命，准许改。说我和稀泥，我就是和稀泥。"康生插话说：八大报告中阶级斗争熄灭论。毛泽东说："报告我们都看了的，大会通过的，不能单要他们两人负责。"最后，毛泽东再次强调："万万不能承认反党反社会主义。""回去要把精神振作起来，没有哪个想打倒你！"

10月25日，毛泽东在中央工作会议上讲话，首先回顾建国以来17年的历史。他说：

"十七年来，有些事情，我看是做得不好，比如文化意识方面的事情。""想要使国家安全，鉴于斯大林一死，马林科夫挡不住，发生了问题，出了修正主义，就搞了一个一线、二线。现在看起来，不那么好。""引起警觉，还是《二十三条》那个时候。""从许多问题看来，这个北京就没有办法实行解决，中央的第一线中存在的问题就是这样。所以，我就发出警告说，北京出了修正主义怎么办？这是去年九、十月间说的。"

接着，毛泽东讲"文化大革命"问题。他说：

"这一次文化大革命运动的以前几个月，去年十一月、十二月，今年一月、二月、三月、四月、五月，虽然有那么多文章，中间，五月十六，又发了一个'通知'，可是，并没有引起多大的注意。我看，还是大字报、红卫兵一冲，你们不注意也不行。拿同志们的话来讲，叫'革命革到自己头上来了'。那么，赶快总结经验吧。""这一冲，我看有好处。过去多少年我们没有想的事情，这一冲就要想一下了。无非是犯一些错误，那有什么了不起的呀？路线错误，改了就是了。谁人要打倒你们呀？我是不要打倒你们的，我看红卫兵也不一定要打倒你们。""你们过不了关，我也着急呀。时间太短，可以原谅，不是存心要犯路线错误，有的人讲，是糊里糊涂犯的。也不能完全怪刘少奇同志、邓小平同志。他们两个同志犯错误也有原因。"

10月26日，周恩来在中共中央工作会议华东组主动作自我检查。他说：

"这次文化大革命，我们都是没有充分思想准备的，也没有经验。但是，毛主席对运动的前景是看得清楚的。我们看不清楚不要紧，要紧跟主席，不要掉队。""我个人在这五个月中，前五十天虽两次外出，但在京时也没有做好助手的作用，对工作组只提过改良主义的办法，没有及时向伯达同志请教和深入到群众中学习。这是我的主要错误。在十一中全会后，我努力紧跟主席和林彪同志，向文革小组密切联系，有时仍有掉队之虞。"

"刘、邓、陶是中央常委，我还要保。"

在中共中央工作会议期间，毛泽东一方面提出，"对刘、邓要准许革命，准许改"，"也不能完全怪刘少奇同志、邓小平同志"；另一方面主张"彻底批判资产阶级反动路线"，将"文化大革命"广泛而深入地进行到底。而林彪、江青一伙以此为名，把刘少奇、邓小平在中央工作会议上的检讨发到县团级，并略去了毛泽东的批语，扩散到社会上，成为"彻底批判资产阶级反动路线"的靶子。在林彪、江青的策动下，在全国范围内掀起了"打倒刘少奇""打倒邓小平""打倒陶铸"的狂潮。红卫兵和造反派明目张胆地攻击、诬蔑刘少奇、邓小平、陶铸等中央领导同志，肆无忌惮地揪斗各级领导干部。

面对这种严峻局势，周恩来密切注视着事态发展。根据毛泽东在中央工作会议上讲话精神，周恩来等同志在会议期间和会后，多次制止红卫兵和造反派对刘少奇、邓小平、陶铸等采取违法乱纪行径。10月12日，周恩来坚决制止清华大学造反派要把王光美揪到该校接受批判的无理要求。

10月18日，一些外地来京的红卫兵在天安门观礼台上贴出"打倒刘少奇"的大标语。当天，清华大学也出现"打倒修正主义分子刘少奇"的大字报。周恩来知道后，立即派国务院秘书长周荣鑫、中共中央办公厅副主任童小鹏，前往劳动人民文化宫，劝说贴大标语的红卫兵，要求他们撤下大标语。第二天，周恩来接见在天安门张贴标语的哈尔滨工业大学红卫兵代表，回答他们的提问，批评他们在天安门贴大标语的行为。他说：

"八大党章中没有提毛泽东思想，这是毛主席的提议。针对当时的国际局势，主席说不一定每次开代表大会都提。""毛主席的地位在遵义会议时就确立了。现在毛主席的威信是蒸蒸日上，谁也不敢公开出来反对。"

"即使少奇同志有错误，我现在也没有权利回答你们。你们把少奇同志的大字报贴到天安门，你们要考虑考虑。少奇同志是政治局常委、是国家元首，你们把标语贴到天安门，外国人就会怀疑我们是发动群众，制造舆论。少奇同志不是普通党员，也不是普通的领导，就是要撤换也不需要去发动群众。主席的思想一直是采取'惩前毖后，治病救人'的思想教育方针。"

"你们做事，要慎重些。凡是中央未提倡的、《十六条》里没有的，你们就要多考虑后果。你们不能使中央处于被动地位。"

"劝你们不要到天安门去贴少奇同志的大字报了，学校也最好避开这个问题。"

对于周恩来从中共八届十一中全会以来采取的一系列约束、限制措施，特别是对刘少奇等中央和地方领导同志的维护，江青、康生等中央文革小组成员心怀不满，执意对着干。10月26日，康生在接见"全国红色劳动者造反总团"时，竟然诬蔑刘少奇是"中国的赫鲁晓夫"。在他们一伙指使下，27日，北京大专院校造反派聚集10万人，在工人体育馆举行"彻底批判刘、邓资产阶级反动路线大会"，狂呼"刘少奇、邓小平是党内最大的资产阶级当权派""中国现代修正主义的祖师爷""资产阶级司令部的黑司令"等反动口号。从此，"倒刘、倒邓"的叫嚷甚嚣尘上。

随后不久，江青、姚文元等人攻击周恩来采取的一些保护措施。江青诬蔑周恩来"就是和稀泥，折中主义"。姚文元也跟着鹦鹉学舌。10月31日，在首都文艺界纪念鲁迅逝世30周年大会上，他影射攻击周恩来，说什么"那些貌似'公正'而实际上站在旧势力一边的'正人君子'们"。江青一伙的鼓噪，煽动一些学校的造反派张贴诬蔑周恩来搞"折中主义"的大字报。

11月初，有个外地来京串连的学生，将抄自清华大学大字报中诬陷周恩来"搞折中主义"的内容，用电报发回当地，被邮电部门扣下。江青等人得知后，说什么"电报不好扣，可以发，但不张扬"。对此，11月8日，周恩来在电话请示记录表上坦然批写道："张扬出去也没有什么，这是大民主题中应有的文章"。一语中的，戳穿了江青一伙的叵测居心。

11月9日，周恩来同以黎笋为团长的越南劳动党中央代表团会谈，谈到"文化大革命"问题时，周恩来寓意深长地说：党如果只是建立在一些个人威信上，而不是把马列主义、毛泽东思想深入群众，掌握广大群众，那么，只要有几个有威信的领导人就可以把党的性质根本改变。他还说：犯路线错误不是反党，我们看作是人民内部矛盾。在讲"文化大革命"时期出现的"路线错误"时，他说：

> "这一时期我也参加了，不能说没有责任。现在有些学校就说我是'折中主义'。那时中央决定我去清华解决问题，我去了不提刘少奇同志，也不提王光美同志。当时应该这样做，这是党的决定。在这方面，我们要守纪律，任何时候我们不向群众解释，让群众责备我好了。"

在中央文革小组一伙人策动下，进一步掀起了"倒刘""倒邓"的狂潮。1966年12月18日，张春桥紧急约见清华大学的造反派头目蒯大富，说什么"中央那一两个提出资产阶级反动路线的人至今仍不投降"。"你们革命小将应该联合起来，发扬彻底革命精神，痛打落水狗，把他们搞臭，不要半途而废"。明目张胆地指使造反派们"倒刘、倒邓"。紧接着，12月24日，戚本禹在北京矿业学院扬言，"刘、邓是党内最大的走资本主义道路的当权派"。

蒯大富按照张春桥的授意，12月25日，组织发起"一二·二五打倒刘少奇大行动"，纠集5千多人到天安门广场，举行"彻底打倒以刘、邓为代表的资产阶级反动路线誓师大会"。会后，分路游行。会上和会后游行途中，造反派们狂呼"打倒刘少奇！""打倒邓小平！"等反动口号。

针对这种严重的动乱局面，12月31日，周恩来召见清华大学"井冈山兵团"的头目蒯大富等11名代表谈话，再次严正指出，反对张贴和呼喊"打倒刘少奇、邓小平"的标语和口号。他说："这样提法，矛盾的性质就变了"。有的红卫兵追问："难道刘少奇不属于敌我矛盾？"

周恩来回答："那是你们这样认为，但我不是这样看的。你们不能把你们的看法强加于我。"他还表示："我曾经两次请示主席，主席还是不同意让王光美回清华（检查）。你们可以让她书面回答问题。这个事情我可以办。但不能涉及刘少奇的问题。对刘的问题，我不能回答。"

虽然周恩来夜以继日地对红卫兵和造反派们反复地、耐心地进行说服教育，但仍难以遏制住日益恶化的局势。在林彪、江青一伙的怂恿下，一些红卫兵和造反派公然直接冲击中南海，批斗刘少奇、邓小平、陶铸等中央领导同志。从1967年初开始，大批红卫兵和造反派聚集在中南海周围，强烈要求"揪出"刘少奇、邓小平、陶铸等中央领导同志。中南海内的造反派则里应外合。1967年元旦，他们在刘少奇住所张贴大字报，在院内墙上、地上刷大标语。1月3日，他们公然冲进刘少奇住所，直接对刘少奇和王光美进行围攻和批斗。

1月6日，以蒯大富为头目的清华大学"井冈山兵团"，采用阴谋手段，设圈套将刘少奇、王光美骗出中南海，强行扣押王光美。周恩来得知后，连夜打电话给蒯大富，令他立即放人，并派秘书赶到清华大学敦促他们放回王光美。

1月7日晚至8日凌晨，周恩来在接见七机部两派代表时，严厉批评清华大学红卫兵这种"骗揪"的恶劣行径。他说："这个动作确实不光明磊落——把王光美骗出中南海，揪到清华批斗。这是一场什么戏呀？是恶作剧嘛！这是不正常的，共产党不这样。我是不赞成这种作风的。这种坏作风不能提倡。这是背后搞鬼，不是堂堂正正的政治斗争。现在，必须肃清这个坏作风。"在这次谈话中，针对七机部两派群众组织存在的问题，周恩来严肃地告诫红卫兵和造反派，要警惕滑到混淆两类不同性质矛盾的路上去。他指出：

"（一）不要武斗，要恢复正常生活秩序。（二）开门整风。（三）不要揪人，不但谭震林、李富春等副总理不能揪，刘少奇、邓小平也不能揪，陶铸也不能揪。把毛主席身边的人都揪了，如何保卫党中央？刘、邓、陶是中央常委，我还得保。（四）搞个业务会议，把业务工作抓起来。（五）建议搞军训，加强组织纪律性。"

正当周恩来接见七机部两派代表时，接到报告说，围攻中南海的红卫兵和造反派冲击中南海各个门，要揪斗刘少奇、邓小平、陶铸和中央、国务院的其他领导同志。周恩来不得不中止接见，不顾疲劳，乘车来到中南海西门，先让学生们退出中南海。但冲进中南海的北京农业大学的学生根本不听劝阻，呼喊"打倒谭震林"的口号。在严寒的凌晨，周恩来在院子里站了半个多小时，才说服学生选代表到屋里谈判。谈了半小时，达成协议，学生们撤出中南海，去人民大会堂开会，请谭震林到会。大会开了两个多小时，周恩来为防止发生意外，硬是陪谭震林挨批斗。

在中央文革小组操纵下，对刘少奇等同志的冲击还在升级。1月12日，戚本禹唆教中南海的造反派："刘、邓、陶在中南海很舒服，你们为什么不去斗他们？"当晚，造反派组织了一百多人，喊着口号冲进刘少奇的住所，把刘少奇、王光美叫出来围攻、批斗。

尽管周恩来想方设法保护刘少奇等中央领导同志，但终因回天无力，没能阻止住事态进一步恶化。在林彪、江青一伙搜罗和捏造的诬蔑不实之词的陷害下，刘少奇等一大批中央和地方的党、政、军领导同志被整倒了。

对夺权"要加以限制"，"夺权是夺文化大革命的领导权"。

正当北京的红卫兵和造反派围攻中南海、揪斗党和国家领导人刘少奇、邓小平、陶铸等同志时，一场更加猛烈的"夺权"狂潮开始席卷全国。中国历史进入1967年的时刻，《人民日报》和《红旗》杂志联合发表社论，宣告"一九六七年，将是全国全面开展阶级斗争的一年"，"将是无产阶级联合其他革命群众，向党内一小撮走资本主义道路的当权派和社会上的牛鬼蛇神展开总攻击的一年"。实际上，1967年演变成为人民共和国历史上大动乱的一年。

这年的1月4日和6日，上海《文汇报》《解放日报》的造反派先后"夺权"，宣告"接管"报社。随后，以王洪文为头头的上海"工总司"等造反派组织联合召开"彻底打倒中共上海市委大会"，强行夺取原上海市的党、政、财、文等大权。上海"一月夺权"得到毛泽东肯定和支持。1月8日，毛泽东说："这是一个大革命，是一个阶级推翻另一个阶级的大革命。这种大事对整个华东、对于全国各省各市的无产阶级文化大革命运动的发展，必将起着巨大的推动作用。"

在上海"一月夺权"的推动下，"夺权"狂潮迅速蔓延全国，各地区、各部门的党、政领导干部几乎都被当作"走资本主义道路的当权派"而揪斗、打倒。

随着"文化大革命""夺权"斗争的开展，造成了灾难性的严重后果。不仅各地区、各部门的党、政、军领导干部被揪斗、被打倒，而且许多部门和地方的造反派为了争权夺利，纷纷拉帮结派，甚至不惜发起大规模的武斗流血事件，造成了"全面内战，天下大乱"的险恶局势。

面对这种严峻形势，由于"一月夺权"得到毛泽东的肯定和支持，周恩来虽然没有也不可能直接反对，但他力图把"夺权"限制在一定的范围和程度。他反复强调，不赞成把所有的党、政领导干部都当作"走资本主义道路的当权派"而揪斗、而打倒。他主张，"夺权"只是"夺文化大革命的领导权"，而且"必须坚持中国共产党领导这个前提"：

——1967年1月16日，周恩来在接见全国石油系统职工造反联络总站和北京石油学院的代表时，强调指出：夺权问题很复杂，现在多数单位的夺权是准备不足。夺权可夺文化大革命的领导权，对生产领导权还是监督好。可以成立一个联合委员会，掌握石油系统的文化大革命。他还指出：大庆这面红旗不能倒。

——1月21日，周恩来接见二机部造反派代表时说：夺部的文化大革命领导权是符合中央精神的，对生产、财政等只能行使监督权。你们要好好工作，不能松懈。他还告诫造反派代表：对领导干部不要揪来揪去。

——1月22日，周恩来在接见各地来京群众组织代表，讲到"夺权"问题时指出：在接管中必须实行大联合，反对分散主义、各自为政和无政府主义。夺权不是个人主义争权夺利，不是小团体主义的争权夺利。有些单位不能采取群众夺权的形式，如军队、战备工作部门等。

——1月25日，周恩来接见财贸系统造反派时重申：你们夺权只能夺文化大革命的领导权，对于业务主要是监督权。不能把"长"字号的都排弃，要留一些"长"字号的，保证业务畅通。否则，你们就会走向反面。不打招呼，自由捉人，把那些部长随便揪走，这不是我们提倡的办法。

——1月26日，周恩来在接见工交口各单位造反派代表时，再次阐明他对"夺权"问题的意见。他说：

"夺权必须坚持中国共产党的领导这个前提。夺权，首先是夺文化大革命的领导权。对当权派，要分清性质，区别对待。不能把各级当权派都看成是资产阶级当权派。""不能认为带'长'字的一概不要。那么多部长、副部长都统统不要了吗？不能，局长也不能。你们这样下去，会走到反面。""上海一月夺权的消息公布后，我们估计十天左右会出现连锁反应。夺权不能看成到处是'走资本主义道路的当权派'和'执行资产阶级反动路线的顽固分子'。如果统统都是，哪还有'一小撮'？还有什么'区别对待'？毛泽东思想的出发点就是从实际出发。在毛主席领导下，在党中央领导下，'长'字号都是铁板一块的'黑帮'？不会这样嘛！"

在当时极左思潮泛滥、否定一切盛行的情势下，周恩来是冒着风险，对"夺权"斗争说这番话的。

为了把"一月夺权"风暴造成的混乱局面尽快扭转过来，周恩来继续阐述他对"夺权"问题的一贯看法和主张。1967年2月20日，他在山西省介绍夺权斗争经验会议上讲话时，提出对"夺权""要加以限制"。他明确指出：

"自从一月号召夺权以来，不管有没有走资本主义道路的当权派，造反派都要'夺权'，这样，全党全国还成什么样子？怎么解释毛主席的伟大红旗占统治地位？这不等于把我们党十七年的伟大革命和建设成就都抹杀了吗？不能这样，逻辑上也站不住嘛！"

"中央各部部长、副部长并不都是走资本主义道路的当权派，也还有好的。造反派有的权掌多了，要加以限制。现在有人要夺中央的大权，外交大权也要夺，财政大权也要夺，还要夺军事大权。这些部门的权力属中央，谁也不能夺！"

"前一时期各地冲击军事机关这股风是错误的，要赶快扭转过来。军队内部搞'造反'、'夺权'，完全是大方向的错误，不是一般的错误。"

周恩来不仅提出对夺权"要加以限制"，而且为扭转因"夺权"而造成的混乱局面，还提出对一些重要单位实行军管的重要措施和具体部署。3月13日，他在军以上干部会议上提出：无论如何要在3月份解决省、市、自治区的领导机构问题，以便抓革命，促生产。各级领导机构成员要以解放军为主，光靠革命群众组织不行。如果没有领导机构，可以先成立生产指挥部。现在就抓，不能再晚了。

在会上，周恩来还提出：陷于瘫痪、半瘫痪状态的单位，被坏人篡夺了领导权的单位,边防、海防、沿海、交通要道、专政机构、机密要害部门、国防企事业单位,都应实行军管。文教卫生工作也得抓起来,防疫工作非常紧迫。有的同志怕军队成了工作组,这要看是什么工作组,如果站在毛主席革命路线一边,推动无产阶级文化大革命,促进三结合的实现,为什么不可以?不要怕。各地军管会要注意帮助当地领导干部亮相。各单位群众组织必须归口。对反动组织,对严重违法乱纪和泄露国家机密的,应予以逮捕法办。

在"文化大革命"期间,周恩来冒着风险、费尽心机,主持制定和实施有关"文化大革命"的限制性政策和措施,虽然没能遏制住"文化大革命"中的种种违法乱纪、倒行逆施的罪恶行径,但对减少"文化大革命"的破坏和损失有着重要的作用。

呕心沥血，力排阻碍

——保障铁路交通运输

1966年8月18日，毛泽东在天安门第一次接见北京和全国各地的红卫兵及群众组织的代表。随后，全国范围内掀起了红卫兵大串连的浪潮。红卫兵大串连的兴起，首当其冲的就是铁路交通运输。我国铁路运力本来就严重不足，而红卫兵大串连造成的超载，使铁路运输设备遭受严重损坏。对于红卫兵大串连对铁路运输的严重冲击，周恩来心急如焚，焦虑不安。为保证铁路运输不阻塞，不中断，他呕心沥血，力排阻碍，持续地采取了一系保障对策和措施。

"我更担心的是铁路停断和阻塞。铁路是国民经济的大动脉，一旦停断，整个国民经济就瘫痪了。"

倡导红卫兵大串连，是毛泽东发动"文化大革命"并迅速推向全国的一项重大举措。8月28日，当陶铸谈到现在外地学生来北京的已有14万，各地学生还到处跑时，毛泽东说，让他们统统来。有人说没有房子住，哪里没有房子住，房子多得很，这是借口。为此，周恩来还在中南海腾房安置红卫兵。据统计，仅8月份，到北京大串连的外地学生就高达212.4万人次。毛泽东8次接见红卫兵，共计达1300多万人次。

在红卫兵大串连的浪潮出现后,为减轻铁路运输的压力,维持起码的生产和生活物资的运输,8月31日,周恩来审阅陶铸根据他的意见主持起草的中共中央、国务院《关于文化大革命中一些具体问题的通知》稿。《通知》把"铁路枢纽、站、段",列为"必须坚决进行保护"的要害部门。这个《通知》因为江青一伙反对,没能发出下达。

9月初,周恩来对协助他抓经济工作的余秋里、谷牧提出,要组织力量,编制铁路运输计划明细表。他多次向他们说:"无论多么困难,都要妥善处理好学生串连与生产的关系。首先,必须安排好维持生产建设所必需的货运量。然后,在客运计划中留有一定余力,以应付学生串连之需。"

9月7日,周恩来得知全国各地大串连的红卫兵在京人数已达34万人,而且还在不断增加,接待条件相当困难的情况后,致信江青、中央文化革命小组并报毛泽东、林彪和政治局常委、书记处,建议由中央给各省、市、自治区发一通知,把各地来京学生增多的情况及带来的实际困难说清楚,并由中央负责同志出面,动员在京学生早日回去。

为减轻铁路运输的压力,9月17日,周恩来改定并批示下发中共中央、国务院给各中央局和省、市、自治区党委关于铁路运输的电报稿。电报指出:目前全国铁路运输十分紧张,为不影响工农业生产,各地革命师生暂不要到其他省、市去串连。

10月上旬,中共中央决定,10月份再放手让学生串连一个月,铁路部门要按进出北京各150万乃至170万的学生人数安排运力。谷牧向周恩来反映,铁路部门安排有困难。他说:"总理:上海等地都来电话告急,说交通运输情况非常紧张,进出北京各150万人很难安排。"周恩来对他说:

"你可以搞上、中、下三个方案,把每个方案的安排办法和困难都写出来,由我报常委讨论决定。""多拉一些学生是有些困难,但我更担心的是铁路停断和阻塞。铁路是国民经济的大动脉,一旦停断,整个国民经济就瘫痪了。"

为解决红卫兵大串连给铁路运输造成的混乱,周恩来主持起草了两个有关的文件。10月31日,经他审阅修改的中共中央、国务院《关于维护铁路运输秩序的紧急通知》指出:目前铁路运输秩序比较混乱,为保证革命师生、旅客和国家物资的正常运输,中央决定各省、市、自治区要有计划组织学生来京串连,适当控制人数。革命师生要遵守铁路规章制度,维护铁路运输秩序,严禁拦截和阻止列车运输。

11月15日,周恩来将中共中央、国务院《关于革命师生进行革命串连问题的通知》(以下简称《通知》)定稿,并送毛泽东审阅。《通知》提出:今年是我国第三个五年计划的第一年。为了完成今年的国民经济计划,需要在今冬明春集中一切交通力量加速物资运输。因此,决定从今年11月21日起到明年春暖季节,全国各地的革命师生和红卫兵一律暂停乘火车、轮船、汽车来北京和到各地进行串连。毛泽东当天批示:"退总理办。"《通知》随即发出。

"铁路交通绝不能瘫痪,交通一刻也不能中断。""必须对铁路交通实行全面军管。"

正当周恩来积极采取措施缓解铁路运输压力和制止铁路运输混乱局面的时候,在林彪、江青一伙的策动和纵容下,一场大夺权的风暴接踵而至。大串连的冲击给铁路运输造成很大混乱,而大夺权的冲击则使铁路运输几乎瘫痪。

11月10日,以王洪文等为首的上海"工总司",以到北京告状为名,在上海北郊安亭火车站强行卧轨拦车,制造了京沪线中断31小时的安亭事件。周恩来得知后十分生气，要陈伯达电告中共华东局和上海市委坚决顶住，绝不能承认卧轨拦车是革命行动。但是，代表中央文革小组前去处理安亭事件的张春桥，却违背周恩来的意见，并且背着中共华东局和上海市委，擅自承认卧轨拦车是革命行动，上海"工总司"是合法组织。随后不久，张春桥、王洪文又在上海制造全国第一场大武斗——康平路事件，致使从12月30日凌晨至31日的26小时中，上海站停开客车26列，停开货车38列，有22列货车受阻不能进入上海站。紧接着，在张春桥、姚文元、王洪文的策动下，上海造反派篡夺了上海市的党、政、财、文大权，掀起了所谓"一月革命"的大夺权风暴。

大夺权风暴迅猛刮向全国各地，致使铁路运输陷于瘫痪、半瘫痪。铁路部门大批各级领导干部相继被夺权、揪斗；广大职工或分裂成几大派，或外出串连，停产闹"革命"，铁路运输生产大幅度下降；保证铁路正常运输的各种规章制度，被当作"修正主义管、卡、压"，难以执行。大夺权使高度集中、统一的铁路管理处于无政府状态，铁路干线不时中断、停运，待运的旅客和生产物资大量积压。

针对铁路运输这种危急的形势，周恩来进一步采取各种措施。首先，他每天都阅看铁路运输简报，找有关同志开会，了解全国铁路运输受阻的情况，研究解决对策。其次，他亲自处理铁路交通中断的问题，哪里的铁路运输中断，他就打电话去追问中断原因，下达处理办法。第三，他还不断接见铁路系统的群众组织代表，不分昼夜地教育和劝说他们维系铁路运输，仅1967年1月上旬到2月初的20多天里，他就接见铁路系统群众组织代表7次。

1月2日凌晨，针对上海、蚌埠发生铁路交通中断问题，周恩来召集全国铁路系统20多个单位的在京代表谈话。他严肃地指出：

"铁路交通不能瘫痪，交通一刻也不能中断。中断铁路交通，不仅直接影响生产，也直接影响了文化大革命和第三个五年计划，国际影响也不好。""停车不只是对市委,是对国家、对毛主席。中断铁路交通的行为,不是革命行动,保证铁路畅通也不能说是单纯的业务观点,业务里头有政治。"

1月10日凌晨,为恢复铁路交通秩序,周恩来召集铁道部联络站和长春、大连、齐齐哈尔、广州、武汉等地铁路部门的职工代表谈话,对"停产闹革命"提出严厉批评。他说:

"工人离开工作岗位到北京来,这叫丢生产,跑革命,是假革命、不革命。现在各地都叫造反派,大家丢开业务不管,这是要批判的。丢开业务闹革命,那革命不就落空了吗?现在吕正操部长被揪来揪去,我连部长都找不到了,我替吕正操当起了铁道部长,这种情况对铁道部不利。大家回去一定要说服出来串连的工人,回到自己的工作岗位上去,把自己本单位的革命和生产搞好。"

1月27日晚11时至28日晨7时,周恩来接见铁路系统造反派代表,严厉批评铁道部造反派的夺权错误,责令他们"要立即成立一个业务小组,昼夜值班,保证业务不中断。我每分钟打电话都要有人,铁路交通一时一刻也不能停下来。"2月1日,他再次接见铁道部造反派代表,批评说:

"为什么就联合不起来?再这样下去,我要对铁道部实行军管。我给你们开过七次大小会议,强调全国交通大动脉不可一刻中断,你们有时就是不顾一切。你们想想,是一个单位重要还是全国重要?是一个人重要还是七亿人民重要?要在脑子里夺'私'字权。"

周恩来采取上述种种措施,仍然没能制止住铁路交通停运。于是,下定决心对铁路系统实行军管。他说:"看来,要制止铁路交通状况的进一步恶化,扭转混乱的局面,必须对铁路交通实行全面军管。"当即将齐齐哈尔铁路交通受阻的报告送给毛泽东。3月19日,毛泽东批示:

"一切秩序混乱的铁路局都应该实行军事接管,以便尽快恢复正常秩序。此外,汽车、轮船、港口装卸也都要管起来。只管工业、不管交通是不对的。"

遵照毛泽东的这个批示,周恩来主持起草一份对铁道部、交通部、邮电部及其所属重点企业实行军管的文件。3月22日,周恩来召集这3个部的负责人和群众组织代表开会,负责国务院工交、财贸、计划工作的李先念、谷牧、余秋里等同志出席会议。周恩来宣读了毛泽东的批示后,强调说:

"经我们研究,铁路、交通、邮电要实行全面军管。一月底,我就提出民航局归军队管,现在是三月份了,不能再耽搁了,无论如何要把二季度的生产搞好。铁路、轮船、交通、码头、汽车、港口、运输公司,派军管小组或委员会先管起来,由谷牧同志负责。"

但是,在中共中央政治局会议讨论这个文件时,林彪、江青一伙竟然不顾毛泽东的批示,对实行全面军管进行刁难、阻挠。林彪指责说:"军管如果搞得不好,军队也会执行一条拿枪的刘、邓路线。"他们还节外生枝,挑剔说:对军管后军管会如何执行毛主席路线、如何坚决支持左派闹革命写得不够。因为林彪、江青一伙的阻挠,对铁路、交通、邮电军管一再拖延,交通运输受阻情况进一步恶化。

5月31日,周恩来看了国务院联络员办公室送来的几份铁路运输严重受阻的简报,他愤怒地说:"对铁路交通的军管再也不能拖下去了!"他立即拿着简报去找毛泽东。他说:"主席:铁路交通关系到全国的经济命脉,一旦中断,国民经济局势不可收拾。对铁路交通的军管,应立即实施,不可再拖。"毛泽东同意周恩来的建议。

从毛泽东处回来后,周恩来随即紧急召集李富春、李先念、叶剑英、萧华、杨成武、谷牧、余秋里等同志开会。会上,周恩来传达他中午向毛泽东汇报的情况,说毛泽东当即表示同意实行全面军管。会议商定对铁路交通实行全面军管的具体实施措施:尽快公开发布关于不许中断铁路、轮船交通运输的命令;将全国 18 个铁路局分给附近驻军实行军管包干,将沿海、沿江轮船交给海军实行军管包干;参加军管的军队均与当地军分区、武装部分开;责成总参谋部负责拟定调动部队的计划,次日拿出方案。

会后,周恩来给陈伯达、江青、康生写了一封信,通报了上述情况。尽管江青一伙对军管极为不满,但由于有毛泽东的"最高指示",也无可奈何。6 月 1 日,中共中央、国务院、中央军委、中央文革小组联合发出《关于维护铁路交通运输革命秩序的命令》。《命令》下达后,铁路交通系统全面军管立即实行。

"我为什么强调不能冲击军管会?就是因为全线铁路都分配给野战军一段一段地护路。"

全面军管后,全国铁路交通的混乱局面得到一定的控制,铁路交通运输状况有所好转。但是,林彪、江青一伙策动的武汉"七·二〇"事件,在全国范围内刮起"揪军内一小撮"的狂风,煽动造反派揪斗军队领导干部,冲击军管会,大搞"文攻武卫",造成大武斗的"全面内战",铁路交通又首当其冲。有些地方的造反派,拦截火车当作武斗工事;有些造反派甚至用火车设置路障,切断交通,以断绝对方援兵;许多地方的铁路交通事故频频发生。因此,从 1967 年 5 月开始,铁路运输量大幅度下降。铁路平均日装车数 1.91 万车,仅为计划日装车数的 46%。

对于这种严重动乱的局势,毛泽东在南巡途中谈话时,对造反派头头和红卫兵提出批评,说"现在正是他们犯错误的时候",并号召各派群众组织实行"革命的大联合"。

根据毛泽东南巡谈话的精神,周恩来采取了一些实际措施,提出派野战军到铁道两侧护路的建议。1967年7月25日,他在一个报告中拟定护路方案,对京广、陇海、津浦、沪宁、浙赣等主要铁路干线,分别指定有关部队包下来。当天,周恩来将这个护路的具体方案报送毛泽东。毛泽东批准这个方案后,周恩来立即主持起草《关于派国防军维护铁路交通的命令》(以下简称《命令》)。8月10日,中共中央、国务院、中央军委、中央文革小组联合发出了这个《命令》。

为落实这个《命令》,制止派性大武斗和阻断铁路交通的行为,周恩来一方面要求铁道部、交通部派人到各铁路干线去疏通、劝导铁路系统两派群众组织停止武斗,不要停车;另一方面夜以继日地同各地群众组织代表谈话,批评和说服他们停止武斗,恢复铁路运输。8月21日,他在接见工交、财贸、农林口各部群众组织代表和驻各部军代表、抓生产业务的负责人,以及有关院校学生代表时,强调指出:

"冲击军管会是不许可的,是把群众往错误的方向上引。我为什么强调不能冲击军管会?就是因为全线铁路都分配给野战军一段一段地护路,以保证整个铁路线畅通。由于受地方群众运动的影响,现在铁路的运输量大大下降。在座的都是管经济的,都懂得交通大动脉中断了,一切都会停顿。现在许多地方煤送不到,工业用煤、工业用电都停止了。工业用电停止,整个工业生产都停止,只能够维持生活照明用电。甚至有些地方来告急,连生活用电都要停止了。这个样子还搞什么文化大革命嘛!"

"本来铁路军管以后情况要好些,但现在又受冲击。铁路问题是关系整个国民经济生活的首要的要解决的问题。铁路系统的两派,不管是造反的还是保守的,或者两派都是左派,都不应该在工作时间争论,更不容许武斗、停车、破路和夺解放军的武器。"

"铁道部、交通部要照煤炭部的方式,派人到各线路上去疏通,劝铁路系统两派不要武斗,不要停车、破路、误点、夺枪等。其他各部要组织人下去,帮助搞好生产。北京的大专院校不要像去年那样搞大串连了。红代会在各地的联络站要统统收回。"

在"揪军内一小撮"口号的误导下,有些地方的造反派公然抢夺解放军武器装备和援越军用物资。对此,周恩来多次提出严厉的批评,并责令制止。8月22日凌晨,他在接见广州市两派群众组织代表时指出:"不要搞亲者痛,仇者快的事。""不要再提'军内一小撮'。'军内一小撮'是在七月二十日事件后宣传机关提错了的。毛主席批评了这个事。""提出夺军权,这是错误的。"他还当场责令各派群众组织就停止抢夺并归还解放军的武器装备,停止一切武斗,禁止打、砸、抢、抄、抓等达成协议。8月23日凌晨,周恩来在接见北京红卫兵和造反派时又指出:"'七·二〇事件'以后这个浪潮不正常,对形势的根本估计都不对,什么'全国处在反革命复辟的前夕'、'武装夺取政权',完全不对。"

9月28日,周恩来接见东北三省群众组织代表,严厉批评他们冲击军队、破坏铁路交通的恶劣行为。他愤怒地责问在场的造反派头头:说过多少次了,"揪军内一小撮"是错误的,你们现在为什么还要"揪军内一小撮"?揪谁呢?揪沈阳军区?这是错误的。工人阶级为什么要这样势不两立呢?工厂停产你们心里安不安?黄埔港有四五十条船停着,湛江港也这样,广州半个月没开出火车来,你们心里安不安?文化大革命已经进行了十五个月,再搞十五个月还行啊?还要"放假闹革命""第三次大串连",大错特错嘛!军管会要维护交通,这是死命令,不管哪一派都不能阻碍铁路交通,要抓头头,封存、上交枪支。通过大批判,斗私批修,实现大联合,这是重要任务。

"郑州……停车三千多节，我心里非常难过"。"如果我有工夫，我自己亲自到郑州去"。

为进一步采取措施解决铁路交通受阻的问题，周恩来提出召开全国铁路运输工作会议。10月29日，周恩来接见出席会议的各铁路局军管会的负责人和铁路系统的群众组织代表，严肃指出：铁路运输这个问题太重要、太急迫了。眼下，除了斗私批修以外，是如何把铁路运输搞上去。粮食生产、工业生产，回过头来还是铁路运输问题。他强调：空喊革命，不抓业务，革命就是空的。动不动就把机务段冻结起来，这无论如何不是革命的，是破坏革命，是不容许的。这就是私，是派性。抓革命，促生产，铁路处于关键性的位置。要联合起来把铁路搞上去。不管你过去是不是革命派，只要在这个问题上做得好，就是革命派。最后，他提出要求：现在铁路上的重点是解决两广、南京、东北、西北，要研究一下，摆在第一位的是应该抓货运。两派一定要联合起来，搞一个协议；谁不遵守，谁就不是革命派。

但是，有些地方铁路部门的派性组织，不顾"大联合"的号召，仍然大搞派性武斗。11月25日，河南省郑州两派大武斗，造成全国最大的铁路枢纽站的郑州交通中断，滞留车皮3000多节。周恩来得知后，焦虑不安，当即指示派飞机把郑州两派代表召集到北京，责令他们搞好大联合，保证铁路运输畅通。当天深夜，他在接见会上激动地说：

"铁路与煤炭，我们最近半个月一直在注意，党中央和毛主席都在注意。现在突然出现郑州问题，我完全没有料到。就在郑州这个十字路口，停车三千多节，我心里非常难过。我实在抽不出身，刚才还在接见外宾。如果我有工夫，我自己亲自到郑州去。为什么不根据毛主席的指示联合起来？全国铁路革了一年半的命，造成这个样子，我们在座的军队同志也好，铁路工友也好，难道心里就这么舒服？我就不相信。""三千多节车子压在郑州线上，全国铁路最关键的地方，这是最大的问题，要立即解决。""郑州铁路两派要真正做到切断与地方群众组织的联系，搞好大联合。"

在听了周恩来义正词严的讲话后，郑州铁路部门两派组织的代表分别表示："一定按总理指示办，搞好大联合，把铁路运输搞好。"会后，从11月28日至12月1日，周恩来每天都同河南省军区负责人刘建勋、王新等同志以及郑州铁路局各派代表谈话，终于促使郑州铁路局两派达成了《关于实现郑州铁路局河南境内革命大联合的协议》等7个协议。随后，西安铁路局两派也主动达成了大联合的协议。

为了推动全国铁路局各派的大联合，周恩来决定以中共中央、国务院、中央军委、中央文革小组的名义，向全国转发郑州铁路局和西安铁路局实现大联合的协议，并拟写了批语。批语指出：铁路运输对于目前无产阶级文化大革命的胜利进行和国家经济建设、国防建设以及人民生活关系极大。中央希望，郑州、西安两个铁路系统和各革命群众组织，要坚决贯彻执行所达成的协议，保证铁路运输的畅通。全国其他地区铁路系统的各革命群众组织也应参照这些协议的精神，达成类似的协议。

12月5日，周恩来将郑州、西安两个铁路局各派群众组织实现大联合的协议和中央的批语，报送毛泽东，并附信一封。信中说："为了号召以推动其他十四个局（全国共十八个局）的大联合，拟了批语，已经文革小组碰头会通过。现送上，请主席批示鼓励。"在周恩来不懈努力下，到1967年底，全国18个铁路局和52个铁路分局的群众组织，终于达成了实现大联合、保证铁路运输畅通的协议。

"破坏铁路、砸毁桥梁的行动完全是反革命行为,必须实行专政措施。"

全铁路系统的大联合,为铁路交通秩序的好转奠定了基础。但是,在林彪、江青一伙煽动下,一度有所收敛的武斗狂潮再次泛滥,有些地区的铁路交通继续受阻。由于铁路沿线的车站和车辆、桥梁遭到打、砸、抢、炸,1968年1月26日,津浦线徐州以南桃山集站中断一天;2月2日,徐州至蚌埠间的客货运输全部中断;2月3日至4日,徐州往东南西北四个方向的津浦、陇海线客货运输全部中断。类似情况其他地区也有。

周恩来得知后,心急如焚,立即召开中央碰头会,研究应对措施。会后,他致信毛泽东,并附上《关于徐州地区铁路运输中断的情况反映》。信中说:

"像另纸所报破坏铁路情况,在徐州、蚌埠、郑州、连云港十字线上为最甚,次之为衡阳、柳州、广州三角线上,再次为西南昆明、成都一线。现在这些破路、破桥行动,已超过派性,而为反革命特务分子混入一派或两派中进行的。因此,目前必须责成济南军区调集机动兵力(从济南、蚌埠、开封各调一个团交六十八军统一指挥),沿线夹击。一经发现这股反革命集团,便需进行围攻和追击,务须做到政治进攻、军事包围两结合,逼其全部放下武器,然后区别对待,将坏头头反革命分子与被胁从的群众分开处理,并须就地发布公告,宣布这一破坏铁路、砸毁桥梁的行动完全是反革命行为,必须实行专政措施。""这一措施拟不待全国统一军事部署护路、护桥的命令下在前,在今晚提前实行。"

2月4日当天,毛泽东批示:"完全同意,退总理办。"周恩来立即组织实施。2月6日，中共中央、国务院、中央军委、中央文革小组联合发布命令：煽动、操纵和指挥破坏铁路、砸毁桥梁、袭击列车的极少数坏头头是反革命分子，必须坚决镇压法办。

《二·六命令》下达后，为保障援越物资的运输畅通，2月18日，周恩来又阅改审定了《关于维护铁路交通运输的紧急补充命令》（以下简称《紧急补充命令》）。《紧急补充命令》指出：煽动和指挥对行驶列车鸣枪威胁，到车站、港口无理取闹，挑动铁路交通部门群众搞武斗，殴打和绑架铁路、港口军管人员等破坏铁路交通运输的行为，一概是反革命的土匪行为，必须采取专政措施，坚决按《二·六命令》办理。《紧急补充命令》要求铁路、港口广大职工要坚决克服无政府主义，坚守工作岗位，决不允许迟到早退。对无故不上班而逾期不归者，应扣其工资。《紧急补充命令》还决定，中央立即派出监督小组，分赴重要站段和港口，监督《二·六命令》和《紧急补充命令》的执行。

尽管《二·六命令》和《紧急补充命令》对问题的性质讲得十分明确，采取的措施也相当严厉，但是阻挠、破坏铁路交通的恶性事件仍时有发生。五、六、七三个月，在广西、陕西等地相继发生砸毁铁路桥梁，抢劫火车、轮船上的物资，中断铁路交通和邮电通讯，冲击军事机关；开往越南的援越军用专列在广西被抢，大批枪支弹药被抢劫一空；桂林、柳州、南宁等地的铁路交通长期不能恢复通车。

针对这种愈演愈烈的严重情势，经毛泽东批准，周恩来同有关负责同志商定，对大搞打、砸、抢、炸，破坏铁路交通的一小撮坏分子，要进一步采取更加坚决果断的措施。鉴于广西柳州、桂林、南宁地区大规模武斗，破坏铁路交通，冲击军事机关，抢夺解放军武器装备等严重事件，中央决定发出一个布告。1968年6月27日，周恩来在审阅、修改《布告》初稿时，加写了"坚决停止铁路系统和地方的群众组织相互串连"；对煽动群众破坏铁路交通运输"屡劝不改而又怙恶不悛"的反革命分子和肇事者,坚决予以法律制裁;等等。7月3日,中共中央、国务院、中央军委、中央文革小组联合发出关于制止武斗、恢复社会秩序的《布告》,又称《七·三布告》。

7月22日,周恩来出席中央文革小组碰头会,讨论各地对《七·三布告》的宣传和执行情况。会议根据陕西省武斗严重的混乱情况,同意中央再发出一个布告。7月16日起,周恩来对这个布告多次作过修改,加写了"把一个组织的坏头头同这个组织的广大群众区别开来";"立即停止武斗,拆除工事、据点、关卡,解散专业武斗队,劝说农民回乡生产";"中断的车船交通、邮电通讯,必须无条件恢复";"抢去的人民解放军的武器装备,必须无条件迅速交回"。7月24日,中共中央、国务院、中央军委、中央文革小组颁发制止陕西等地武斗的《布告》,又称《七·二四布告》。

当天,周恩来致信毛泽东、林彪说:"停止武斗、纵火,恢复铁路交通,将是目前政治动员中在广西首先要实现的任务。"当晚,他接见广西来京学习的两派群众组织代表和部分军队干部,严厉批评有些造反派包围监狱、抢劫援越物资和解放军武器、中断铁路交通等违法行为。他在讲话中严肃地指出:

> 你们包围第三监狱、劳改工厂,那里是劳改犯,你们知道不知道?你们占领监狱是造谁的反?你们把军队的枪都抢了,你们已经走到边缘了,快掉下去了!马上打电话回去,一定要从第三监狱撤出去,由军队接管。你们把杀人的、放火的、抢援越物资的、中断铁路交通的,都说成是受压的,还说别人是右倾翻案。这些是反革命罪行,对这些人就是要实行专政嘛!要停止武斗,恢复交通,这是马上要办的。要马上打电话叫没到的二十几个代表在两天内赶到北京解决问题。不能听任《七·三布告》在广西不能实现。我给你们一个改正错误的机会。

为贯彻落实《七·三布告》和《七·二四布告》，1968年7月28日，周恩来陪同毛泽东及中央文革碰头会成员，接见聂元梓、蒯大富、韩爱晶、谭厚兰、王大宾北京高校造反派头头等。毛泽东严厉批评和警告他们说：

"文化大革命搞了两年，你们现在是一不斗，二不批，三不改。斗是斗，你们少数大专院校是在搞武斗。现在的工人、农民、战士、居民都不高兴，大多数学生都不高兴，就连拥护你们那一派的人也有不高兴的，你们脱离了工人、农民、战士、学生的大多数。""有人讲广西布告（按：指《七·三布告》）只适用于广西，陕西布告（按：指《七·二四布告》）只适用陕西，在我们这里不适用。那现在再发一个全国的布告：谁如果还继续违反，打解放军，破坏交通，杀人放火，就是犯罪；如果少数人不听劝阻，坚持不改，就是土匪，就是国民党，就要包围起来，还继续顽抗，就要实行歼灭。"

7月30日，周恩来同陈伯达、康生、江青联名致信毛泽东、林彪，认为毛泽东7月28日凌晨的谈话"极为重要"，提议将这次谈话的书面整理稿或北京市革委会正式传达的《毛主席关于制止武斗问题的指示要点》，发到全国。

为贯彻落实毛泽东谈话的精神，第二天，周恩来修改审定的中共中央、国务院、中央军委、中央文革小组向全国发布的《布告》稿，列举了一小撮反革命分子的十大罪状，其中包括破坏铁路、航空、交通、邮电；抢劫国家财产物资，抢劫车船、仓库；殴打和杀害解放军指战员，抢劫解放军武器装备；幕后挑动和操纵群众武斗，破坏生产；等等。《布告》稿指出："凡有以上十项罪状之一者，即为现行反革命分子，必须追查到底，实行无产阶级专政。"修改审定后，他批示："此件已改，速送批。"不知什么原因，后来他又批示："不办，暂存主席处。"

毛泽东七·二八谈话传达下去后,有力地促进了《七·三布告》和《七·二四布告》的贯彻执行。8月8日,周恩来阅看广州军区和广东省革委会关于广州工人、贫下中农到大学宣传"七·三""七·二四"布告的情况报告后,向毛泽东、林彪书面提议:"将广东首先是广州全面动员,广泛宣传'七·三'、'七·二四'布告和工农兵联合行动,劝阻各处武斗,动员革命群众,包括街道居民,检举阶级敌人,抓坏人黑手的一个月成绩和经验,由军委办事组写一个综合报告,征得广东省革委会、广州军区同意后,提请中央文革碰头会讨论并拟一批语,通知全国执行。"毛泽东批示:"同意。"

《七·三布告》和《七·二四布告》的贯彻执行,好不容易才制止住了造反派对铁路交通的大规模破坏行为,铁路运输逐渐恢复正常,运输生产量逐渐回升。但在一些地区也留下了某些后遗症。在"文化大革命"局势最混乱的头三年里,铁路交通系统受到严重冲击,成为一个重灾区。为了维护铁路交通运输,周恩来一面想方设法采取种种措施,一面还要排除林彪、江青一伙的干扰,真是呕心沥血,费尽心机,力排阻碍,维护交通。

顾全大局，相忍为党

——面对批判极左思潮的反弹

周恩来倡导的批判极左思潮，深入、持久地进行下去，不仅矛头直指林彪反革命集团，而且不可避免地牵连到江青反革命集团。实际上，批判极左思潮，最终势必导致否定"文化大革命"的理论和实践。因此，江青集团极力阻挠、反对，毛泽东也不能容忍。

《人民日报》的一组文章和江青一伙刹住1972年下半年出现的"修正主义回潮"。

对于批判极左思潮出现反弹，政治斗争阅历丰富的周恩来早已意识到了。在粉碎林彪反革命集团后，有一次周恩来问李先念："你看中央的问题解决了吗？"李先念回答："没有解决，中央文革一伙还在嘛！"周恩来说："问题远没有解决。难啊！"

事态的发展恰如周恩来所预料。根据周恩来坚持不懈地批判极左思潮的精神，1972年10月14日，《人民日报》发表一组批判极左思潮和无政府主义的文章。署名龙岩的题为《无政府主义是假马克思主义骗子的反革命工具——学习笔记》一文写道："无政府主义，是一个以极'左'面目出现的机会主义派别"，"表现是在下面，根子却在上面"。

在上面搞无政府主义的人,"狡猾地利用群众对右倾机会主义的不满,大肆煽动极左思潮,只要民主,不要集中;只要自由,不要纪律,鼓吹'群众说了算',鼓吹'规章制度无用论',叫嚷要'砸烂一切'"。"他们口头上发表一些最左、最最最革命的言论,招摇撞骗,实际上进行着简直是流氓式的煽动,即利用劣根性、利用小私有者捞一把的欲望来进行煽动"。"他们叫嚷'怀疑一切'、'打倒一切'的蛊惑人心的反革命口号,就是为了颠覆无产阶级专政","把无政府主义思潮当作他们实现篡党夺权的反革命阴谋的工具"。他们"是煽动和利用无政府主义的罪魁祸首"。

这篇文章还画龙点睛地指出:尽管林彪一伙"已被扫进历史的垃圾堆,但是他们煽起的无政府主义思潮还会'采取稍微新一点的形式,披上前所未有的外衣,或作前所未见的装扮,重新表现出来。'"矛头直指江青一伙。

《人民日报》这篇文章比较集中地揭露和批判了极左思潮及其突出表现——无政府主义的种种观点和行为,并提醒人们要警惕极左思潮的"重新表现"。这是"批林整风运动"以来,在中央党报上首次发表批判极左思潮的文章,击中了江青反革命集团的痛处和要害。他们决心刹住这股1972年下半年出现的"修正主义回潮"。早在9月底,周恩来主持起草"两报一刊"国庆社论稿中,写有"要批判右的和'左'的倾向,特别要批判极左思潮",竟被姚文元删去。姚文元看了龙岩等人的文章,气急败坏地说:"当前要警惕的是右倾回潮抬头。"江青则武断地叫嚷:"这个版就是要在全国转移斗争大方向。"她还扬言要追查龙岩等文章的"背景",矛头直指周恩来。

在张春桥、姚文元指使下,11月间,《文汇报》内部刊物《文汇情况》连续两期登载批驳龙岩等人的文章,并借机在《人民日报》社内大搞所谓"反右倾回潮"运动。至此,在坚持批判极左思潮与反对批判极左思潮的问题上，以周恩来为代表的健康力量同江青反革命集团的对立和斗争公开化了。

11月28日，中共中央对外联络部和外交部在《关于召开外事工作会议的请示报告》中提出：鉴于林彪反革命集团煽动的极左思潮在外事部门还没有得到彻底的批判和肃清，拟召开一次全国外事工作会议。任务是："联系外事工作实际，彻底批判林彪反革命集团煽动的极左思潮和无政府主义，以便更好地贯彻执行毛主席的革命外交路线。"11月30日，周恩来审阅了这个报告，批示"拟同意"，并将报告送毛泽东和在京中央政治局成员传阅。第二天，张春桥对报告提出异议："当前的主要问题是否仍然是极左思潮？批林是否就是批极左和无政府主义？"12月2日，江青批道："应批林彪卖国贼的极右"。"同时也应着重讲一下无产阶级文化大革命的胜利。"

当天，周恩来批告将此件送中联部、外交部有关领导传阅。从此，围绕批极左还是批极右的斗争日益尖锐化。因为江青集团和林彪集团都是"文化大革命"的产物，都是煽动极左思潮的罪魁祸首。周恩来坚持不懈地批判极左思潮，纠正"文化大革命"错误，势必触动这伙极左派的敏感神经。斗争是不可避免的。

随即12月2日，周恩来主持召开中共中央政治局会议，讨论中联部、外交部《关于召开外事工作会议的请示报告》。根据会议讨论的意见，12月3日，外交部对原报告作了修改，删去了批判极左思潮和无政府主义的内容。不过，在所列会议文件中仍有《毛主席最近一两年来关于对外工作的批示》和《总理今年八月一日、二日接见驻外使节讲话（纪要）》。在这两个文件中，都有批判极左思潮的内容。4日，周恩来审阅这个修改后的报告，表示同意，并注明这是"经过政治局讨论后，加以修改的"。随即，报送毛泽东。毛泽东圈阅了这个报告。

王若水致信毛泽东，引发他作出林彪路线实质是极右的决断。

正当江青一伙伺机反扑的时候，《人民日报》副总编辑王若水于1972年12月5日致信毛泽东。信中表示，"很同意"周恩来关于批透极左思潮的主张；认为批极左不仅适合机关内部的实际情况，在舆论宣传方面也同样适用；还反映张春桥、姚文元反对批极左的情况。王若水的这封信引发毛泽东在批极左还是批极右的问题上，作出决断。作为在"左"倾指导思想下坚持"文化大革命"的毛泽东，在一定程度上也是主张批判极左思潮的，但不能危及否定"文化大革命"。

12月6日，毛泽东要江青将王若水的信转给周恩来、张春桥、姚文元等人，提出由他们一起找王若水谈话，解决一下这个问题。当天，江青将王若水的信转给周恩来等人传阅，并"建议我们先谈谈，统一一下认识。否则冒冒失失地找他们来，各说各的不好"。周恩来阅批："同意我们政治局内部先谈一下。"12月15日、16日，周恩来主持中共中央政治局会议，讨论王若水给毛泽东的信和对批极左问题的认识。

12月17日，毛泽东同周恩来、张春桥、姚文元等人谈话，明确表示要"少批"极左思潮。他说：王若水那封信，我看不对。极左思潮少批一点吧。关于林彪路线的实质，他认为："是极右。修正主义，分裂，阴谋诡计，叛党叛国。"毛泽东的这种说法，从林彪覆灭前的阴谋活动和覆灭的结局而言，应当说是有一定道理的。但是，从林彪的思想体系看，他在"文化大革命"中鼓吹的思想本质却是极左的。毛泽东之所以反对深入、持久地批判极左思潮，根本原因是，他担心批极左将导致否定"文化大革命"的理论和实践。

毛泽东提出的林彪路线的实质是"极右"，"少批一点极左思潮"，使周恩来坚持不懈批判极左思潮，纠正"文化大革命"错误，出现了转折和反弹。早就对周恩来等同志批判极左思潮心怀不满的江青一伙，则乘机向周恩来公开发难。

遵照毛泽东的批示，12月19日，周恩来和江青、张春桥、姚文元等约《人民日报》社鲁瑛、吴冷西、崔金耀、王若水谈话，传达毛泽东关于林彪路线的实质是极右的指示。江青飞扬跋扈地提出：要反一篇文章（指署名龙岩的《无政府主义是假马克思主义骗子的反革命工具》一文——引者注），批一个版面（指10月14日《人民日报》刊登龙岩等文章的第2版——引者注），批一个部门（指《人民日报》社理论部——引者注）。周恩来针锋相对地表示：这是中央务虚不够，不能完全责备报社工作的同志。他还说："我们内部极左思潮要批透"。"不是讲林彪整个路线"。

为贯彻落实毛泽东关于批判林彪路线"极右"的指示，1973年元旦发表《人民日报》、《解放军报》、《红旗》杂志社论，明确提出要始终把批判的矛头对准林彪一伙，"牢牢掌握这个斗争的大方向"。这就是说，在"批林整风运动"中，只能批判林彪，实际上，就是不许牵连江青反革命集团，不能涉及"文化大革命"的错误。而林、江两个集团原本是一丘之貉。从1973年起，江青一伙借口批林彪的"极右"，在全国范围内掀起批判"右倾回潮""修正主义复辟"的逆流。他们连续制造了"张铁生白卷"、批《园丁之歌》、批"师道尊严"、突袭考教授、马振扶中学事件等。

特别是在这年8月中共十大后，江青一伙的势力得到加强，开始形成"四人帮"，更加肆无忌惮地向周恩来等老一辈革命家和老干部疯狂反扑。江青一伙策划在清华大学开展"三个月运动"，矛头直指广大教职员工对"文化大革命"的不满和对教育战线"两个估计"的抵制，矛头也是对着周恩来等同志批判极左思潮和纠正极左错误的。他们

"对着干",扬言教育战线"出现了一股右倾翻案风","搞反攻倒算"。

从10月到12月,在清华大学掀起上揪"资产阶级复辟势力的代表人物"、下扫"复辟势力的社会基础"的"反回潮"。正如"文化大革命"从教育战线开刀那样,这次"反回潮"也是从教育战线开刀,再一次搞乱了全国各地各类学校,严重地干扰、破坏了周恩来纠正教育战线极左错误的成效。

江青一伙掀起的"反右倾复辟"逆流,把周恩来批判极左思潮、纠正"文化大革命"错误的政策、措施,统统诬为"右倾复辟"。而毛泽东听信了江青一伙关于"右倾复辟"的虚假情况汇报,并且把它同否定"文化大革命"联系起来,对周恩来倡导的批极左思潮及其所取得的成果,越来越不能容忍。

毛泽东批评外交部《新情况》上的一篇文章,张春桥认为"整治周恩来的时机又到了"。

1973年6月16日至25日,苏共中央总书记勃列日涅夫访问美国,同美国总统尼克松举行会谈,双方签订了《美苏关于和平利用原子能协定》《关于进一步限制进攻性武器谈判的基本原则》和《美苏关于防止核战争协定》等13个文件。周恩来一直关注着美苏首脑会谈。

6月25日,遵照毛泽东的意见,周恩来在会见美国驻华联络处主任布鲁斯时提出:我们对美、苏签订的核协定持怀疑态度,中国政府仍坚持中、美上海公报的立场。历史表明,签订这类条约是靠不住的。现在苏联领导人访美,给人以两个大国主宰世界的印象。我们不怕孤立,首先我们不丧失立场,同时我们又是现实主义者。说许多空话,不如做一件实事。

6月26日,毛泽东看了这次谈话纪要后说:"这下腰杆硬,布鲁斯就舒服了。"

在美、苏峰会还没结束时，周恩来就对当时外交部长姬鹏飞说："这是一件大事，值得注意，要好好研究。"姬鹏飞回部后即向美大司司长林平传达周恩来的指示，并要他去落实。林平随即召集美大司一处（美国处）副处长张再和苏欧司一处（苏联处）副处长田曾佩商讨，统一认识后，商定由张再执笔写成一篇调研文章。这篇题为《对尼克松——勃列日涅夫会谈的初步看法》的文章，分析和评论美、苏签订防止核战争协定后的国际形势，认为美、苏会谈"欺骗性更大"，"美、苏主宰世界的气氛更浓"。文章最后指出：美、苏两家欺骗不了，要想主宰世界也做不到。这篇文章刊登在6月25日出版的外交部新闻司的内部刊物第153期《新情况》上。

当天，周恩来就看到张再撰写的这篇文章，立即指示：值得研究。随后，他还给外交部值班室打电话说："《新情况》这篇写得不错，《外交通报》的稿子应该照着改。"林平对张再说："受总理这样表扬可不多，下星期一全司开大会，你来讲讲写作体会。"但是，事态的发展急转直下。毛泽东看了《新情况》上的这篇文章后，很生气，严厉批评这篇文章关于美、苏会谈"欺骗性更大""美苏主宰世界的气氛更浓"的观点。

7月3日，周恩来获悉毛泽东对外交部153期《新情况》所载文章的严厉批评后，当即致信外交部党的核心小组成员和美大司司长林平，采取补救措施。信中首先要求立即撤回刊有《对尼克松——勃列日涅夫会谈的初步看法》一文的第153期《新情况》。接着，信中说："这个错误主要责任在我"，为下级干部承担责任。信中诚恳地写道："望你们也应以此为鉴，发扬钻研商讨的积极性，有时也可要求我召集短小的会来交换意见。不要怕我忙，为大事而撇开小事，应该学习主席的工作方式。"

由于"四人帮"从中作祟，事情还在进一步发展。7月4日，毛泽东约张春桥、王洪文等人谈话，再次批评外交部第153期《新情况》这篇文章对世界形势的分析和看法。他指出：

"《新情况》第153期提出的美、苏合作，欺骗世人，妄图主宰世界，与党中央历来的，至少九年来的意见不相联系。""你们两位是负责（中共十大）政治报告和党章的，今天找你们来谈几件事。近来外交部有若干问题不大令人满意。我常吹大动荡、大分化、大改组，而外交部忽然来一个什么大欺骗、大主宰。总而言之，在思想方法上是看表面，不看实质。""你们年纪还不大，最好学点外文，免得上那些老爷的当，受他们的骗，以至上他们的贼船。""凡是这类屁文件，我照例不看。总理的讲话也在内。因为不胜其看。""结论是四句话：大事不讨论，小事天天送。此调不改动，势必搞修正。将来搞修正主义，莫说我事先没讲。"

第二天，毛泽东在周恩来给外交部的信上写了这个结论。

张春桥认为"整治周恩来的时机又到了"，欣喜若狂，迫不及待。当天晚上，张春桥通知周恩来，要求召开中央政治局会议，传达毛泽东的谈话内容。

对于毛泽东这次谈话的分量和意图，周恩来是心领神会的。对待毛泽东的尖锐批评，周恩来仍然本着顾全大局，相忍为党的精神，遵从毛泽东的意见，作了检讨，委曲求全。翌日，即7月5日，周恩来主持召开中共中央政治局会议。在张春桥传达毛泽东谈话后，周恩来讲述了6月下旬以来毛泽东对外交工作的批评、批示的内容。周恩来还诚恳地作了检讨，并主动承担了责任。

当天，周恩来将外交部检讨报告、他3日致外交部核心小组成员和美大司司长林平的信，一并送呈毛泽东。周恩来在致毛泽东的附信中，诚恳检讨说："这些错误与我的政治认识和工作方式有关。"7月5日，毛泽东阅后，在周恩来 3 日致外交部核心小组成员和林平的信上批写道："此种顽症，各处都有，非个别人所独有，宜研究改正方法。"

随后，周恩来召集外交部负责人研究起草《〈新情况〉153 号错误何在?》一文，同时抱病主持中共中央政治局会议，继续批评《对尼克松——勃列日涅夫会谈的初步看法》一文。7 月 14 日，周恩来在审定《〈新情况〉153 号错误何在?》一文时，作了重要修改。他在文章分析美苏两霸既争夺又勾结处加写了如下一段话：

"（美苏）争夺是长期的目的，是实质，勾结是表面现象，互相利用为自己利益服务，而且勾结是为了更大的争夺。同时，也会从反面教育出更多的人民觉悟起来，反对两霸。"

第二天，即 7 月 15 日，周恩来将《〈新情况〉153 号错误何在?》一文送交毛泽东和部分中共中央政治局委员，并在附信中提出："关于错误的检讨，我当另写报告。"毛泽东审阅时，删去了文章中"受到中央的严厉批评"中"严厉"一词，并批示："检讨不要写了。"

根据毛泽东的要求，周恩来指示外交部将《〈新情况〉153 号错误何在?》，连同外交部新闻司第 153 期《新情况》，除原发部门外，加发各驻外使馆，中央和各省、市、自治区党政军机关。至此，外交部"第 153 期《新情况》事件"告一段落。

虽然这个事件已告一段落，但人们仍在思考，为什么毛泽东对一位处级干部撰写的一篇文章，即使是有错误的文章，如此严厉批评呢？明眼人都知道个中缘由。原来，周恩来关于这个国际问题的一些重要讲话，和《对尼克松——勃列日涅夫会谈的初步看法》一文，不仅基本观点相同，而且一些语言表述也很相似。那么，毛泽东为何要借此警示周恩来呢？问题的关键不仅是对美、苏两霸在争夺与勾结问题的看法上存在某些分歧，更主要的是，毛泽东对周恩来在批林整风运动中，不懈地批判极左思潮，纠正"文化大革命"错误，将危及毛泽东矢志坚持的"文化大革命"理论和实践而感到担心。正因为如此,外交部"153号《新情况》事件"虽然告一段落,但事情仍在继续发展中。

毛泽东借中美会谈的误传,严厉批评周恩来"右倾",而江青一伙则诬蔑周恩来是"投降主义"。

果然,一波未平,一波又起。1973年11月10日至14日,周恩来与来华的美国国务卿基辛格举行了4次正式会谈,3次单独会谈。在会谈中,周恩来都是按照事前中共中央和毛泽东决定的方针和口径谈话的,没有越雷池一步。但是,即使如此,仍然掀起了一场轩然大波。

事情是这样发生的:11月14日凌晨1时至2时20分,周恩来、叶剑英同基辛格举行了第4次正式会谈,讨论敲定了"会谈公报"的措辞。会谈时,基辛格试探提出:如果苏联准备对中国的核设施进行外科手术加以摧毁的行动,中国希望美国做些什么?针对基辛格提出的需要继续商议有关双方合作的几个具体建议,周恩来说:"我们还要考虑。""要报告毛主席,一切由毛主席决定。"

至此,会谈已经结束,基辛格将在15日上午离华回国。然而,基辛格却在离开前几个小时,突然提出要拜会周恩来。这时,周恩来刚刚入睡不久,被工作人员叫醒后,他考虑不见不好。于是,他想用电话请示毛泽东,是否应基辛格的要求会见?他让工作人员去电话给毛泽东的秘书,询问毛泽东是否已经入睡。对方回答:"主席才睡。服了几次安眠药才睡觉的,说什么现在也不能叫醒主席。"周恩来自然知道,当时毛泽东的身体健康状况不好,不忍心叫醒毛泽东。沉思片刻,周恩来决定按照毛泽东同意过的会谈口径,应邀会见基辛格。会见时,基辛格再次提出上述那个问题。周恩来则按照原定的会谈口径回答:此事需要进一步考虑,等以后再说,并强调一切需请示毛主席再作决定。这是周恩来一贯遵循的原则。1972年3月3日,周恩来在讲解《中美联合公报》纪要时,曾引用基辛格的话:"中国总理的每一个步骤都是向毛主席报告的,等于毛主席参加了会谈。"

周恩来的上述回答在《基辛格秘录》一书中也得到了印证。书中的"会谈备忘录"记载:"周恩来说:因为这是一个十分具体和十分复杂的问题,因此在同你方协商之前,我们需要作进一步的研究。"

但是,不知出于何种动机,参与会谈的有关人员认为,周恩来在会谈时说错了话,右了。毛泽东听了汇报后,抱着对周恩来批判极左思潮、纠正"文化大革命"错误的成见,听信了这种说法。被这个误传激怒的毛泽东认为,周恩来、叶剑英在中、美会谈中的态度软弱,犯了错误,要求批评他们对美外交的右倾错误。

11月17日,周恩来和外交部负责人及其他有关人员到毛泽东处开会。会上,毛泽东讲了对这次中、美会谈的批评意见。他说:"对美国要注意,搞斗争的时候容易'左',搞联合的时候容易右。"他提议中央政治局开会,讨论他的意见。

当天晚上,根据毛泽东的指示,周恩来主持召开中共中央政治局会议,传达毛泽东对这次中、美会谈的批评意见,并介绍了同基辛格会谈的情况。会上,江青自以为"倒周"时机已到,肆无忌惮地攻击周恩来是"右倾投降主义"。周恩来忍无可忍,奋起争辩。

会后,18日,周恩来两次向毛泽东书面报告中央政治局会议的情况,表示自己在这次中、美会谈中"做得不够"。

根据毛泽东的要求,11月21日至12月初,中共中央政治局连续开会批评周恩来、叶剑英的"右倾错误"。会上,业已形成的以江青为首的"四人帮"一伙,对周恩来、叶剑英放肆围攻。江青、姚文元攻击说,这次中、美会谈是"投降主义",是"第十一次路线斗争"。他们还诬蔑周恩来是"错误路线的头子",要"迫不及待"地取代毛泽东。会后，江青竟厚颜无耻地提出，要求增补她和姚文元为中央政治局常委，并报告毛泽东。这一次集中"批周"的中央政治局扩大会议，持续开了十几天。

周恩来的保健医生张佐良曾经谈起过当时的会议情景。他在《周恩来的最后十年——一位保健医生的回忆》中写道：

"这个极为特殊的会议，每天晚上在人民大会堂召开。除了政治局委员外，尚有外交部等有关部门人员参加。会议在严格保密的情况下进行，大会堂的服务人员也是经过严格审查指定的。尽管如此，有些服务员及首长身边的工作人员，仍然表现出对会议不满。一位服务科副科长从会议室出来，伤心地说：'这哪里是什么帮助总理啊！'周恩来挨整期间，当然由王洪文主持会议。周恩来在家里等候通知去参加会议，不必再提前到会场。散会时，他亦'知趣'地即刻离开大会堂回家，因为有人留在那里商量下一步对付周恩来的办法。"

会议期间，江青一伙自以为他们"倒周"的图谋将能得逞，一个个趾高气扬，弹冠相庆。散会后，他们一伙常常麇集在一起，喝红葡萄酒，以示庆贺。

这次会议气氛异常紧张，政治压力异常大。在这种情况下，与会人员都不得不发言表态，甚至连复出不久的邓小平也要勉为其难发言。对他发言的情况，他的女儿毛毛在《我的父亲邓小平："文革"岁月》一书中写道：

"会议中，与会者按照毛泽东的要求，对周恩来进行了批评，周恩来本人也进行了自我批评。而江青和张春桥等人却以为'倒周'的时机到了，想借这一机会打倒周恩来。他们对周恩来进行了肆意诬蔑的批判。""邓小平刚刚恢复工作，连政治局成员都不是，只是一个列席会议的身份。在会上，他一直沉默，没有发言。

在所有的差不多都发了言之后，到了最后一两天，他发了一个言。发言一开始，他不得不按毛泽东对每个与会者的要求，批评了周恩来。但寥寥数语之后，他即把话锋一转，开始讲怎样看待国际战略形势的问题。"

毛泽东认为，对周恩来"批评一下可以，打倒不行"。

在中共中央政治局扩大会议持续开到12月初时，毛泽东觉察江青一伙"倒周"的歹毒用心，认为对周恩来"批评一下可以，打倒不行"。于是，毛泽东设法制止江青一伙的纠缠，不许他们继续借题发挥。12月9日，毛泽东在会见来访的尼泊尔国王和王后之后，先后与周恩来、王洪文等人谈话。他说："这次会开得很好。""就是有人讲错了两句话，一个是讲'十一次路线斗争'，不应该那么讲，实际上也不是；一个是讲总理'迫不及待'。不是总理迫不及待，江青自己才是迫不及待！"对于江青提出要把她和姚文元增补为中共中央政治局常委的无耻要求，毛泽东明确指出："增补常委，不要！"毛泽东的这番话表明，他既不能容忍周恩来持续批极左，也不容许江青一伙"倒周"。至此，毛泽东发动的这场"批周"风波虽然已进入尾声，但还没有完全结束。

毛泽东这次谈话后的第3天，即12月12日，他主持召开中共中央政治局会议，批评"政治局不议政"，"军委不议军"。他说："你们不改，我就要开会，到这里来。"会上，他赞成叶剑英的意见，"全国各个大军区司令员互相调动"。他还提议邓小平参加军委工作。他说："（邓）是不是当政治局委员，以后开二中全会追认"。毛泽东批评"政治局不议政"，显然是针对主持中央日常工作的周恩来；"军委不议军"，则是冲着"九·一三事件"后主持军委工作的叶剑英的，但语气已有所缓和。14 日，周恩来将中共中央政治局会议讨论毛泽东上述意见的情况和研究贯彻实施的具体办法致信给他。

至此，这场颇为惊心动魄的"批周"风波渐趋平息，忍辱负重、相忍为党的周恩来终于度过了这场劫波。由于中央档案部门没有保存这次中共中央政治局扩大会议的记录，尘封了 30 多年的这桩历史公案，只能从某些当事人的回忆文章中窥见。参加过会议的章含之在《我与乔冠华》一书中写道：

"尽管在那个特定的历史条件下没有一个被卷入的人能够蔑视权威，主张公道，但毕竟作为自我良心的剖析，我为了自身的生存和'前程'，随着那汹涌而至的浊浪而说了违心的话，做了违心的事，伤害过好人。尤其是在周总理蒙受屈辱时，我们并未能为他做一点事减轻他的压力。这一点在冠华的心头尤为沉重。"

"冠华利用一次见外宾的机会，对 1973 年底发生的对总理不公正的批评当面向总理表示：当时在会议上自己的发言也是错误的，对不起总理，请他原谅。总理宽容地说：'那怎么能怪你呢？那是总的形势，大家都讲了嘛，你在我身边工作几十年，又管美国这一摊，怎么能不讲呢？再说我也有失误，也不能说不能批评我。'冠华当时在总理需要帮助时，他未能做什么，心里一直内疚、自责。总理说：'不要这样想，这不是你们能左右的事。'"

读罢周恩来对乔冠华说的这番感人肺腑的话，不禁令人肃然起敬。在毛泽东"批周"而江青一伙"倒周"的这场政治风波中，周恩来受了那么大的委屈，仍然如此宽宏大量，如此顾全大局，如此求全自责，充分显示了他那无与伦比的博大胸怀和高风亮节。

尽管这场政治风波已告一个段落，但江青一伙自始至终把周恩来视为他们篡夺党和国家最高权力的最大障碍，"倒周"之心不死。历史进入 1974 年之后，江青一伙就迫不及待地掀起"批林批孔"狂潮。他们相继制造了"电影纪录片《中国》事件""蜗牛事件""评《水浒》，批投降派""风庆轮事件"等，矛头都是直指周恩来的。他们喋喋不休地大批"投降主义""卖国主义""当代大儒""宋江架空晁盖"等，其狼子野心无一不是妄图"倒周"。

必须彻底否定的十年"文化大革命"，是中国历史上的一个"怪胎"。"文化大革命"这段特殊的历史，是"左"倾错误指导思想孕育的产物，并且被林彪、江青两个反革命集团所利用，推向极端，以便他们在乱中篡党夺权。贯穿"文化大革命"史的一个显著特点是，以"革命"名义大肆煽动极左思潮，大肆策动极左行为。周恩来等同志则自始至终以各种形式，坚持不懈地批判极左思潮，纠正极左错误，实际是纠正"文化大革命"错误。当这种批判和纠正将危及否定毛泽东矢志坚持的"文化大革命"理论和实践时，他是不能容忍的，因而要"批周"。当这种批判和纠正妨碍江青反革命集团篡党夺权的图谋时，他们将拼命挣扎，因而要"倒周"。这就是周恩来坚持批判极左思潮遭受反弹的根本缘由。

出以公心，促成复出

——力促邓小平复出任职

在"文化大革命"期间，周恩来曾经心情凝重而寓意深长地说过："要注意斗争方法，无论如何不能把权落到他们（指"四人帮"——引者注）手里。"为防止和避免党、政、军大权旁落于"四人帮"之手，周恩来不顾重病缠身，力促邓小平复出任职。

毛泽东说："林彪要是身体不行了，我还是要小平出来。"周恩来力促邓小平复出。

1966年8月1日至12日，中共八届十一中全会在北京召开。会上，刘少奇、邓小平虽然当选中共中央政治局常委，但会后他们实际上就退出了党和国家的领导工作。全会结束以后，毛泽东决定，由林彪主持召开中央政治局常委会议。会议原定继续批判刘少奇，但林彪、江青等人却认为目前的主要危险和最大障碍是邓小平。于是，他们把会议批判的矛头直指邓小平，而且林彪把邓小平的问题上纲为敌我矛盾。在这次会议上，周恩来和陶铸自始至终一言未发。

当时，毛泽东虽已确定林彪为他的接班人，但还希望继续任用邓小平，并希望邓小平能够配合他这次在人事安排上的选择。对此，毛毛在

《我的父亲邓小平："文革"岁月》一书中写道："父亲后来回忆：'文革开始的时候，主席找我谈话，要我跟林彪搞好关系，我答应了。但与林彪谈了一次，就谈崩了。'"

10月9日至28日，毛泽东主持召开的中共中央工作会议，继续批判刘少奇、邓小平为代表的"资产阶级反动路线"。刘少奇、邓小平在会上作了自我检查。22日，毛泽东审阅邓小平的自我检查讲话稿时作了批示，对邓小平仍寄予厚望。他写道：

"小平同志：可以照此去讲。但在……第一行'补过自新'之后，是否加几句积极的话，例如说，在自己积极努力和同志们积极帮助之下，我相信错误会得到及时纠正，请同志们给我以时间，我会站起来的。干了半辈子革命，跌了跤了，难道就一蹶不振了吗？"

尽管毛泽东当时并不想打倒刘少奇、邓小平，但是，对他们的批判却越来越凶猛。北京地质学院和北京航空学院的造反派，准备21日或22日在天安门广场召开50万至100万人参加的"誓死保卫毛主席"大会，批判刘少奇、邓小平。10月20日，周恩来得知这一情况后，立即要国务院秘书长周荣鑫和中央文革小组办公室派人分头去做劝说工作，说服他们不要开会。后来，这个大会被劝阻没有开。

11月2日，在中共中央组织部院内，贴出了一批批判刘、邓的大字报。11月8日，在北京大学，聂元梓等人贴出诬蔑《邓小平是党内走资本主义道路当权派》的大字报。12月6日，林彪在一次会上说：刘、邓不仅是五十天的问题，而是十年、二十年的问题。12月18日，江青公开鼓动打倒刘少奇、邓小平。当天，张春桥把清华大学"造反派"头头蒯大富叫到中南海密谈，策划打倒刘、邓的活动。12月25日，清华大学五千多名师生游行示威到天安门，召开了"彻底打倒刘、邓的誓师大会"。12月27日，首都大专院校造反派在工人体育场召开

"彻底批判刘少奇、邓小平资产阶级反动路线大会"。随后，全国各地掀起了打倒刘、邓的狂潮。

尽管如此，周恩来仍然挺身而出，反对批斗刘少奇和邓小平。

"文化大革命"进入 1967 年后，全面开展阶级斗争。随着上海掀起的"一月夺权"风暴，大批党、政、军各级领导干部和各界人士相继被打倒，党、政、财、文等大权被篡夺，对刘少奇、邓小平的批判也不断升级。这年的 4 月 1 日，《人民日报》、《红旗》杂志发表戚本禹批判刘少奇的文章《爱国主义还是卖国主义》，文中对刘少奇冠以"党内最大的走资本主义道路的当权派"，对邓小平冠以"党内另一个最大的走资本主义道路的当权派"。虽然没有指名道姓，但人所共知，这样公开批判，就是意在打倒。邓小平看了戚本禹的这篇文章后，于 4 月 3 日致信毛泽东，要求接见。他在信中写道：

"从一月十二日起，我一直想见见你，向你求教，只是觉得在群众激烈批判我们的反动路线及其恶果的时候求见主席是否适当，所以一直在犹豫着。近日看了戚本禹同志的文章，觉得我所犯错误的性质似已确定。在这种情况下，我求见主席当面聆听教益的心情是很迫切的。如果主席认为适当，请随时通知我去。"

当时毛泽东不在北京，回来后，5 月的一天，他让汪东兴向邓小平转达三点意思：第一，要忍，不要着急；第二，刘、邓可以分开；第三，如果有事，可以给他写信。听完汪东兴转达后，邓小平提出：大字报中提出的许多问题，与事实不符，要求见主席当面谈谈。随后不久的一天深夜，毛泽东让秘书通知邓小平来谈话。谈话持续到天快亮了。毛泽东主要问邓小平 30 年代离开红七军到上海向党中央汇报工作这一段的历史情况。邓小平详细回答了。毛泽东批评邓小平派工作组的错误。邓小平表示接受批评。邓小平问毛泽东：以后如有事情向主席汇报找谁？毛泽东答说：可以找汪东兴，也可以给我写信。

毛泽东这次谈话态度平和，批评也不严厉。但是，这时批判刘、邓的狂潮如火如荼，主要锋芒是针对刘少奇的，对邓小平的批判相对缓和些。这是因为毛泽东主张"刘、邓可以分开"。毛泽东为什么主张区别对待，直到这时，他对邓小平仍然很赏识。据《王力反思录》披露，1967年7月14日，毛泽东在武汉同他谈话时，对邓小平作了"高度的评价"。王力写道：

"他（指毛泽东——引者注）说，他不同意并列地提打倒刘、邓的口号。接着说：'打倒一年、顶多打倒两年。人家要打倒嘛！那就打倒一下吧！小平，文可以同少奇、恩来相比，武可以同林彪、彭德怀相比。指挥两个野战军的，只有一个邓小平。林彪要是身体不行了，我还是要小平出来。'"

周恩来证明邓小平"入团、转党"的真实情况，毛泽东不同意开除邓小平的党籍。

尽管毛泽东对邓小平是如此的赏识，作了如此高度评价，但是，批斗邓小平的狂潮仍在高涨。7月19日，中南海的造反派把邓小平夫妇叫到怀仁堂，说有事情要问，实际是抄家。7月29日，中南海造反派对邓小平进行批斗，限他三天内交出"请罪书"，并宣布从即日起限制邓小平夫妇的行动自由。

对于造反派的诽谤和侮辱，邓小平忍无可忍，随即致信毛泽东，请汪东兴转呈。邓小平在信中讲了29日中南海造反派批斗他的情况后，写道："我目前确实心中惶惶无主，不知如何是好，所以我十分恳切地希望能够面向主席请教。我自觉这个请求是不一定恰当的，但我别无他法，只能向主席倾吐我的心情。如果主席太忙，是否要别的同志找我一谈。"

这封信送去后，没有得到回音，毛泽东也没有会见邓小平。但是，在这年11月5日，毛泽东在同中央文革小组成员谈中共九大和整党问题时，他再次提出："我的意见还要把他（指邓小平——引者注）同刘少奇区别一下。"

在林彪、江青一伙的蓄意策划下，1968年3月，成立了"邓小平专案组"。5月16日，"邓小平专案组"开会，主管专案的康生、江青、黄永胜、谢富治等人到会。康生说：邓的问题不能直接提审，但要注意内查外调找证据。专案组在内查外调的同时，还让邓小平写一份"历史自传"。1968年6月20日至7月5日，邓小平撰写了《我的自述》，长达二万六千五百多字。专案组费尽心机，也没有找到邓小平有历史问题。正如邓小平后来深有感触地说："我这个人打仗没有受过伤，做地下工作没有被捕过。"但是，专案组却编造了一份所谓《党内另一个最大的走资本主义道路的当权派邓小平的主要罪行》的综合报告。7月25日，在讨论这个报告时，康生说：现在看来材料不少，关键在如何运用，历史部分弱了。吴法宪则说：邓入党有问题，介绍人都死了，死无对证。

这个报告经康生、黄永胜、吴法宪等审阅后报送周恩来，要求"帮助指导"，以查证邓小平的"历史问题"。周恩来阅读这个报告后，对他们的无理要求不予理睬。对于专案组在报告中提出的邓小平入党问题，周恩来指出："邓小平是在留法勤工俭学时入团、转党的，我和李富春、蔡畅同志均知道此事。"专案组认为邓小平的要害是"历史问题"，但他们处心积虑也没能找到邓小平有什么"历史问题"。

历史的真相大白了。但是，林彪、江青一伙仍不甘心。在1968年10月13日至31日的中共八届扩大的十二中全会上，林彪、江青一伙一方面组织围攻参加所谓"二月逆流"的"三老四帅"等老同志，肆意诬蔑这是"最严重的反党事件"，是"资本主义复辟的预演"等；另一方面则迫使会议通过他们用伪证炮制的所谓《关于叛徒、内奸、工贼刘少奇罪行的审查报告》，宣布把刘少奇永远开除出党，撤销他党内外一切职务。会上，他们还印发了所谓《党内另一个最大的走资本主义道路当权派邓小平的主要罪行》，并作出撤销邓小平党内外一切职务的决定。

对邓小平这样处理，林彪、江青一伙还嫌不够，他们在会下煽动一些人，要求开除邓小平的党籍。但是，毛泽东不同意。毛泽东说："邓小平战争时期是打敌人的，历史上还没有发现什么问题，应与刘少奇区别对待，大家要开除（党籍），我有点保留。"对此，邓小平凭着四十多年的政治阅历和经验，深知毛泽东这样处理的重要意义。

中共"九大"后，1969年5月3日，邓小平致信汪东兴，询问"九大"开过后，不知是否已到处理他的问题的时候，并表示完全静候党的决定。毛泽东看到了这封信，并批转给林彪和在京政治局委员阅。此后，邓小平的处境有所改善，主要是允许他的子女探望。

当邓小平得知长子邓朴方在北京大学被迫害致残的悲惨遭遇后，致信毛泽东，请求组织上帮助安排邓朴方得到进一步治疗。毛泽东、周恩来对此信作了批示。汪东兴负责联系，让邓朴方住进解放军301医院治疗。

周恩来亲自安排邓小平疏散到江西，后来，他在江西还念叨"我的同行"邓小平。

中共"九大"后，毛泽东分析当时国际形势，得出的结论是：世界大战不可避免，要准备打仗。据此，全国开展大规模的战备工作。1969年10月17日，林彪作出《关于加强战备，防止敌人突然袭击的紧急指示》。18日，解放军总参谋长黄永胜等把这个指示作为"林副主席第一号令"下达,解放军陆、海、空三军进入紧急战备状态。为适应战备需要,中央决定把一些人员从北京疏散到外地。包括一批老同志和所谓的"走资派",邓小平等同志被疏散到江西。

为了安排好邓小平等同志疏散到江西,周恩来亲自进行周密的部署。10月18日,他给江西省革委会办公室打电话,对接电话的省革委会核心小组办公室主任程惠远说:

"中央决定中央的部分首长要到下面去接触接触实际,也适当地参加一些劳动,向群众学习。到江西的有陈云同志,带一个秘书、警卫员和炊事员;还有王震同志夫妇,全家去江西。……他们都是六十多岁的人了,劳动也不行……从北方一下子到南方不太习惯,你们要适当注意关心他们的生活。吃饭当然是他们自己花钱,但房费不要太贵了。第二件事大概汪东兴同志已告诉你们了,邓小平夫妇也到你们那里去。毛主席不是在'九大'说过吗,邓小平的问题和别人不同。他下去是劳动锻炼。当然,这些人也不能当全劳力使,也是六十多岁的人了,身体也不太好,收房费也要照顾一点。黄先(时任江西省革委会副主任——引者注)同志在家,你可先向他汇报一下。这些同志具体到什么地方去,什么时候去,请黄先同志给汪东兴同志打个电话定下来。我最后还要强调一下,这些首长下去,你们要多帮助,要有人照顾他们。你报告程世清(时任江西省革委会主任、省军区第一政委——引者注)同志之后,马上研究出一个具体意见。"

程惠远接到周恩来电话后,立即向程世清汇报。第二天,周恩来接到江西省革委会电话,表示原则同意,但认为安排邓小平去赣州不合适。他说:"那里离南昌市太远,是山区,交通又不方便,条件很差。他已经是六十几岁的老人了,得个病怎么办?我的意见应该把他安排在南昌附近,便于照顾。最好让他们夫妇住一栋两层小楼,楼上他们夫妇住,楼下是工作人员住。当然了,最好是独门独院,还能在院里做些活动,又安全。你把我的意见告诉程世清政委。"

后来,省革委会提出,请北京派人来看看后,商定邓小平的住址。按照周恩来提出的要求,最后确定住址安排在新建县望城岗原福州军区南昌陆军步兵学校校长住的二层小楼,附近还有个新建县拖拉机修造厂,便于适当参加劳动。

邓小平被"疏散"到江西后,周恩来仍挂念在心。1970年8月23日至9月6日,他在庐山出席中共九届二中全会。会上,林彪一伙为抢班夺权,大闹庐山会议。毛泽东写了《我的一点意见》,批判中央文革小组组长陈伯达。会议期间,周恩来十分繁忙,因劳累过度导致心脏病发作。一天,他对身边的保健医生说:"这里(指江西)我有两个熟人呢!一个是你的同行,她叫郑淑云(周恩来的保健护士,当时在卫生部江西'五七干校'——引者注);另一个是我的同行,叫邓小平,现在南昌附近住。一个'郑',一个'邓',两个耳刀嘛!"这时,在周恩来的心目中邓小平仍然是"我的同行",思念之情溢于言表。

毛泽东说邓小平是人民内部矛盾后,周恩来为邓小平复出广造舆论。

"九·一三事件"后,1971年11月5日,邓小平听了中共中央《关于林彪叛国出逃的通知》传达后,他只对家人说了八个字:"林彪不亡,天理难容!"8日,邓小平致信毛泽东,情不自禁地写道:"在传达前,我对林陈反党叛国集团的事一无所知,只是感觉到陈伯达出了问题。对林彪则是非常突然的。所以,在听到林陈集团那些罪该万死的罪恶行动时,感到十分的震惊和愤慨!"信中除了表示坚决拥护中央关于处理林彪反党集团的决定,还汇报了自己两年来在江西的情况,提出:

"我个人没有什么要求,只希望有一天还能为党做点工作,当然是做点技术性质的工作。我身体还好,还可以做几年工作后再退休。"信中还请求毛泽东帮助安排好几个孩子。

毛泽东看到这封信后,对汪东兴说:"小平同志的信上讲了,他的事还要汪东兴管!"毛泽东在信封上批示:"印发政治局。他家务事请汪办一下。"

这封信对于邓小平的政治生命具有重大影响。在政治阅历和经验十分丰富的邓小平看来,林彪集团垮台后,毛泽东必然要重新考虑政治格局和人事安排,无疑这是一个重要的时机。历经五年坎坷折磨的邓小平,当然会抓住这个机遇,争取复出,为党、国家和人民再作工作和贡献。

事情的进展果如邓小平所预料。林彪集团覆灭后,中央形成了新的工作格局:中共中央和国务院方面的工作,由周恩来主持;解放军方面的工作,由叶剑英主持,讨论重大问题时"请总理参加";"文化大革命"方面的工作,由江青集团把持。当时的基本政治格局是:一方是以周恩来、叶剑英等为代表的老一辈革命家主持党、政、军的工作;一方则以江青等为代表的"文化大革命"势力继续捣乱和破坏。这个互相制衡的人事安排,是毛泽东对林彪集团覆灭后反思的结果。一方面,为了保证党、政、军工作得以继续运行,他必须任用一批老一辈革命家和老干部;另一方面,为了保证"文化大革命"理论和实践得以继续坚持,他又必须任用一批"文化大革命"势力。为此,他着手纠正"文化大革命"中的极左思潮和极左行为,特别是开始解放"文化大革命"中被打倒的大批党、政、军领导干部,为他们恢复名誉和恢复工作。

1971年11月14日,周恩来、叶剑英等陪同毛泽东接见参加成都地区座谈会的张国华、梁兴初等同志。毛泽东谈话时为被批判的所谓"二月逆流"平反。他指着叶剑英对大家说:"你们再不要讲他'二月逆流'了。'二月逆流'是什么性质，是他们对付林彪、陈伯达、王（力）、关（锋）、戚（本禹）。"随后，他多次指示，要求纠正对朱德、陈云、罗瑞卿等一批老同志的错误处理。他还多次说："听一面之词，就是不好呢，向同志们做点自我批评。"对被迫害致死的贺龙，他表示："我看，贺龙同志搞错了，我要负责呢！"

在毛泽东的支持下，周恩来抓住机遇，大力推进领导干部的"解放"工作，使一大批被关押、被迫害、被打倒的党、政、军领导干部，获得平反昭雪和恢复领导工作。这时，毛泽东想到邓小平。1972年1月10日，毛泽东突然出席陈毅追悼会，在陈毅遗像前三鞠躬。他对陈毅夫人张茜说："陈毅同志是一个好人，是一个好同志。陈毅同志是立了功的。"他还指着在座的周恩来、叶剑英等同志说："要是林彪的阴谋搞成了，是要把我们这些老人都搞掉的。"在谈话时，毛泽东还提到邓小平，并且把邓小平和时任中共九届中央政治局委员刘伯承并列为刘、邓，说邓小平是人民内部矛盾。

后来，1972年8月1日、2日，周恩来在同回国述职的驻外大使和外事单位负责人谈话时，感慨地说："毛主席参加陈毅同志追悼会，使我们这些老干部，使我们忠于毛主席的人，都很感动。"

毛泽东对邓小平问题的"定性"，是他想起用邓小平的一个重要信号。这正是周恩来所期盼的，期待邓小平早日恢复工作，还期待由此带动一大批领导干部早日恢复工作。为此，他当场示意陈毅的亲属，把毛泽东对邓小平问题的定性传出去，为邓小平早日"解放"和复出广造舆论。

与此同时，周恩来在一些场合也为邓小平的复出下"毛毛雨"。1972年1月24日，他在接见来京出席新疆工作会议的代表时，当着江青、姚文元等人的面，谈了邓小平。他说：在揭批林彪的过程中，一定不能混淆两类不同性质的矛盾。林彪这伙人就是要把邓小平搞成敌我矛盾，这不符合主席的意思，毛主席讲邓还是人民内部矛盾。

这年的4月下旬，邓小平的女儿毛毛送奶奶到天津后，回江西路过北京时，去看王震，受到热情接待。王震郑重地对她说："毛主席说你爸爸是人民内部矛盾。告诉你爸爸，他的问题一定要解决。我要去找周总理，我也要给毛主席、党中央写信。你爸爸应该出来工作。"并要她赶快回江西，把这些告诉她爸爸。

此后，邓小平的处境开始有所好转。1月份，毛泽东说邓小平的问题是人民内部矛盾后，2月份，中央通知恢复邓小平党的组织生活；3月份，邓小平的女儿毛毛、儿子飞飞可以上大学；6月份，邓小平夫妇的工资照发（实际上，在此之前，周恩来已口头指示中共中央办公厅，将邓小平等人和他们的妻子的工资自5月份起照发），邓朴方可来京施行手术治疗。6月27日，周恩来批示："邓和卓琳的工资照发。如邓的大儿子能再施手术，似可来京施手术，此事可问杨德中如何办。"

邓小平致信毛泽东，再次提出要求工作，毛泽东很快批示，对邓小平一生作出肯定评价。

1972年8月1日，邓小平在江西第四次听了关于林彪反党集团阴谋叛乱罪行报告的传达后，立即致信毛泽东。信中表示坚决拥护中央对林彪集团的揭露和批判。在对林彪集团进一步揭发、批判后，对自己的"错误"也作了检查。信中最后提出了工作要求。他写道："我觉得自己身体还好，虽然已经六十八岁了，还可以做些技术性的工作（例如调查研究工作），还可以为党、为人民工作七八年，以补过于万一。我没有别的要求，我静候主席和中央的指示。"毛泽东于8月14日阅看这封信后批示：

"请总理阅后，交汪主任印发中央各同志。邓小平所犯错误是严重的。但应与刘少奇加以区别。（一）他在中央苏区是挨整的，即邓、毛、谢、古（指邓小平、毛泽覃、谢唯俊、古柏。——引者注）四个罪人之一，是所谓毛派的头子。整他的材料见《两条路线》、《六大以来》两书，出面整他的人是张闻天。（二）他没有历史问题，即没有投降过敌人。（三）他协助刘伯承同志打仗是得力的，有战功。除此之外，进城以后，也不是一件好事都没有做的，例如率领代表团到莫斯科谈判，他没有屈服于苏修。这些事我过去讲过多次，现在再说一遍。"

在批示中，毛泽东肯定了邓小平的历史功绩后，还加写"这些事我过去讲过多次，现在再说一遍"。这就是说，在邓小平被"打倒"后，毛泽东对他早就形成了这种评价。然而，在批示中，毛泽东没有直接提出重新起用邓小平的意见。

第二天，即8月15日，周恩来遵照毛泽东的指示，批告汪东兴"立即照办"。当晚，他主持中共中央政治局会议，传达毛泽东对邓小平信的批示内容。

这时，毛泽东是想要重新起用邓小平的，但鉴于种种因素，他还在观察和思考适当的时机。一是，在"文化大革命"中，号称邓小平是所谓"党内第二号最大的走资派"，是被打倒的对象，如今要起用他，实际是对"文化大革命"实践的一大否定，影响是重大和深远的。二是，林彪集团覆灭后，江青一伙的势力有所加强，对于邓小平等老一辈革命家和老干部的复出，他们是坚决阻挠和反对的，而毛泽东要执意把"文化大革命"进行到底，还需要依靠和利用江青一伙。三是，林彪集团倒台后，周恩来领导批判极左思潮的斗争向纵深发展，实际上是在纠正"文化大革命"错误，遭到江青一伙的拼命反抗，毛泽东也不能容忍，而邓小平复出，必将对这场批极左思潮的斗争产生有利的巨大影响。由于上述种种因素的综合作用，致使邓小平复出问题被搁置了4个多月。

周恩来机智地促成毛泽东决定邓小平复出，并为中共中央起草《关于邓小平同志任职的通知》。

周恩来倡导批判极左思潮的斗争受挫后，各地在实际工作中仍然继续肃清极左思潮的流毒，特别是抓紧落实党的干部政策，解除了一大批在"文化大革命"中受迫害的老一辈革命家和老干部的审查和监禁，并且恢复工作。在周恩来的多方努力下，在"文化大革命"中遭受迫害的朱德、陈云、李富春、徐向前、聂荣臻、谭震林、乌兰夫、李井泉、王稼祥、廖承志、廖志高、曾希圣、叶飞等，或恢复职务，或住院治疗，或在公开场合露面。周恩来说："落实干部政策，上头的'解放'了，政策就明确了；'标杆'有了，下边就会跟着落实。难度大的，先从容易的入手；容易的解决了，难的也就容易了。"这时，在周恩来看来，如果邓小平复出工作，就为"解放"老干部树起了最大的"标杆"。

为此，遵照毛泽东的意见，1972年12月18日，周恩来写了一封信给纪登奎、汪东兴，特意说毛泽东曾几次提过邓小平要求工作的事。信中先说了毛泽东批准谭震林回北京治病的问题。信中写道："昨晚主席面示，谭震林同志虽有一时错误（现在看来，当时大闹怀仁堂是林彪故意造成打倒一批老同志的局势所激成的），但还是好同志，应该让他回来。"当时，谭震林"疏散"在桂林，摔伤了骨头，周恩来曾请韦国清注意安排他的治疗。周恩来致信纪登奎、汪东兴，是请他们商办谭震林回京继续治疗骨伤。同时，信中特别提出："邓小平同志一家曾要求做点工作，请你们也考虑一下。"他还强调："主席曾提过几次。"

12月27日，纪登奎、汪东兴致信周恩来，就安排谭震林、邓小平重新工作问题提出：将谭震林同志调北京安排工作。邓小平同志仍任副总理，分配适当工作。周恩来阅信后批示："谭事可先办。邓事待请示主席后定。"

在周恩来建议后，毛泽东终于下决心起用邓小平，同意恢复邓小平的国务院副总理职务。1973年2月，邓小平接到中央要他近期返回北京的通知。同时，周恩来让汪东兴为邓小平安排好回京后的住所，并要他通知在京中央政治局委员，开会讨论中共中央关于邓小平复职问题的决定稿。2月下旬至3月初，周恩来连续主持中共中央政治局会议，讨论邓小平的复职问题。尽管会上江青一伙百般阻挠，最终还是正义战胜了邪恶。

3月9日，周恩来将中共中央《关于恢复邓小平同志党的组织生活和国务院副总理的职务的决定（送审稿）》报送毛泽东审定，并附信汇报中央政治局几次讨论恢复邓小平党的组织生活和国务院副总理职务的情况。信中提出："为在全国树立这样一位高级标兵，政治局会议认为需要中央作出一个决定，一直发到县、团级党委，以便各级党委向党内外群众解释。"信中并告：现在小平同志已回北京。毛泽东批示"同意"后，周恩来立即告汪东兴，将中共中央关于邓小平复职的文件和附件送邓小平本人阅，并征求对有关内容的意见。第二天，中共中央发出《关于恢复邓小平同志党的组织生活和国务院副总理的职务的决定》（以下简称《决定》）。

这时，周恩来已重病缠身。就在这个《决定》发出的当天，他不得不主持中共中央政治局会议。根据毛泽东的意见，他在会上介绍了自己病情发展情况，为防止进一步恶化，提出检查治疗的具体方案，并正式向中央政治局请病假两周。会上，他还对他在病假期间的党、政、军方面的工作作了妥善安排。第二天，他将会议议定的事项报告毛泽东。毛泽东批示"同意"。

3月10日至24日，周恩来由邓颖超陪伴，在玉泉山做全面检查治疗。在此期间，他委托邓颖超先后前去看望李富春和蔡畅、邓小平和卓琳,以及在301医院住院的刘伯承,告知他们自己的病情和治疗情况。24日,病情渐趋稳定,便回中南海西花厅工作。

随后,周恩来遵照毛泽东的意见,对邓小平复出后的工作进行具体安排。3月28日,周恩来、李先念等约见邓小平。这是邓小平复职后第一次正式的工作谈话。

29日,周恩来致信毛泽东:"他的精神、身体都好。二十九、三十两日下午和晚上,等候主席通知到主席处开政治局会,到时当约小平同志同来见主席。"当天下午,在周恩来陪同下,毛泽东会见邓小平。握手时,毛泽东对邓小平说:"努力工作,保护身体。"这是邓小平从1967年5月之后第一次见到毛泽东。当晚,邓小平参加周恩来主持召开的中共中央政治局会议。会上,根据毛泽东提议,会议当场议定:邓小平"正式参加国务院业务组工作,并以国务院副总理身份参加对外活动;有关重要政策问题,小平同志列席政治局会议参加讨论。"4月1日,周恩来召集中央国家机关各部委负责人开会,宣布中央政治局关于邓小平复出任职的决定并讲话。他说:"今天这个会是毛主席催促要开的,再不传达就失职了。"

4月12日晚,周恩来在人民大会堂主持盛大宴会,热烈欢迎西哈努克亲王和夫人一行。在6年前被打倒的邓小平以国务院副总理身份出席晚宴,特别引人注目,中外来宾都深感惊讶。对于邓小平重新出现在中国政治舞台上,引起了巨大轰动,成为海外媒体关注和评论的"热点",许多国家的新闻记者直奔邮电局,向全世界传播这件重大新闻:"邓小平复出了!"

后来,邓小平在回顾"文化大革命"磨难经历时说:"林彪、'四人帮'总是想把我整死,应该说,毛主席保护了我。""我是乐观主义者,相信问题总有一天会得到解决。""我长期在毛主席领导下工作,就我个人内心来说,对毛主席抱有希望。我相信毛主席了解我。事实证明，一九七三年他又把我接回来了，并很快委托我非常重要的任务。"

邓小平复出后，任重道远。首先是恢复他的国务院副总理的工作，而当时的国务院组成人员中，有8位副总理被打倒，有3位被批判，有3位已去世了，秘书长也被打倒。只有周恩来和李先念还在操持国务院工作，而且周恩来已被绝症缠身，暂告病假。因此，国务院的工作，特别是经济工作，就落在邓小平和李先念肩上了。

为准备召开中共"十大"，1973年5月20日至31日，召开中共中央工作会议。会议决定提前召开中共"十大"。邓小平作为国务院副总理参加了这次会议。周恩来于5月20日主持这次工作会议第一次全体会议，在宣布会议的三项议程后，他强调指出：今年三月党中央关于恢复邓小平党的组织生活和国务院副总理职务的文件，是一个代表性的文件，绝大多数同志都是满意的。小平同志今天出席的会议，同样情况的还有其他一些人也出席了会议。

周恩来的这句话是寓意深长和用心良苦的。这就是说，期望在"文化大革命"中被批判、被打倒的老一辈革命家和老干部，能够在中共"十大"复职。

1973年8月24日至28日，中共"十大"在北京召开。大会选出了中央委员会，有些被打倒的老一辈革命家和老干部进入了新的中央委员会，也有几位老一辈革命家进入了中央政治局、中央政治局常委会。但是，当时邓小平只当选中央委员。

中共"十大"使江青集团的实力大大增强，形成了"四人帮"。在中央内部出现了以周恩来等同志为代表的健康势力，和以江青等人为代表的"文化大革命"势力两大营垒。

"十大"后，经与周恩来商议，时任中共中央军委副主席的叶剑英向毛泽东提议：让邓小平在军内兼职，并参加政治局的工作。毛泽东表示可以考虑。经过几个月的观察和思考，而且这时因外交部《新情况》

和同基辛格会谈两件事批评周恩来的风波也已过去，于是，毛泽东下决心在更高层次上重用邓小平。

12月12日至22日，毛泽东连续主持召开中共中央政治局会议。会上，他表示赞成叶剑英的意见，"全国各个大军区的司令员互相调动"，并提议邓小平担任中共中央军委委员和中央政治局委员。12日，毛泽东在会上说："我和剑英同志请邓小平参加军委，当委员。""是不是当政治局委员，以后开二中全会追认。"在14日的会上，毛泽东说："现在，请了一个军师，叫邓小平。发个通知，当政治局委员、军委委员。政治局是管全部的，党政军民学、东西南北中。我想政治局添一个秘书长吧，你（指邓小平——引者注）不要这个名义，那就当个参谋长吧。"12月15日，毛泽东和中央政治局委员及各大军区司令员谈话。他说：

"我们现在请了一位参谋长（指邓小平——引者注）。他呢，有些人怕他，但是办事比较果断。他一生大概是三七开。你们的老上司，我请回来了，政治局请回来了，不是我一个人请回来的。"

"你（指邓小平——引者注）呢，人家有点怕你。我送你两句话：柔中寓刚，绵里藏针。外面和气一点，内部是钢铁公司。"

12月21日，毛泽东在同参加中央军委会议的人员谈话。他说："朱老总是'红司令'。""我看贺龙同志搞错了。我要负责呢。""要翻案呢，不然少了贺龙不好呢。杨、余、傅（指杨成武、余立金、傅崇碧，1968年3月被林彪、江青一伙诬陷打倒——引者注）也要翻案呢，都是林彪搞的。我是听了林彪一面之词，所以我犯了错误。小平讲，在上海的时候，对罗瑞卿搞突然袭击，他不满意。我赞成他。也是听了林彪的话，整了罗瑞卿呢。"

12月22日，周恩来为中共中央起草了关于邓小平任职的通知，并注明此通知可下达到党内外群众。通知全文是：

"各省、市、自治区党委，各大军区、省军区、各野战军党委，军委各总部、各军、兵种党委，中央、国家机关各部、委领导小组或党的核心小组：

"遵照毛主席的提议，中央决定：邓小平同志为中央政治局委员，参加中央领导工作，待十届二中全会开会时请予追认；邓小平同志为中央军事委员会委员，参加军委领导工作。"

至此，邓小平已集党、政、军三要职于一身，开始全面参与党、政、军的重大决策，并主持日常工作。在"文化大革命"中已苦撑危局整整8年的周恩来，这时病情日益沉重，终于如释重负地松了一口气。同时，毛泽东下决心赋予邓小平更大的职权，对他抱有厚望，期望在周恩来不能承担工作时，由他接替，以维系党、政、军工作运转。

邓小平复职后，江青一伙掀起"批林批孔"运动，并反对邓小平率团出席特别联大会议，受到毛泽东严厉批评。

江青一伙对邓小平复职和一批老同志复出重新掌权，是很不心甘情愿的。为此，她（他）们满怀复仇心理，借"批林批孔"运动，把攻击矛头直指周恩来等。"批林批孔"是假，批"周公"是真。1974年1月24日、25日，江青一伙未经毛泽东和中共中央批准，擅自召开两次万人"批林批孔"大会，对周恩来、叶剑英等同志发动突然袭击。

在江青策划下，迟群、谢静宜在会上借介绍《林彪与孔孟之道（材料之一）》的炮制过程，放肆发表煽动讲话，大叫大嚷"修正主义仍然是当前的主要危险"，"批林批孔"要联系批"走后门"。

会后，江青还以个人名义，给一些军队和国务院下属单位写信、送材料，制造"倒周"舆论。江青还通过她的爪牙组成梁效的写作班子，撰写《孔丘其人》等文章，肆意攻击周恩来。江青还一再叫嚷："现在党内有很大的儒。""批林批孔,重点要批'现代的儒'。"矛头直指周恩来。

在江青一伙猖狂反扑的形势下,周恩来、叶剑英等老一辈革命家同江青等"文化大革命"邪恶势力展开一场短兵相接的斗争。在"一·二五"大会上,江青点名批判郭沫若,并让他当众站起来。当晚,周恩来派人前去看望郭沫若,并传达4点指示,强调"郭老已是八十岁高龄,要保护好郭老,保证他的安全"。

1月27日,在接见中央读书班和记者学习班的代表时,周恩来力求限定批林批孔的性质和做法,以遏制江青一伙借此整人。他强调:批孔是挖"四旧"(旧思想、旧文化、旧风俗、旧习惯)的社会根子。他还指出:批林批孔是一场长期、尖锐、激烈的意识形态领域的斗争,故必须进行试点。

1月31日,周恩来主持召开中共中央政治局会议,讨论批林批孔问题。他提出"应早一点规定一些政策界限",报经毛泽东批准后,"下达全国试行"。会议决定:各野战军、军委、各军区的作战、机要、通讯、情报、运输、供给等部门不搞"四大";党政机关的学习,"初期可定半天,其他时间仍搞业务";学校、工厂、农村都不放假搞运动;等等。

"一·二五"大会后,叶剑英将迟群、谢静宜在会上的讲话记录稿送毛泽东。1月30日,叶剑英还就江青在中央政治局会议上联系实际"批林批孔"点名批评自己一事,致信中共中央和毛泽东。2月15日,毛泽东复信叶剑英:

"此事甚大,从支部到北京牵涉几百万人。开后门来的也有好人,从前门来的也有坏人。现在,形而上学猖獗,片面性。批林批孔,又夹着走后门,有可能冲淡批林批孔。小谢(指谢静宜——引者注)、迟群讲话有缺点,不宜向下发。我的意见如此。"

根据毛泽东的意见，扣发江青等准备在全国播放的"一·二五"大会讲话录音带，并由周恩来将这封信印发在京的中共中央委员和候补中央委员。江青看到后，竟责问周恩来："为什么要印发？为什么（事先）不给我看呢？"周恩来回答："是主席叫我印发的。"江青看过毛泽东的批件，才悻悻然哑口无言。

2月16日下午，周恩来还找迟群、谢静宜谈话，明确告诉他们，毛主席讲的"形而上学猖獗"，是批评江青的。随后，周恩来主持中共中央政治局会议，传达、讨论毛泽东复叶剑英的信。18日，江青不得不写信向毛泽东检讨："我做蠢事，对不起主席！""今后努力学习，克服形而上学，片面性。"20日，中共中央发出通知，提出对"走后门"问题应作调查研究，确定政策，放到运动后期妥善处理。

随后，江青多次提出要见毛泽东。3月20日，毛泽东致信江青："不见还好些。过去多年同你谈的，你有好些不执行，多见何益？有马列书在，有我的书在，你就是不研究。我重病在身，八十一了，也不体谅。你有特权，我死了，看你怎么办？你也是个大事不讨论，小事天天送的人。请你考虑。"

对毛泽东的批评，江青表面上不得不检讨认错，但内心更加仇恨周恩来。一计未成，又生一计。江青恣意反对邓小平担任出席联合国第六届特别会议中国代表团团长。3月中旬，在酝酿出席会议的中国代表团团长人选时，最初设想，从外事部门选一位部长率团出席。周恩来提议，这事要先听听毛泽东的意见。

3月20日，毛泽东提议邓小平任中国代表团团长，并通过王海容转告周恩来：由邓小平担任团长好，但暂不要讲是我的意见，先由外交部写请示报告。22日，外交部向周恩来送上《关于参加特别联大的请示报告》，建议邓小平任代表团团长，乔冠华、黄华任副团长。24日，周恩来在外交部报告上批示："同意这一方案，并送毛主席及在京政治局成员传阅。"

但是，江青看了外交部报告后，反对邓小平担任代表团团长。24日晚，她找王海容等人，要他们收回外交部报告，重新考虑代表团团长人选。

3月25日，毛泽东托人转告周恩来："邓小平出席联大，是我的意见，如政治局同志都不同意，那就算了。"周恩来当即表示："完全同意毛主席的意见。"他还将毛泽东的意见转告中央政治局委员，特别要在场的王洪文向江青、张春桥、姚文元传达。

然而，江青却置若罔闻，当晚还连续几次给王海容打电话，再次逼迫外交部撤回报告。遭到拒绝后，她竟破口大骂。

26日，在周恩来主持的中共中央政治局会议上，除江青继续无理取闹，声称要"保留意见"外，其他与会政治局委员一致同意由邓小平率团出席联大特别会议。随即，周恩来请王海容、唐闻生将会议情况报告毛泽东。27日，毛泽东得知后致信江青："邓小平同志出国是我的意见，你不要反对为好。"当晚，江青被迫表示同意邓小平率团参加特别联大。

随后，周恩来致信毛泽东："大家一致拥护主席关于小平同志出国参加特别联大的决定。小平同志已于二十七日起减少国内工作，开始准备出国工作。""小平等同志出国安全，已从各方面加强布置。四月六日代表团离京时，准备举行盛大欢送，以壮行色。"

3月27日、28日，周恩来召集外交部、民航局有关负责同志开会，研究邓小平率团出席联大送迎礼仪和安全等问题。他说：邓小平同志代表中华人民共和国出席联合国大会，我们要为他圆满完成任务打通道路，增添光彩。

3月31日，在邓小平主持下，制定中国代表团出席联大特别会议的方针、对策和讲话等文件。紧接着，周恩来协助邓小平准备在联大特别会议上的发言稿。4月2日、3日,周恩来主持中共中央政治局会议,讨论修改这篇发言稿,研究中国代表团在出席会议期间的具体工作方针等。江青、张春桥、姚文元借口"有病"不参加会议。

4月4日,周恩来与邓小平致信毛泽东,汇报发言稿讨论、修改情况。当天,毛泽东批示:"好,赞同。"毛泽东还约请周恩来、邓小平、乔冠华等见面,提出出席联合国大会的要求。5日,周恩来致信邓小平、乔冠华:告知外交部将毛泽东批示件影印若干份,送中央政治局成员传阅后归档。

4月6日,邓小平率团离京赴纽约出席联合国大会第六届特别会议,周恩来抱病前往机场,同数千名群众欢送邓小平一行。10日,邓小平在联大会议上发言,阐述毛泽东提出的"三个世界"的理论以及中国的对外政策,获得第三世界国家的强烈反响和热烈欢迎。有的媒体评论说:这个站在联合国讲台上的小个子的中国人,是"中国最有影响的人物之一",不仅代表着新中国的形象,还是"周恩来总理的亲密同事"和"最好的代理人"。

4月19日,周恩来致信毛泽东:"小平同志率代表团今日下午五时半到京,欢迎场面同欢送一样。"下午,周恩来抱病前往机场,以隆重仪式欢迎邓小平凯旋。邓小平这次联合国之行,奠定了他是国际政治活动家的基础。

鉴于周恩来的病情严重,毛泽东提议邓小平出任国务院第一副总理,周恩来得知后,非常高兴。

在邓小平复出的这一年中,他接替了周恩来的大部分国务院日常工作和外事工作,并同江青一伙进行了坚韧不拔的斗争。这时,周恩来的病情更加沉重。1974年5月27日,邓颖超陪同邓小平等同志,和医疗组一起商讨周恩来的治疗方案。6月1日，按照医疗组安排，周恩来告别了居住25年的中南海西花厅，住进了解放军305医院，度过了他生命中最后的一年零六个月。

周恩来病重住院，知情的同志心情沉痛。据张玉凤在《毛泽东、周恩来晚年二、三事》一文中回忆：毛泽东看完医疗组关于周恩来病情的报告后，"主席的心情是那样的沉重，这种沉重的心情反映在他平时很少出现过的异样严肃的脸上和紧皱着的眉头上。"他嘱咐这件事要保密。对于怎样治疗，毛泽东也很关心。据著名泌尿科专家吴阶平2003年5月28日回忆：毛泽东说："开刀容易扩散，有危险，是否可通过中医的方法，用中药来控制病情。"毛泽东还解释："你们外科医生动不动就开刀，开一个死一个，陈老总不是开刀死了吗？谢富治不是也开刀死了吗？"周恩来住院治疗期间，毛泽东一直关注周恩来的病情，甚至能记住周恩来每天失血的数字和施行手术的次数等细节。

但是，江青一伙则欣喜若狂，并加紧对周恩来攻击、诬蔑。6月14日，江青叫嚷：现在党内"有很大的儒"，重点要批"现代的儒"。6月23日，江青到天津小靳庄活动，影射攻击周恩来。

对江青这种嚣张气焰，毛泽东很恼火。7月17日他在主持召开的中共中央政治局会议上，严厉批评江青、张春桥、姚文元、王洪文从"批林批孔"以来所进行的一系列帮派活动。他说：

"江青同志，你要注意呢！别人对你有意见，又不好当面对你讲，你也不知道。不要设两个工厂、一个叫钢铁工厂，一个叫帽子工厂，动不动就给人戴大帽子，不好呢，要注意呢！你那两个工厂不要了吧。""你也是难改呢。"（对着与会者说）"她并不代表我，她代表她自己。对她也要一分为二，一部分是好的，一部分不好呢。（对着张春桥、姚文元、王洪文说）总而言之，她代表她自己。她算上海帮呢！你们要注意呢，不要搞成四人小宗派呢！"

应该说：毛泽东这次对江青一伙的批评是够严厉的，第一次提出了"上海帮""四人小宗派"。但是，江青一伙仍不收敛，反而变本加厉。

鉴于周恩来的病情日益严重，10月4日，在武汉的毛泽东让秘书打电话告诉王洪文，并要他转告周恩来：由邓小平出任国务院第一副总理。毛泽东这个安排是用心良苦的，他是在考虑一旦周恩来去世，就让邓小平接周恩来的班。

对于毛泽东一再给邓小平委以重任，江青一伙一直怀恨在心。王洪文接到电话后，没有按照毛泽东的意见立即转告周恩来，反而首先告诉江青等人，拖了两天后才告诉周恩来和其他中央政治局成员。

10月6日，周恩来得知毛泽东这个决定后，非常高兴，立即约请邓小平谈话。周恩来千方百计力促邓小平复出任职的最大愿望，就是要把自己未竟的事业托付给邓小平，以免大权旁落江青一伙人手中。

开展"组阁"斗争 避免大权旁落

——为四届人大"组阁"而作最后斗争

为防止党、政、军大权旁落于"四人帮"之手,周恩来不顾绝症缠身,义无反顾地为四届人大"组阁"而作最后的斗争。

"四人帮"策划"组阁"夺权,毛泽东一锤定音:"总理还是我们的总理",并再次提议邓小平任第一副总理。

时至1974年底,"文化大革命"已经持续8年多了,毛泽东已有81岁高龄,健康状况每况愈下。为使他执意坚持的"文化大革命"理论和实践有个圆满结局,他提出"现在,以安定为好。全党全军要团结。"为此,他还再次提出召开几经推迟的四届人大会议,完成国家政府机构重建及其人事安排。这年的9月4日,毛泽东问邓小平:四届人大"今年能开吗?"邓小平说:"主要是人事问题。"

江青一伙为策划"组阁"夺权,1974年10月6日晚,她径直到医院找周恩来谈话,提出她对四届人大人事安排的意见,主要是谈军队总参谋长的人选。江青本想套取周恩来同意,纠缠了两个多小时,但周恩来始终没有表态。回到住地,她向王洪文声明,要"保留提名观点"。

未达目的,江青等人又处心积虑制造事端。1974年10月14日,江青从新华社《国内动态清样》上看到有关国产"风庆"轮的报道，批判"造船不如买船，买船不如租船"的所谓"洋奴哲学"。江青借题发挥，写了一段批语："国务院是无产阶级专政的国家机关，但是交通部确有少数崇洋媚外、买办资产阶级思想的人专了我们的政。""这样的洋奴思想、爬行哲学，不向它斗争可以吗？"她还胁迫说："政治局对这个问题应该有个表态，而且应该采取必要的措施。"王洪文、张春桥、姚文元、康生表示："完全同意"江青的批语，并要求借"风庆轮事件"，进一步"批判修正主义路线"。他们居心叵测，攻击的矛头直指周恩来、邓小平等国务院领导人，妄图乘机"组阁"夺权。

事实正是这样。10月17日晚，江青为"风庆轮事件"大闹中央政治局会议，强迫与会政治局委员当场表态。江青狂妄地责问邓小平："你对这个问题是什么态度？！"邓小平据实回答："我已经圈阅了。对这个材料还要调查一下。"江青进一步追问："你对批判'洋奴哲学'是什么态度？！"邓小平怒斥江青："政治局开会讨论问题，要平等嘛，不能用这样的态度对人呀！这样政治局还能合作？！强加于人，一定要写出赞成你的意见！"邓小平这番义正词严的批驳，江青理屈词穷，恼羞成怒，公然在中央政治局会议上撒泼，大叫大嚷，肆意谩骂。张春桥、姚文元紧跟江青一起攻击邓小平。邓小平愤然站起来说："问题还没有了解清楚，就戴了这么大的帽子，这会怎么开？！"说罢，邓小平毅然退场。

恶人先告状。会后当晚，江青一伙紧急密谋，直到深夜，决定派王洪文去长沙向毛泽东告状，妄图阻挠邓小平出任国务院第一副总理。

第二天，10月18日清晨，王洪文致信毛泽东："最近在筹备召开四届人大的工作中和其他工作中碰到了些问题。首先是在筹备四届人大在人事安排上政治局内部有争论，这些争论也未公开化，但在别的问题上已经表现出来，矛盾已经表面化。""我们几个同志商量，是否能当面向主席汇报,听主席的指示。因为书面一时谈不清楚。来时由我一人来,以免惊动别人。"

当天上午,王洪文背着中央政治局其他成员,去长沙状告周恩来、邓小平。当着毛泽东的面,他编造说:"北京现在大有庐山会议的味道。""我这次来湖南,没有告诉政治局其他人,也没有告诉总理。我们四个人(指王、张、江、姚——引者注)开了一夜会,商定派我来汇报。趁总理休息的时候就走。我是冒着危险来的。""在政治局会议上,为了这件事(指"风庆轮事件"——引者注),江青同邓小平同志发生了争吵,吵得很厉害。""邓有那样大的情绪,是与最近在酝酿总参谋长人选一事有关。"他还诬告周恩来:"总理现在虽然有病,住在医院,但是活动频繁,昼夜忙着找人谈话,一直到深夜。几乎每天都有人到医院去他那里,经常去看总理的有邓小平、叶剑英、李先念等。""他们这些人在这时候来往这样频繁,这是同四届人大的人事安排有关的。"王洪文还借机逐一吹捧江青、张春桥、姚文元。

后来,在审判王洪文时,他供认:这次去长沙告状,"目的就是在毛主席面前搞臭邓小平同志,使他不能工作,当然更不想让他当第一副总理了"。

毛泽东听完王洪文长篇告状后,严厉批评说:"有意见当面谈,这么搞不好。要跟小平同志搞好团结。小平同志政治上强,会打仗呢。""你回去,要多找总理和剑英同志谈,不要跟江青搞在一起,你要注意她。"自讨没趣的王洪文,当晚便悻悻然返回北京。

10月19日,周恩来在305医院先后找华国锋、纪登奎、李先念和邓小平谈话,了解17日中央政治局会议关于"风庆轮事件"讨论情况。当天,周恩来对王海容、唐闻生说:经过了解,事情并不像江青等人说的那样,而是江青他们四人事先就计划要整小平同志。他们已经多次这样搞过小平同志,小平同志已经忍了很久了。

20日,邓小平陪同丹麦首相保罗·哈特林飞长沙会见毛泽东。会见后,王海容、唐闻生根据周恩来的意见,将17日中央政治局会议情况向毛泽东作了汇报。

听后,毛泽东很生气。他说:"'风庆轮'的问题本来是一件小事,而且先念等同志已经在解决,但是江青还这么闹。"毛泽东要她们回京后转告周恩来和王洪文:"总理(指周恩来——引者注)还是我们的总理。如果他身体可以,由他和洪文同志一起跟各方面商量,提出一个人事安排的名单。"毛泽东建议:"邓做第一副总理兼总长,这是叶的意见,我赞成照他的意见办。"毛泽东说:"王洪文来的时候没有这样明确,再明确一下。委员长一、二(把手)再考虑。总之,方针要团结,要安定。"他还说到,王洪文、张春桥、姚文元三人不要跟在江青后批东西。

毛泽东的批评和建议,进一步表明将国务院总理、第一副总理和总参谋长的职务,分别由周恩来、邓小平担任。使江青一伙"组阁"的图谋受挫。后来纪登奎回忆说:"毛主席的批评,王洪文始终没有向政治局传达。""总理对我说:告状没告下来,给了三个职务。"

王海容、唐闻生回北京后,10月22日,向周恩来传达毛泽东在长沙对她们谈话的内容。周恩来听后,按照毛泽东的意见,加紧四届人大的筹备工作。连日来,先后同叶剑英、李先念、王洪文等谈话。11月1日至3日,他在医院分三批约在京中央政治局委员开会,传达毛泽东的指示,解决"风庆轮事件"。11月6日,周恩来致信毛泽东,汇报四届人大筹备进展情况。信中提出:

"代表名单,宪法草案和报告,政府工作报告,均可在十一月搞出。""人事名单估计十一月下旬可搞出几个比较满意的人选。""我积极支持主席提议的小平为第一副总理,还兼总参谋长。""我的身体情况比七月十七日见主席时好多了,只是弱了些,如果十二月能开人大,定能吃得消。""我最希望主席健康日好。这一过渡时期,只有主席健在,才能领导好。"

当天,毛泽东对周恩来的信批示:"已阅。同意。"

11月10日,周恩来同准备陪也门总统委员会主席萨勒姆·鲁巴伊·阿里去长沙会见毛泽东的邓小平谈话。12日,毛泽东会见鲁巴伊后,邓小平向他汇报了10月17日中央政治局会议就"风庆轮事件"争论的情况。他认为,中央政治局内的生活不正常,并讲了他同江青争论的情况。毛泽东听后表示赞成邓小平的意见和做法。他对邓小平说:"你开了一个'钢铁公司'。"邓小平说:"主席也知道了。"毛泽东说:"好!"邓小平说:"我实在忍不住了,不止一次了。"毛泽东说:"我赞成你!"邓小平说:"她在政治局搞了七八次了。"毛泽东说:"(江青)强加于人哪,我也是不高兴的!"邓小平说:"我主要是感觉政治局的生活不正常。最后我到她那里去讲了一下,'钢铁公司'对'钢铁公司'。"毛泽东赞赏说:"这个好。"邓小平恳切地说:"最近关于我的工作的决定,主席已经讲了,不应再提什么意见了,但是看来责任是太重了一点。"毛泽东说:"没办法呢,只好担起来啰!"

邓小平回到北京后,向周恩来通报了毛泽东同他谈话的情况。

江青为图谋"组阁"夺权,多次致信毛泽东,毛泽东批评说:"不要由你组阁(当后台老板)。""江青有野心。"

尽管毛泽东批驳了江青一伙制造"风庆轮事件"和"组阁"的企图,但是她(他)们不思悔改,仍然我行我素,继续策划"组阁"夺权。11月12日,江青致信毛泽东,提名谢静宜任全国人大常委会副委员长,迟群任教育部长,毛远新、迟群、谢静宜等列席政治局会议。当天,毛泽东在复信中强调:"不要多露面,不要批文件,不要由你组阁

（当后台老板）。你积怨甚多，要团结多数。至嘱。""人贵有自知之明。又及。"

11月19日，江青以"检讨"为名，致信毛泽东，说自己"自九大以后，我基本上是闲人，没有分给我什么工作，目前更甚。"毛泽东看了江青这种伸手要官的来信，20日在信上批示："你的职务就是研究国内外动态，这已经是大任务了。此事我对你说过多次，不要说没有工作。至嘱。"

但是，江青对毛泽东的批评，仍然置若罔闻。在毛泽东劝诫后，江青又要王海容、唐闻生转告毛泽东：要让王洪文当人大常委会副委员长，排在朱德、董必武之后。毛泽东听后说："江青有野心。她是想叫王洪文当委员长，她自己做党的主席。"毛泽东让王、唐转告周恩来："全国人大常委会，朱德、董必武之后要安排宋庆龄。邓小平、张春桥、李先念等任国务院副总理。其他人事由周恩来主持安排。"

随后，根据毛泽东、周恩来的意见，邓小平主持起草周恩来在四届人大上作的《政府工作报告》。从11月下旬起，邓小平组织班子，抓紧起草工作。邓小平建议，并报毛泽东同意，决定把《政府工作报告》限定在5000字以内。邓小平亲自草拟了三段，每段一千多字，讲的都是实际内容。后来，邓小平回忆说："总理的讲话是我亲自起草的，不能超过五千字。总理身体那么差，写多了他也念不下去。那个时候，我经常去见总理。"

与此同时，周恩来也抱病抓紧四届人大的筹备工作。12月14日，他审阅出席四届人大会议的各类代表名额的分配方案后，致信王洪文和中共中央政治局，提议在现有名单的基础上，再增加老干部、外事和体育等方面的名额，并提交中央政治局批准。12月18日，他同邓小平谈话。当晚，中共中央政治局会议讨论邓小平主持起草的四届人大《政府工作报告》稿。12月20日，周恩来审阅经中共中央政治局会议讨论修改的四届人大《政府工作报告》后，致信王洪文、邓小平，表示"我基本同意"。

围绕着四届人大人事安排的问题，周恩来等同江青一伙展开了针锋相对的斗争。12月21日，周恩来主持召开在京中央政治局委员会议，讨论四届人大人事安排。会上，江青、张春桥等人极力要将他们一伙的亲信安排在文化、教育、体育等部门。会后，周恩来同李先念、纪登奎商议，认为教育部以周荣鑫掌管为宜，文化部、体委可做些让步。当天，根据会议讨论情况，周恩来草拟四届人大常委会委员长、副委员长和国务院副总理名单的第一、第二方案，并送叶剑英、邓小平、江青、张春桥等阅。审阅后，周恩来在第一方案中增加陈云、韦国清为副委员长。第二天，他又主持召开部分在京中央政治局委员会议，讨论昨天所拟定的两个方案名单。经会议讨论，又拟出了两项名单的第三方案。会后，他同王洪文联名将四届人大常委会委员长、副委员长和国务院副总理名单的三个方案报送毛泽东审阅。

"既然把我推上历史舞台，我就得完成历史任务"，周恩来抱病飞赴长沙，和毛泽东共同作出"长沙决策"。

为了向毛泽东汇报四届人大筹备工作情况，周恩来不顾自己病情严重，毅然决定12月23日飞赴长沙。行前，医务人员发现周恩来便中有潜血，需要立即检查治疗，劝阻他远行。但是，周恩来对医生说："既然把我推上历史舞台，我就得完成历史任务。"叶剑英再三嘱咐随行医务人员，要想尽一切办法，无论如何也要保证周恩来安全回来。

飞抵长沙后，毛泽东于12月23日至27日听取汇报的过程中，多次同周恩来、王洪文谈话。综合这些谈话的要点是：（一）第一次明确提出"四人帮"这个概念，并且严厉批评。毛泽东对王洪文说：

"'四人帮'不要搞了,中央就这么多人,要团结。""不要搞宗派,搞宗派要摔跤的"。"江青有野心。你们看有没有?我看是有。我比你们了解她,几十年。""自己也在做江青同志的工作,劝她三不要:一不要乱批东西,二不要出风头,三不要参加政府(组阁)。"毛泽东对江青等人以"第十一次路线错误"攻击周恩来,以及借"批林批孔"大批"走后门"的做法,表示不满,"说批林批孔是第二次文化大革命,是不对的。"他提出,江青应该作自我批评,王洪文要写出书面检查。(二)高度评价邓小平,并委以重任。毛泽东称赞他"政治思想强","人才难得"。毛泽东再次提议,由邓小平出任国务院第一副总理、中央军委副主席兼总参谋长。他采纳周恩来的建议,在四届人大召开前的中共十届二中全会上补选邓小平为中央政治局常委、副主席。(三)毛泽东重申:"总理还是我们的总理"。在了解周恩来的病情后,他关切地说:"你身体不好,人大开过后,你可安心养病,国务院的工作让邓小平去顶。"(四)对四届人大其他人事安排,毛泽东对四届人大常委会委员长、副委员长和国务院副总理、各部部长的人选,提了一些具体意见。在谈到副委员长人选时,他提到邓颖超,经周恩来解释后,他才没再提。他还嘱咐"问候郭老(指郭沫若——引者注)。"他还提议,由张春桥兼任解放军总政治部主任。

在解决四届人大的人事安排问题后。12月26日晚上,毛泽东避开王洪文,约周恩来作了一次单独长谈。谈话的详细内容已无法知道,现只知道主要内容有两个方面:一是,毛泽东谈了"理论问题"。他说:"列宁为什么说对资产阶级专政,要写文章。要告诉春桥、文元把列宁著作中好几处提到这个问题的找出来,印大字本送我。大家先读,然后写文章。要春桥写这类文章。这个问题不搞清楚,就会变修正主义。要使全国知道。"关于"理论问题"还谈了许多,后来,周恩来整理成

《毛主席关于理论问题的重要指示》。二是，毛泽东和周恩来分析比较，交换意见，最后确定中共十届二中全会和四届人大人事安排方案。这就是后来人们所说的"长沙决策"。

12月27日晚，周恩来飞返北京，随即主持召开一系列会议，传达毛泽东的几次谈话内容，确定中共十届二中全会和四届人大的各项人事安排，落实"长沙决策"。12月28日，周恩来召开中共中央政治局常委会议，研究传达毛泽东长沙几次谈话的安排。当天，他批告王洪文：将毛主席审定的四届人大常委会委员长、副委员长和国务院副总理名单（草案）印发中央政治局委员。第二天，周恩来主持召开中央政治局会议，传达毛泽东在长沙的几次谈话。与会政治局委员表示拥护毛泽东的意见，通过周恩来25日起草的经毛泽东审阅批准的四届人大常委会委员长、副委员长和国务院副总理的两项名单。

1975年1月1日，周恩来主持中央政治局会议，继续讨论四届人大有关人事安排问题。会议遵照毛泽东要安定团结的指示，国务院各部委的领导人确定"基本不动，个别调整"的原则。会议通过邓小平起草的关于国务院的部、委设置和各部部长、委员会主任、最高人民法院院长的人选报告。1月4日，周恩来和王洪文联名向毛泽东报告会议情况，并报送讨论通过的各项人事安排。

为传达毛泽东1974年12月26日晚在长沙关于理论问题的谈话要点，经整理好印成大字本后，周恩来送毛泽东审阅，并附信说：整理内容"如无大错误，我拟在十届二中全会上一谈"。当天，毛泽东作了两处改动：一是将"林彪如上台"改为"林彪一类如上台"；二是将"无产阶级中，机关工作人员中，都有发生臭资产阶级生活作风的"一句中的"臭"字去掉。8日，周恩来将毛泽东的批复件送全体中共中央政治局委员、候补委员传阅。

为落实"长沙决策",周恩来主持召开中共十届二中全会和四届人大一次会议,避免了大权旁落于"四人帮"之手。

1975年1月8日至10日,周恩来主持中共十届二中全会,讨论四届人大的筹备工作。会议决定将《中华人民共和国宪法修改草案》《关于修改宪法的报告》《政府工作报告》和全国人大常委会、国务院成员的候选人名单,提请全国人大讨论。会议追认邓小平为中共中央政治局委员,选举邓小平为中共中央副主席、中央政治局常委。10日,周恩来在全会上作总结性讲话。他说:

> 二中全会闭幕前,请示毛主席有什么话要说,主席讲了八个字:"还是安定团结为好。"最后,我还是说主席的话:"还是安定团结为好"。希望中央政治局的工作,各省、市、自治区的工作,解放军的工作,各级革命委员会一直到人民公社的工作,都要遵照主席的指示做好。一九七五年是安定团结的一年,是争取跃进胜利的一年。我相信,在毛主席的谆谆教导下,一定会把各项工作做得更好。

1975年1月5日至11日,四届人大一次会议举行预备会议。13日至17日,四届人大一次会议在北京举行。周恩来代表国务院作《政府工作报告》,重申向四个现代化的宏伟目标前进。17日,大会一致通过关于政府工作报告的决议,批准周恩来所作的《政府工作报告》。大会任命周恩来为国务院总理,邓小平等12人为国务院副总理。

会议期间,周恩来参加天津市代表团讨论,听取大家的意见。他坦然地说:我已经得了癌症,工作时间不会太长了,这也是自然规律,是不以人的意志为转移的。现在我正在医院里同疾病作斗争,在可能的情况下,我还要和大家一起奋斗,共同实现我们的宏伟目标。

1月30日，周恩来主持中共中央政治局常委会，研究国务院副总理分工问题。2月1日，嘱咐国务院办公厅主任吴庆彤转告邓小平，请他将各位副总理分工列出，"他不好讲，由我讲"。当天，周恩来主持召开国务院常务会议，出席会议的有全体副总理，列席会议的有叶剑英、郭沫若。会议审定国务院12位副总理的分工；确定第一副总理邓小平，"主管外事，在周恩来治病疗养期间，代总理主持会议和呈批主要文件"。会议还确定李先念、纪登奎、华国锋为常务副总理。会上，周恩来说："我身体不行了，今后国务院的工作由小平同志主持。"

第二天，周恩来就国务院副总理分工情况致信毛泽东。毛泽东圈阅了这封信。从此，邓小平主持国务院日常工作。

2月1日，周恩来主持召开国务院各部、委负责人出席的会议。他说：今天没有什么议事，就是同大家见一见。根据毛主席的指示和中央的决定，我们从今天开始来完成四届人大以后的工作，把国务院的组织健全起来。他还传达、讲解了四届人大筹备期间毛泽东关于人事安排问题和理论问题的指示内容，并且重申了毛泽东关于邓小平"人才难得""政治思想强"的评价。在谈到毛泽东关于理论问题的指示时，他说明：

"现在不可能把毛主席关于理论问题的指示一下子放入四届人大报告中去，就像十大时不能突然把批林批孔的内容放入报告中一样，还需要一个过程。""今天是开始，恐怕我也只能完成这个开始的任务。""将来这样的会，请小平同志主持"。"希望新的国务院成立以后，出现新的气象，争取今年第四个五年计划能够完成，而且超额完成。"

在毛泽东的支持下，在周恩来、邓小平等为代表的正义力量奋力斗争下，四届人大的"组阁之争"，以"四人帮"的失败而告终，避免了党、政、军大权旁落。这正是周恩来同江青一伙顽强而巧妙抗争的最大心愿。因而，四届人大在十年浩劫"文化大革命"史上，具有特殊的重大意义。

四届人大取得了在当时条件下所能取得的最大成果：一是，重申了实现四个现代化的宏伟目标，确立了以经济建设为主的中国长期的发展战略。二是，形成了以周恩来、邓小平为核心的国务院领导机构，有相当多的老一辈革命家和老干部进入国务院及其所属各部、委的领导班子。三是，在四届人大之后，邓小平担任了中共中央副主席、中央政治局常委、国务院第一副总理、军委副主席和解放军总参谋长，集党、政、军要职于一身，职务比"文化大革命"前还要多，地位比"文化大革命"前还要高，实际上全面接替了周恩来主持的各项工作，实现了周恩来寄予他的厚望。这些得来不易的重大成果，既为邓小平就职后大刀阔斧地开展全面整顿奠定了思想基础和组织基础，也为继续同"四人帮"进行坚决斗争创造了有利条件。

鞠躬尽瘁　死而后已

——伟人逝世举国悲恸

在"文化大革命"期间，周恩来曾多次袒露过他的心态："在文化大革命中，我只有八个字：'鞠躬尽瘁，死而后已！'"周恩来的晚年岁月，以"我不下苦海谁下苦海，我不入地狱谁入地狱"的献身精神，真切地实践了他的这个悲壮誓言。

"四人帮"对"组阁"失败怀恨在心，掀起批判"经验主义"的恶浪，矛头直指周恩来、邓小平等同志，但多次受到毛泽东严厉批评和遏制。

"组阁之争"以"四人帮"失败而告终，但斗争仍在继续，他们怀着复仇的阴暗心理疯狂反扑。四届人大后不久，江青把王海容、唐闻生找去，对几乎所有的中央政治局委员大骂了一遍，并一定要她俩把她的意见报告毛泽东。毛泽东听了报告后说："她看得起的人没有几个，只有一个，她自己。"她俩问："你呢？"毛泽东说："不在她眼里。""将来她会跟所有的人闹翻。现在人家也是敷衍她。我死了以后，她会闹事。"

对于邓小平等一大批老一辈革命家和老干部复出任职，"四人帮"

心怀不满，掀起批判"经验主义"的恶浪，进行打击报复。张春桥、姚文元首先发难。1975年3月1日，张春桥在全军各大单位政治部主任座谈会上，大肆鼓吹批判"经验主义"。同一天，姚文元则在《红旗》杂志上发表文章，诡称"现在的主要危险是经验主义"。4月4日，江青对她（他）们的干将们断言："经验主义是修正主义的帮凶，是当前的大敌。"在"四人帮"一伙的鼓噪下，在全国一些报刊上掀起了一股批判"经验主义"的恶浪，矛头直指周恩来、邓小平、叶剑英等经验丰富的党和国家领导人。

4月中旬的一天，江青在中共中央政治局会议上一再提出批判"经验主义"，并且要求政治局讨论。邓小平果断地抵制了江青的无理取闹。4月11日、14日，周恩来同邓小平谈话。12日，周恩来同江青谈话。18日，邓小平陪同金日成首相会见毛泽东。会见后，邓小平向毛泽东汇报了3月初以来江青一伙批判"经验主义"的情况，表示不同意关于"经验主义是当前主要危险"的说法。毛泽东听后同意邓小平的意见。

随后，4月20日姚文元送审新华社《关于报道学习无产阶级专政理论问题的请示报告》上，针对报告中所说的"特别要注意宣传各级干部通过学习，认识和批判经验主义的危险，自觉克服经验主义"的提法，4月23日，毛泽东明确批示：

"提法似应提反对修正主义，包括反对经验主义和教条主义，二者都是修正马列主义的，不要只提一项，放过另一项。各地情况不同，都是由于马列水平不高而来的。不论何者都应教育，应以多年时间逐渐提高马列为好。"

"我党真懂马列的不多，有些人自以为懂了，其实不大懂，自以为是，动不动就训人，这也是不懂马列的一种表现。"

"此问题请提政治局一议。"

为贯彻落实毛泽东的上述批示精神，4月27日，中央政治局开会讨论。会上，邓小平、叶剑英等同志用事实揭发和批评江青等人1973年以来多次把攻击矛头对准周恩来等同志的行径。针对"四人帮"发动的批判"经验主义"的鼓噪，邓小平尖锐地指出：很明显，这是一次有计划、有组织的反总理的行动！而江青等则认为，这次会议是对他们搞"突然袭击"，搞"围攻"，是1970年"庐山会议的再现"。会后，王洪文致信毛泽东，诬蔑邓小平、叶剑英等同志总是把形势说得一团漆黑。信中说："这场斗争，实际上是总理想说而不好说的话，由叶、邓说出来，目的是翻前年十二月会议的案。"

随后，江青也给毛泽东打电话，状告中央政治局会议"围攻"她的情况。毛泽东听身边工作人员报告电话内容后说："这个会有成绩，把问题摆开了。批评江青还是第一次。她这个人只能批评别人，很凶。别人不能批评她。批林批孔，什么叫孔老二她也不懂，又加了走后门。几十万人都走后门，又要这几十万人批林批孔。有走前门，就有走后门，几万年还会有。"

针对这种情况，毛泽东决定召集在京的中央政治局委员开会，亲自出面表明对这件事的态度。

这时，周恩来的病进一步恶化，癌症已经转移，动了大手术。但是，他仍然一如既往那样关心邓小平等同志同江青一伙的斗争。4月29日、30日，他连续两天先后同邓小平、华国锋等同志谈话，了解4月24日中央政治局会议情况。5月3日，他抱病出席毛泽东召集的中共中央政治局会议。会上，毛泽东对江青一伙大反"经验主义"和大搞宗派活动提出严厉批评。他说：

"要安定，要团结。无论什么问题，无论经验主义也好，教条主义也好，都是修正马列主义，都要用教育的方法。""现在，我们的一部分同志犯了错误，要批评。'三箭齐发'，批林、批孔、批走后门。""我说的是安定团结。教条主义，经验主义，修正主义，又要批评资产阶级法权，不能过急。你们谁要过急就要摔下来。"

"要搞马列主义，不要搞修正主义；要团结，不要分裂；要光明正大，不要搞阴谋诡计。不要搞四人帮，你们不要搞了，为什么照样搞呀？为什么不和二百多个中央委员搞团结？搞少数人不好，历来不好。""我的意见，我的看法，有的同志不信三条，也不听我的，这三条都忘记了，九大、十大都讲这三条。这三条要大家再议一下。"

"我看批判经验主义的人，自己就是经验主义。""我看江青就是一个小小的经验主义者。""不作自我批评不好，要人家作，自己不作。""不要随便，要有纪律，要谨慎，不要个人自作主张，要跟政治局讨论。有意见要在政治局讨论，印成文件发下去，要以中央的名义，不要用个人的名义，比如也不要以我的名义，我是从来不送什么材料的。"

毛泽东在这次讲话中，主要是批评以江青为首的"四人帮"，但也并不是要打倒他们。不过，这些批评遏制了"四人帮"兴风作浪的嚣张气焰。

周恩来两次主持召开中央政治局常委会议，研究传达、贯彻毛泽东批评"四人帮"的讲话。

为贯彻毛泽东5月3日重要讲话，5月4日，周恩来在同邓小平谈话后，主持召开中共中央政治局常委会议，研究中央政治局学习、贯彻毛泽东5月3日讲话。会上，首先核对毛泽东讲话内容。会议还决定由中央发一文件，从正面阐述无产阶级专政理论问题和限制资产阶级法权等问题。

5月4日、5日，周恩来起草了关于学习毛泽东理论问题指示和中央政治局工作等问题的意见稿，要点是：

（一）结合毛泽东关于理论问题的指示内容，讲了对文化大革命、批林批孔、反修防修等问题的认识，认为在学习指示过程中，需要"在一定时期有针对性加以宣传"，"把主席指示的反修防修的目的说清楚"。

（二）对犯一般"经验主义"的人，"要慢慢来教育改造"。过去几个月里，有些报告、报刊社论、文章、新闻报道、内部清样中，只"强调反修正主义的一项经验主义，放过另一项教条主义，有些甚至连反修正主义主题不提了，这不能不是一个错误。报纸全国转载，清样有时转至各地，军队报告发至下层，这不能不引起一部分地区、部队和一部分机关、学校，弄得争论不休，或者年老干部又不敢负责工作。因为有文章上说，资格老，能打仗的人就有背上经验主义包袱的"。为此，同意"由中央发一个从理论到政策的文件"。

（三）对于毛泽东批评江青等人的"这次错误"，表示"拥护主席意见"，"有错误的，要有自我批评"。"同意小平同志意见"，"愿自我批评的就说，说多少都可以，不说也可以，不要强加于人。"

（四）关于中央政治局的工作和手续问题，强调中央政治局工作"必须遵守九大、十大方针、路线，'三要三不要'，以安定团结为好"。"凡要议大事，先在政治局常委会上谈一谈。各单位拟好文件的，除外交、国防事急需立即传阅送批外，其他总要在二、三天前先行送阅待议。政治局同志有意见（除小事、急事外）需提政治局讨论的，请先向主持人在两三天前提出。个人除自己管辖的单位外，其他需下达的事，必须经过政治局常委会或主管部门同意后以机关名义下达。个人交换意见，不能以个人或机关名义下达、下送文件。个人通信，不能以指示口气来信和通电。"

这时，周恩来的病情更加严重，但他仍忘我地顽强抗争着。5月7日，他对身边的医务人员说："我估计还有半年"。"你们一定要把我的病情如实地告诉我，因为还有许多工作，要作个交待。"随后，他同侄女通电话，在谈到生死问题时说："这有什么难过的，共产党员要唯物主义嘛！人生的规律都有这么一天。应该相信规律。"

第二天，5月8日，周恩来仍然主持召开中共中央政治局常委会议，继续研究中央政治局讨论贯彻毛泽东5月3日讲话事。会议决定，等邓小平出访法国回来后，再召开政治局会议。

为了开好即将召开的中共中央政治局会议，5月21日，周恩来就5月4日、8日两次中共中央政治局常委会讨论传达毛泽东4月23日批示和5月3日讲话事，致信全体中共中央政治局委员。在介绍常委会商定的意见后，他着重说明反"经验主义"的有关情况。信中指出：姚文元文章中提出，"现在，主要危险是经验主义"。"之后，《解放军报》、《人民日报》的两篇社论（指《解放军报》3月14日的《多看点马列主义的书》和《人民日报》3月21日发表的《领导干部要带头学好》——引者注）也是根据姚文引用的。而邓小平同志向毛主席反映的，是指3月1日张春桥在总政召开的各大单位主任座谈会上的讲话（邓小平阅后在此处注：'当时还提到江青同志在政治局会议正式提出了反经验主义问题'），这在各大军区政治部向总政反映讨论情况的三、四月份电报中可以看出。现在政治局即开正式会议讨论主席批示和指示，特补写如上说明。如大家同意，亦请将此信转主席一阅"。

但是，江青一伙对周恩来这封据理据实说明情况的信极为不满。江青、姚文元睁着眼睛说瞎话。5月22日，他们在传阅件上的批语中称：对一些情况"不了解"。张春桥则横加指责，在传阅件上写道："总理的信，有些话不确切。但我不反对报主席。"

27日，周恩来强忍病痛致信张春桥，驳斥"不确切"的指责。信中在重述张春桥在批林整风中就已有批判"经验主义"的思想后指出：

"这次，主席指示要把列宁为什么说对资产阶级专政这个问题要搞清楚，才会防止变修正主义。如果不把资产阶级法权加以阐明和加以限制，林彪一类如上台，搞资本主义制度就很容易。因此，要多看点马列的书，还要你写文章。因此，你联系到十多年的思想，经验主义者由于不多读书，难于总结经验，易于上反党集团的当，甚至陷进去。故你在三月一日总政召开的各大单位主任座谈会上，片面强调经验主义的危险。这在三、四月中各政治部向总政来电反映讨论情况，也可看出。""我这段回忆的文字，不知是否较为确切。如果仍不确切，请你以同志的坦率勾掉重改或者批回重写，我决不会介意。因为我们是遵守主席实事求是和'三要三不要'的教导的。"

张春桥看了周恩来这封义正词严的信后，理屈心亏，不得不在信上写道："不再改了"。随后，周恩来将21日信的原件送毛泽东阅批。

毛泽东同周恩来商定，改由邓小平主持中央日常工作，邓小平随即两次主持召开中央政治局会议，学习、贯彻毛泽东的讲话，集中批评"四人帮"。

1975年5月17日，邓小平结束访法回国。毛泽东同周恩来商定，改由邓小平主持中共中央政治局会议和中央日常工作。18日，周恩来同刚回国的邓小平谈话。

遵照毛泽东的意见，5月27日和6月3日，邓小平主持召开中共中央政治局会议，学习和贯彻毛泽东5月3日讲话精神，集中批评江青等人。会上，邓小平、叶剑英、李先念等同志对"四人帮"提出了尖锐的批评。邓小平发言说：

5月3日主席在政治局的讲话，提到了党内生活的很多原则，这是告诫政治局这个党的核心机构的。这对于我们党是非常重要的。政治局的同志首先要安定团结、"三要三不要"。这样，才能给全党作出榜样。

4月23日，主席批示后，27日政治局就讨论。有的同志说这次会议上讲话过了头，也有同志说是突然袭击、围攻。我认为谈不上突然袭击和过头。百分之四十的问题都没有讲，讲了有没有百分之二十也难讲。（前年的会）批评周恩来、叶剑英，（江青）却说成是党内十一次路线斗争，这不是主席的意思，后来主席纠正了。批林批孔，又提出要批走后门，当面点了很多人的名。学习无产阶级专政的理论、反修防修，却又提出主要危险来自经验主义，并且来势凶猛。别的事情都不那么雷厉风行，批经验主义却是雷厉风行。主席提出了三个大问题，但是却钻出了这么三件事。倒是要提一个问题，问一问这是为什么?! 不讲明白，没有好处。

"三要三不要"，是总结历史经验得出来的，政治局要注意，不搞掉派性不行。看不到宗派主义、"四人帮"，这值得警惕。

会上，江青、王洪文不得不遵照毛泽东的指示，被迫作了言不由衷的检讨。

这场同"四人帮"面对面的大交锋，是"文化大革命"期间一场重要的斗争。周恩来在参加5月3日的中共中央政治局会议后，因重病缠身不能出席会议，但是他一直密切关注这场斗争。会议期间，他先后同李先念、纪登奎、陈锡联等谈话，了解会议情况。会后第二天，5月28日，周恩来同邓小平长谈，了解会议批评"四人帮"的情况。6月7日晚，周恩来再次同邓小平以及王海容、唐闻生长谈。周恩来、邓小平要王、唐将江青、王洪文等在中央政治局会议上的发言情况报告毛泽东。

随后，邓小平陪同来访的外宾会见毛泽东。会见后，邓小平当面向毛泽东汇报了这次中央政治局会议情况。毛泽东再次肯定这次中央政治局会议，"我看有成绩，把问题摆开了"。邓小平说："最后他们否认有'四人帮'，政治局的同志气很大。我说不要把话都说完。"毛泽东说："这个办法好，留有余地，大家清楚就行了。我准备找王洪文谈，叫他找你，听你的话。他威望不高。"邓小平接着说："他最后的发言，政治局许多同志感到不真实。"毛泽东针对江青等人说："过去有功劳，反刘少奇，反林彪。他们几个人现在不行了，反总理，反你，反叶帅，现在政治局的风向快要变了。"当时，毛泽东对邓小平抱有厚望。他对邓小平说："你要把工作干起来。"邓小平表示："在这方面，我还有决心就是了。反对的人总有，一定会有。"毛泽东笑道："木秀于林，风必摧之。"

在中共中央政治局会后，6月28日，江青就毛泽东从1974年以来多次批评"四人帮"及其宗派活动等问题作检讨。6月30日，周恩来将江青的检讨信批给在京中共中央政治局委员传阅，表示欢迎她检讨。批语指出：

"今后政治局同志凡遇大事都经过组织讨论，事先请示主席，遵照主席指示执行，认真深入学习，联系中国实际，在实践中多听同志好意见，坚决改正常犯的错误，政治局的团结就会搞得更好。"

周恩来批语中还建议，将江青的检讨信送毛泽东阅批。邓小平、叶剑英等政治局委员阅后表示："同意总理的建议。"毛泽东圈阅了此件。

"四人帮"伺机反扑，借评《水浒》大批投降派，矛头直指周恩来，并发动"反击右倾翻案风"，再次整倒邓小平。

尽管江青违心作了检讨，但她对老一辈革命家和大批老干部更加仇恨,特别对周恩来、邓小平等同志更是恨得咬牙切齿,伺机进行反扑。1975年8月14日,毛泽东听北京大学一位教师给他读《水浒》时,边听边发表评论。毛泽东说:"《水浒》只反贪官,不反皇帝。摒晁盖于一百零八人之外。宋江投降,搞修正主义,把晁的聚义厅改为忠义堂,让人招安了。"

本来,这是毛泽东对一部古典名著的评论,但"四人帮"一伙却趁机掀起"倒周"的政治风波,又一次造成一场大的政治动乱。当天,姚文元致信毛泽东,认为"这个问题很重要",提出"将这封信印发政治局在京同志",并增发有关单位和他们一伙的御用写作组,"组织或转载评论文章"。江青则别有用心地说:"主席对《水浒》的批示有现实意义。评论《水浒》的要害是架空晁盖,现在政治局有些人要架空主席"。在"四人帮"的策动下,在全国范围内掀起了评《水浒》、"批投降派"的狂风恶浪。

对于"四人帮"借评《水浒》掀起的"批投降派"的险恶用心,周恩来和邓小平等老一辈革命家是看得十分清楚的。这时,周恩来的病情严重恶化,但他不顾医务人员再三劝阻,9月7日仍然最后一次会见了外宾,并称赞邓小平接替他的工作。在会见罗马尼亚党政代表团时,周恩来说:"马克思的'请帖',我已经收到了。这没有什么,这是不以人的意志为转移的自然法则。""我现在病中,已经不能再工作了。邓小平同志将接替我主持国务院工作。邓小平同志很有才能,你们可以完全相信,邓小平同志将会继续执行我党的内外方针。""现在,副总理(指邓小平——引者注)已经全面负起责任了。"

9月15日,邓小平在山西省昔阳县召开的全国农业学大寨会议开幕式上,代表中共中央讲话,强调全面整顿。他说:"现在全国存在各方面要整顿的问题。毛主席讲过,军队要整顿,地方要整顿。地方整顿又有许多方面,工业要整顿,农业要整顿,商业要整顿,文化教育也要整顿，科学技术队伍也要整顿。文艺，毛主席叫调整，实际上调整也就是整顿。"

久未"露面"的江青在会上讲话，大唱对台戏，耸人听闻地说："评《水浒》不单纯是文艺评论和历史评论，它是对当代有意义的大事。《水浒》的要害是排斥晁盖，架空晁盖，搞投降。宋江收罗了一帮子土豪劣绅、贪官污吏，占据了各重要岗位。批《水浒》就是要大家都知道我们党内就是有投降派。"含沙射影地攻击周恩来、邓小平等同志。江青还要求播放她的讲话录音，印发她的讲话稿。

9月24日，邓小平陪同毛泽东会见外宾后，向毛泽东汇报了江青在学大寨会上讲话的情况。毛泽东气愤地说："放屁！文不对题。那是农业学（大寨），她搞批《水浒》。这个人不懂事，没有多少人信她的。"（江青的讲话）"稿子不要发，录音不要放，讲话不要印。"

对于江青一伙打着评《水浒》的旗号，批"投降派"的阴谋诡计，周恩来、邓小平等老一辈革命家早已洞若观火，并且予以揭露。9月15日，即江青在大寨大放厥词的那天，周恩来曾气愤地说："他们那些人（指'四人帮'——引者注）有些事情做得太过分了！最近评《水浒》，批投降派，矛头所向是很清楚的。如果真有投降派，那当然应该批，可事实上并不是这样。我历史上虽然犯过错误，但几十年来还是努力为党、为人民的利益工作的。"

9月间，邓小平在部分省委书记座谈会上指出："评《水浒》是怎么回事？主席把七十一回本读了三个月，读了以后，主席发表了一通言论。有人借这做文章，想搞阴谋。"

面对这种情势，在病危中的周恩来，萦绕心头的仍然是党和国家的前途和命运。他眼看"四人帮"还在猖狂地兴风作浪，倒行逆施，担心老战友们将面临凶恶风险。为此，他强忍癌症剧痛的折磨，以坚强的意志和自若的神情，继续同老战友们交谈，研究对应方略。10月11

日、12 日、17 日，他先后同前来看望的邓小平、李先念、叶剑英等同志谈话。11 月 2 日，他同邓小平再次谈话。

这时，邓小平正被"四人帮"一伙恶毒围攻，面临再次被打倒的险境。但是，邓小平最关心的是老战友、兄长周恩来的病情和治疗，经常去医院安排治疗、抢救工作。

对于"四人帮"策动的"批邓、反击右倾翻案风"，生命垂危的周恩来十分愤慨。他特地请邓小平来医院，关切地问："态度会不会变？"邓小平坚定而爽快地回答："永远不会！"周恩来高兴地说："那我就放心了！"对于两位老战友的这次心灵沟通，十多年后，邓小平仍然难以忘怀，多次向家人谈起当时这幕悲壮情景。

在生命垂危时刻，周恩来盛赞邓小平："你这一年干得很好"，并激愤地呼喊，"我是忠于党、忠于人民的！我不是投降派！"

到 1975 年 9 月，周恩来已处于病危时期。他已做过 6 次大手术、8 次小手术，癌细胞已向全身扩散。9 月 20 日，医生准备给周恩来再做一次大手术。邓小平、李先念、汪东兴和张春桥，还有邓颖超，一起守候在医院。在进入手术室前，周恩来躺在平车上，问身旁的工作人员："小平同志来了没有？"邓小平立即上前，俯身向周恩来问候。周恩来费力地伸出手：紧紧握住邓小平的手，大声说："你这一年干得很好，比我强得多！"在进入手术室时，周恩来激愤地呼喊："我是忠于党、忠于人民的！我不是投降派！"对于这个震撼人心的悲壮情景，时隔 16 年后，1991 年 9 月 29 日，邓小平在观看影片《周恩来》时，仍然历历在目，深有感触地说："总理讲的是心里话，也是讲给'四人帮'听的"。

12月中、下旬，周恩来时常处于昏迷状态。在生命的最后时刻，邓小平、叶剑英、李先念等同志相继前来看望他，念念不忘的仍然牵挂着同"四人帮"的斗争。在同叶剑英见面时，他强忍病痛，嘱告叶剑英："要注意斗争方法，无论如何不能把权落到他们（指四人帮——引者注）手里。"可以说，这是周恩来的一个重要政治遗言。

周恩来在既同"四人帮"也同癌症病魔的顽强抗争中，时常同守候在他身旁相濡以沫半个世纪的战友和妻子邓颖超一起，轻声吟唱《国际歌》，并且说："我坚信全世界共产主义一定能够实现，团结起来到明天，英特纳雄耐尔就一定要实现！"表达他俩坚定的共产主义信念和博大精深的革命情怀。

周恩来还同邓颖超商定他的后事安排，以彻底唯物主义者视死如归的精神，要求把他的骨灰撒到祖国的江河大地。他说："人死后为什么要保留骨灰？把它撒在地里可以做肥料，撒在水里可以喂鱼。"他还要求医务人员解剖他的遗体。他说："现在癌症的治疗还没有好办法，我一旦死去，你们要彻底解剖检查一下，好好研究研究。能为国家的医学发展作一点贡献，我是很高兴的。"他还多次说过他奉行的崇高夙愿："为人民服务，就是要像春蚕那样吐完最后一根丝。""活着要为人民服务，死后也要为人民服务。"

1976年1月5日，医生对周恩来做了最后一次手术，邓小平、李先念等同志守候在医院。当天，中共中央发出周恩来病危通知。1月8日9时57分，伟大的马克思主义者、无产阶级革命家、军事家、外交家周恩来与世长辞，享年78岁。伟人仙逝，举世悲痛。

为了中国革命和建设事业，周恩来和毛泽东共同奋斗半个多世纪，彼此义重情深。周恩来逝世前，毛泽东一直关注着周恩来的治疗和抢救情况。尽管他自己年迈病重，行动不便，仍然躺在病榻上默默地阅读有关周恩来的病情报告。1月8日上午，中共中央办公厅负责人向毛泽东报告周恩来逝世的噩耗,他点头示意知道了。在身边工作人员为毛泽东念周恩来逝世的《讣告》时,他听着听着,从闭着的眼里渐渐流出两行泪水。14日下午,毛泽东在听工作人员念送审的周恩来追悼大会上的悼词稿时,再也不能控制自己,失声痛哭。在那悲痛的日子里,人们殷切期望毛泽东能够出席周恩来的追悼大会,但因这时毛泽东行动很不方便,终未如愿。据张玉凤在《毛泽东、周恩来晚年二三事》一文中回忆:"不知道为什么在我这个普通人的心里,一直存有一线希望:或许会有四年前参加陈毅同志追悼会那样的突然决定,主席也能去参加周总理的追悼会。一句憋在心里许久的话,不由自主地脱口而出,冒昧地问主席:'去参加总理的追悼会吗?'一直处于伤感中的主席,这时,一只手举着还没有来得及放下的文件,另一只手拍拍略微跷起的腿,痛苦而吃力地对我说:'我也走不动了。'听到这里,再看看眼前病榻上痛苦万状的毛主席,我无法抑制自己的泪水。"

在举国悲恸的日子里,"四人帮"极力压低周恩来的治丧规格。邓小平致悼词说:周恩来"是我们全党全军全国人民学习的榜样"。

在举国悲恸的日子里,丧心病狂的"四人帮"仍然继续诋毁周恩来。据当时中共中央办公厅秘书局局长、周恩来逝世讣告和悼词的起草人周启才,在《周总理的讣告和悼词起草前后》一文中披露:"周总理与世长辞,'四人帮'极力压低周总理治丧规格。""中央政治局讨论周总理悼词,'四人帮'对周总理大肆攻击和诬蔑。"

1976年1月8日下午,邓小平主持中央政治局会议,讨论周恩来逝世讣告和治丧事项。经讨论,会议一致通过了讣告。在讨论治丧事项时,"四人帮"对治丧办公室提出的有关治丧方案和建议横加指责。治丧办提出请在外地的李德生、许世友、韦国清和赛福鼎四位中央政治局委员来京参加周恩来的遗体告别和追悼大会的建议时,"江青、张春桥厉声厉色地责问:'你们什么意思?你们是不是还要把京外的中央委员和候补中央委员也都叫到北京来呀?'"治丧办提出在劳动人民文化宫举行吊唁活动,时间安排5天,人数安排6万,而"四人帮"极力反对,硬要把时间压缩为3天,人数压缩为4万。讣告和治丧委员会名单报经毛泽东批准后,1月9日发表,顿时举国上下陷入沉重悲痛中。

1月12日下午,邓小平主持中央政治局会议,讨论周恩来悼词和追悼大会的有关安排,同"四人帮"展开了一场面对面的尖锐斗争。会议开始,邓小平开宗明义地说:

"总理悼词文稿,会前已经发给大家,为节省时间会上就不读了,请大家发表意见。这篇悼词我看过多遍,我认为写得是不错的。对总理一生的评价,对总理的革命简历,对以总理为榜样,号召全党、全军、全国人民向总理学习的几段话,认为可以用。大家有什么修改、补充意见,请讲。"

紧接着,叶剑英、李先念、汪东兴、纪登奎、吴德、陈锡联等同志相继发言,表示同意悼词文稿。可是,江青却无理取闹,以所谓"路线问题",恶毒攻击和诬蔑周恩来,妄图贬低周恩来。王洪文、姚文元跟着帮腔,鹦鹉学舌。会上,大多数与会人员对江青等人的发言不予理睬。最后,邓小平总结说:"大家讲得差不多了,对悼词文稿大多数同志表示赞成,会上没人提出修改或补充意见。我提一点具体补充意见,加一个字,印件中一九二二年总理担任中国共产主义青年团旅欧支部书记,应是总支部书记,加上一个'总'字,符合实际。大家没有新的意见,悼词文稿就讨论到这里,政治局通过。个别文字修改后,报请毛主席审批。"邓小平还嘱咐起草人改后先送邓大姐过目。

会上,讨论由谁给周恩来致悼词时,江青提出由王洪文致悼词,王洪文认为自己不行，张春桥提出由叶剑英致悼词。叶剑英生气地说："给总理致悼词，应该是小平同志！他是党中央副主席、中央军委副主席、国务院第一副总理，主持中央的日常工作，小平同志给总理致悼词，是最合适的。我提议由小平同志来给总理致悼词！"参加会议的其他中央政治局成员都表示同意叶剑英的意见，"四人帮"这才不再反对。

会后，周启才和参加修改悼词的李鑫走到人民大会堂北门口，张春桥赶上来说："悼词号召向总理学习的那部分，不必那样展开写，不必写得那样实，你们改一改，压缩一下，笼统地写几句虚的话就行了。"他们听后一愣，没有马上回答。张春桥又说："你们听清我的话了吗？"他们强压心中愤怒，冷冷地说："听清了。我们是做具体工作的，悼词政治局已经讨论通过，我们无权做任何改动。您的意见也没有在政治局会上提出，现在要我们做这样重大的改动，我们不能够做。如果您认为必要的话，可以将您的修改意见向政治局提出，政治局如果同意，我们就按政治局的意见改。"张春桥听罢，无言以对，气冲冲地走了。

会后的当天晚上，周启才和李鑫遵照邓小平的意见，对悼词的个别文字作了修改，并送邓颖超过目。这时，他们鉴于"四人帮"在会上讨论悼词时攻击周恩来"不捍卫毛主席的无产阶级革命路线"，考虑再三后，建议在悼词中加上一句："坚决捍卫毛主席的无产阶级革命路线"。经征得汪东兴同意和支持后，他们立即将改好的悼词送邓小平审阅，并汇报他们的建议。邓小平审阅了改好的悼词印件，并亲自提笔在"他衷心爱戴和崇敬伟大领袖毛主席"这句话的后面，加写上"坚决捍卫毛主席的无产阶级革命路线"这句话。他随即在悼词印件首页上批写："请主席审批"。签上自己的名字和日期。1月14日，毛泽东圈阅同意。

1月15日下午，党和国家领导人和首都各界干部和群众代表5千多人，在北京人民大会堂隆重举行追悼大会，沉痛悼念周恩来。邓小平代表中共中央致悼词。在回顾周恩来半个多世纪以来献身革命和建设事业的经历及其作出的杰出贡献后，邓小平指出："周恩来的一生，是为共产主义事业光辉战斗的一生"。"他是我们全党全军全国人民学习的榜样"。

主要参考书目

《周恩来选集》上卷，人民出版社 1980 年版。

《周恩来选集》下卷，人民出版社 1984 年版。

《周恩来教育文选》，教育科学出版社 1984 年版。

《周恩来统战文选》，人民出版社 1984 年版。

《周恩来外交文选》，中央文献出版社 1990 年版。

《周恩来经济文选》，中央文献出版社 1993 年版。

《周恩来军事文选》第一、二、三、四卷，人民出版社 1997 年版。

《周恩来文化文选》，中央文献出版社 1998 年版。

《周恩来传（1898—1976）》下卷，中央文献出版社 1998 年版。

《周恩来年谱（一九四九——一九七六）》上、中、下卷，中央文献出版社 1997 年版。

《毛泽东传（1949—1976）》上、下卷，中央文献出版社 2003 年版。

《怀念周恩来》，人民出版社 1986 年版。

《不尽的思念》，中央文献出版社 1987 年版。

《我们的周总理》，中央文献出版社 1990 年版。

薄一波：《若干重大决策与事件的回顾》上卷，中共中央党校出版社 1991 年版。

薄一波：《若干重大决策与事件的回顾》下卷，中共中央党校出版社1993年版。

《在历史巨人身边——师哲回忆录》，中央文献出版社1991年版。

童小鹏：《风雨四十年（第二部）》，中央文献出版社1996年版。

韩素音：《周恩来与他的世纪》，中央文献出版社1992年版。

后 记

周恩来是中国共产党、中华人民共和国、中国人民解放军的缔造者和领导者之一。对周恩来这位世纪伟人的研究，是一项宏大的系统工程。

中共十一届三中全会以来，周恩来的著作编辑和生平、思想研究取得了丰硕成果。中共中央文献研究室相继编辑出版了《周恩来选集》和多种专题文集，编写出版了《周恩来传》和《周恩来年谱》；编辑出版了一些当事人回忆文集；以及学术界发表了大量研究专著和文章。这就为深入研究周恩来，提供了权威性的文献档案资料和有价值的研究成果。

新中国开国总理周恩来，在总理国务 26 年期间，参与了人民共和国内政外交几乎所有重大事件的战略决策，并组织领导实施，在政治、经济、军事、统战、外交、文化、教育、科技诸领域，不论是理论上还是实践上，都作出了不可磨灭的历史性贡献。限于篇幅，本书仅记述其中部分重大事件。

本书是笔者在从事周恩来的著作编辑和生平、思想研究十多年的基础上撰写而成的。在构思时注意掌握这样几项原则：一是，选题、立论、取材力求另辟蹊径，尽可能避免雷同；二是，在吸取已有研究成果时，力求融会贯通，推陈出新；三是，叙事、议论力求据理据实，求真务实，用事实行文，澄清某些误解、误导，还历史本来面貌。当然，这只是笔者构思本书时的初衷。不妥之处，敬请读者批评、指正。

承蒙中共中央文献研究室室务委员兼第二编研部主任廖心文同志审读了书稿全文，并为本书撰写序言；第二编研部副主任安建设同志审读了书稿"文化大革命"部分，特致诚挚的谢意。

人民出版社的鲁静等同志为本书的出版做了许多工作，付出了辛劳，在此致以衷心的谢意。

谨以本书献给中华人民共和国开国总理周恩来，献给中华人民共和国55周年国庆。

2004年7月14日

再版后记

为隆重纪念伟人,《周恩来与共和国重大历史事件》于 2005 年年初在人民出版社出版。十余年来,本书受到广大读者的普遍关注和好评。

2019 年 5 月 13 日,中央决定从 6 月开始,在全党自上而下分两批开展"不忘初心、牢记使命"主题教育。近日,中央"不忘初心、牢记使命"主题教育领导小组印发《关于在"不忘初心、牢记使命"主题教育中认真学习党史、新中国史的通知》,要求把学习党史、新中国史作为主题教育重要内容,不断增强守初心、担使命的思想和行动自觉。

习近平总书记在纪念周恩来同志诞辰 120 周年座谈会上的讲话中指出,中华人民共和国成立后,周恩来同志为积极探索符合我国国情的社会主义建设道路、推进社会主义革命和建设事业倾注了大量心血,作出奠基性贡献。今年是中华人民共和国成立 70 周年,人民出版社推出《周恩来与共和国重大历史事件》纪念版。这次再版,重新设计了封面和版式,内容未作大的改动。

2019 年 8 月 2 日